铜仁学院 2021 年博士科研启动基金项目（trxyDH2108）
铜仁学院马克思主义理论硕士点项目基金资助
铜仁学院马克思主义理论学科建设专项基金资助

新媒体视域下
高校思想政治教育创新探究

刘 涛 刘盈利 ◎ 著

中国书籍出版社
China Book Press

图书在版编目（CIP）数据

新媒体视域下高校思想政治教育创新探究 / 刘涛，刘盈利著 . -- 北京：中国书籍出版社，2024.6

ISBN 978-7-5068-9892-8

Ⅰ.①新… Ⅱ.①刘…②刘… Ⅲ.①高等学校—思想政治教育—研究—中国 Ⅳ.① G641

中国国家版本馆 CIP 数据核字 (2024) 第 101135 号

新媒体视域下高校思想政治教育创新探究

刘　涛　刘盈利　著

图书策划	成晓春
责任编辑	毕　磊
封面设计	博健文化
责任印制	孙马飞　马　芝
出版发行	中国书籍出版社
地　　址	北京市丰台区三路居路 97 号（邮编：100073）
电　　话	（010）52257143（总编室）（010）52257140（发行部）
电子邮箱	eo@chinabp.com.cn
经　　销	全国新华书店
印　　刷	天津和萱印刷有限公司
开　　本	710 毫米 ×1000 毫米　1/16
字　　数	240 千字
印　　张	14.75
版　　次	2024 年 8 月第 1 版
印　　次	2024 年 8 月第 1 次印刷
书　　号	ISBN 978-7-5068-9892-8
定　　价	89.00 元

版权所有　翻印必究

前　言

在人类数千年浩瀚的文明长河中，尽管作为第一代媒体的纸质媒介、第二代媒体的音频媒介和第三代媒体的视频媒介，都曾以自身独有的传播特性，通过有效的信息传播手段，对社会大众产生过强烈的观念暗示、情绪感染和行为引领。但毫无疑问，当代以网络信息技术为平台、以移动通讯技术为载体的新媒体的出现，开启了人类思想文化相互碰撞、相互交融、相互借鉴、相互影响的又一个新媒体时代。新媒体时代的纷繁表象影响着学生的生活世界，而其背后蕴含和传播的文化观点与思想意识，则感染和诱导着学生的精神世界。面对新媒体所带来的各种时代问题与热点，需要对高校思想政治教育作出符合新媒体时代的解读，这既是时代赋予高校思想政治教育工作者的新职责，也是创新和发展高校思想政治教育理论的新契机。

高校思想政治教育是非常重要的，但是在以往的教学中，由于思想政治教育得以实施的主要阵地是课堂，再加上部分教师教学方式不够灵活，因此有的学生逐渐形成了对于思政课堂的刻板印象，认为思政知识非常枯燥，没有太多实用价值，甚至对于思政课堂产生了排斥心理。但是在新媒体环境的支持下，思政知识的呈现形式发生了转变，而且很多知识和观点以案例和故事的方式展示出来，逐渐破除了学生的认知局限，让学生感知到了鲜活的知识内容，逐渐认可思政知识，真正成长为有着健康价值观和思想意识的人。思想政治教育对于学生健康人格的养成非常重要，所以必须重视高校的思想政治教育。

在新媒体技术的快速发展下，教育部门对大学生思想政治教育也提出了新的发展要求。为保障思想政治教育工作效益，借助新媒体技术的便利特点创新思想政治教育教学模式，对大学生的综合发展具有重要作用。基于此，本书结合新媒体环境对高校思想政治教育的内容结构、理论课教学等方面进行创新探究，并提出相关的创新策略及实践方式以供相关研究参考。

广大思想政治教育工作者需要准确把握当前的这些时代特征，积极探索和构建新媒体时代符合中国特色的大学生思想政治教育的工作体系和理论体系。最终，满足大学生求知、求实，求新的愿望和渴求，激发他们的政治热情，帮助他们坚定理想信念，确立正确世界观，辩证地认识社会，提高高校学生解决自身困难的力量，进而帮助高校大学生身心全面发展。这是时代赋予高校思想政治教育工作者的历史责任，也是本书编写的意义所在。

刘　涛　刘盈利
2023 年 9 月

目 录

第一章　新媒体与高校思想政治教育概述 …………………………………… 1
　第一节　新媒体的基本认识 ………………………………………………… 1
　第二节　新媒体的影响 …………………………………………………… 21
　第三节　高校思想政治教育的内涵 ……………………………………… 25
　第四节　高校思想政治教育的原则与特点 ……………………………… 29
　第五节　高校思想政治教育的过程与规律 ……………………………… 35
　第六节　高校思想政治教育的内容与功能 ……………………………… 38

第二章　新媒体视域下的高校思想政治教育 ……………………………… 52
　第一节　新媒体视域下高校思想政治教育的新情境 …………………… 52
　第二节　新媒体视域下对高校思想政治教育的新要求 ………………… 58
　第三节　新媒体与高校思想政治教育融合的困境及原因 ……………… 74
　第四节　新媒体视域下高校思想政治教育的机遇与挑战 ……………… 81
　第五节　新媒体视域下高校思想政治教育的发展趋势 ………………… 90

第三章　新媒体视域下高校思想政治教育的理论指导 …………………… 96
　第一节　马克思主义理论的指导 ………………………………………… 96
　第二节　国外关于价值观教育的经验借鉴 ……………………………… 104
　第三节　高校思想政治教育对心理学的借鉴 …………………………… 117

1

第四章　新媒体视域下高校思想政治教育内容结构优化 ………………… 125
第一节　新媒体视域下高校思想政治教育内容结构优化依据 ………… 125
第二节　新媒体视域下高校思想政治教育内容结构优化的原则 ……… 126
第三节　新媒体视域下高校思想政治教育内容结构优化的要求 ……… 129
第四节　新媒体视域下高校思想政治教育内容结构优化设计 ………… 133

第五章　新媒体视域下高校思想政治教育理论课教学创新 ……………… 141
第一节　新媒体视域下高校思想政治理论课的特点和要求 …………… 141
第二节　新媒体视域下高校思想政治理论课教学范式转换 …………… 153
第三节　新媒体与高校思想政治理论课的深度融合 …………………… 160

第六章　新媒体视域下高校思想政治教育创新的策略 …………………… 176
第一节　创新思想政治教育工作模式 …………………………………… 176
第二节　开发思想政治教育全新载体 …………………………………… 181
第三节　增强思想政治教育的吸引力 …………………………………… 194
第四节　优化思想政治教育媒体环境 …………………………………… 198

第七章　新媒体视域下高校思想政治教育的实践探究 …………………… 203
第一节　新媒体视域下的大学生生命教育 ……………………………… 203
第二节　新媒体视域下的大学生人际交往教育 ………………………… 206
第三节　新媒体视域下的大学生诚信教育 ……………………………… 212
第四节　新媒体视域下的大学生廉洁教育 ……………………………… 214
第五节　新媒体视域下的大学生就业教育 ……………………………… 220

参考文献 ……………………………………………………………………… 225

第一章 新媒体与高校思想政治教育概述

新媒体时代的到来，为高校思想政治教育带来了千载难逢的发展机遇。但与此同时，由于新媒体环境下信息传播路径的增加，致使信息传播的可控性降低，这给高校思想政治教育工作带来了一定的挑战。本章主要介绍新媒体与高校思想政治教育，包括关于新媒体的基本认识、新媒体的影响、高校思想政治教育的内涵、高校思想政治教育的原则与特点、高校思想政治教育的过程与规律和高校思想政治教育的内容与功能。

第一节 新媒体的基本认识

一、新媒体的概念

新媒体的概念目前并没有一种权威的界定。一方面，新媒体本身只是一种描绘，并非一个精确的概念；另一方面，它的内涵和外延在媒介技术的革新中仍在不断发生变动。从不同的角度、根据不同的参照，人们都能够看到新媒体的不同表现和特点，导致人们对新媒体的界定众说纷纭、莫衷一是。目前，比较有影响力的观点主要有以下几种。

联合国教科文组织对新媒体的定义为："以数字技术为基础，以网络为载体进行信息传播的媒介。"[1]

清华大学新媒体研究中心主任熊澄宇教授认为"新媒体是个相对的概念。今天的新媒体主要指：在计算机信息处理技术基础上产生影响的媒体形态，包括在

---

[1] 匡文波. 关于新媒体核心概念的厘清 [J]. 新闻爱好者，2012（19）：32-34.

线的网络媒体和离线的其他数字媒体形式"[①]。

　　清华大学崔保国教授认为，"所谓'新媒介'，并没有确切的定义，一般包括录像、多媒体、有线电视、卫星电视、光纤通信、综合数字通信网等。其中，渗透性最强、影响面最大的，是'高速信息公路'和'多媒体'技术"[②]。

　　当然，还有其他一些观点，比如"新媒体是在互联网基础上实现多对多或点对点传播，具有与用户互动等交互功能的媒体形式"，"当新的传播形态达到大众传媒的规模时，即是新媒体"[③]，"新媒体是指人们在交流信息的过程中可以用计算机技术实现制作、传播、接受、文化影响的互动数字传播平台"[④]。

　　综上所述，新媒体是一种新的媒介形式，它是由传统的报纸、广播和电视等媒体所衍生出来的一种新型媒体形式；新媒体，广义上涵盖了数字化传统媒体、移动媒体、网络媒体、数字电视等等。

　　其目前主要是指以互联网技术、数字技术、移动通信技术为基础，向用户提供内容资讯、音频视频、连线游戏、数据服务以及在线教育等集成信息和娱乐服务的新兴媒体。它有两个最核心的改变，一是传播媒介由传统媒介变成了基于互联网的新媒介，二是传播者由权威媒介组织和媒介机构变成了所有人。

二、新媒体的特征

（一）交互性

1. 新媒体交互性特征体现在传播方向上

　　互联网作为新媒体出现以来一个伟大的创新发展，其传播方式由原来传统媒体时代的单向线性传播转为双向甚至多向传播交流。曾经的"点对面"传播转化为"点对点""面对面"传播，"所有人对所有人的传播"成为现实。互联网打破了原先传统媒体时代的限制，使传播者与接受者的地位发生转换，个人不再是被动地接收信息，而是可以直接参与信息交流，甚至是传播信息。

[①] 熊澄宇. 新媒体百科全书 [M]. 北京：清华大学出版社，2007：500.
[②] 崔保国. 技术创新与媒介变革 [J]. 当代传播，1999（6）：24.
[③] 石磊. 新媒体概论 [M]. 北京：中国传媒大学出版社，2009：8.
[④] 黄传武. 新媒体概论 [M]. 北京：中国传媒大学出版社，2013：3.

2. 新媒体交互性特征体现在对信息控制力的变化产生影响

在新媒体传播过程中，信息不再依赖某一方发出，而是在传者与受者的交流过程中形成。一方面，互联网时代不再有信息传播的控制者，而只有信息传播的参与者，曾经的传播对象对信息传播过程的控制程度与范围得到极大的拓展和增强；另一方面，交互性还带来了信息传播的个性化。传统媒体的点对面传播模式决定了受众只能被动接收信息，很少有主动选择的余地，个性化需求受到压制。而如今，信息传播者可以运用"信息推送技术"，精准、明确地传播特定信息。同时接收者自身可以通过新媒体根据自身的需要在数据库中选择自己想要的信息。

（二）虚拟性

网络空间通常被视作虚拟的，因为网络中的信息都是计算机通过将0和1信号进行处理而形成的，从而构成了完整的信息形态，呈现出了各种不同的形式。随着新媒体的发展，虚拟性已经成为其最为核心的属性之一，并且随着时间的推移，虚拟性已经日益扩展，催生出了一系列具有虚拟价值的新媒体产品，例如虚拟人类、虚拟社区和虚拟商品等。互联网虚拟空间为人们提供了大量现实信息资源，让人们足不出户就能更深入地了解现实世界；反过来，现实世界也因虚拟的网络而发生翻天覆地的变化。此外，可以观察到虚拟社区、社交媒体、网络短视频、电商直播带货等已经显著地影响到社会生活的方方面面。这意味着网络社会与现实社会不同，它不受地理区位限制，是没有尽头的，它同时具备虚拟性和实在性。虚拟世界并不是虚无缥缈的，人类对现实世界的拓展和延伸体现在虚拟世界。

（三）创新性

创新性是新媒体的一大时代特征。除了在技术和形式上进行创新，新媒体还在理念层面不断创新，展现出其独特的创造性，在新媒体的定义中，理念创新至关重要。与个人和社会团体的创新不同，新媒体创新是在特定历史时期内创造出全新内容的一种创新。它不仅在形式和理念上与之前的时代不同，而且具有更广泛的意义。

在新媒体的创新性上，国外更加强调创新媒体的形态，使社会大众的生活和工作更加便捷，而不是局限于现有的媒体形式。因此，在涉足新媒体领域时，应该特别重视以下四点：首先，重点在于探索新颖的媒体形式，因此在设计媒体产品的过程中，要不断挖掘其新的表现形式。其次，在设计内容时要与传统内容有所区分，还要找到更好的方法向客户推送内容，为用户提供更优质的内容服务。再次，在面对新作品时，应当关注其艺术设计和营销两个方面的内容，二者同等重要。最后，为了成功开发新媒体，开发者必须具备预测和前瞻能力，能够准确预测未来可能涌现的重要媒体趋势并关注其发展趋势。

（四）个性化

媒体有三个不同的发展阶段，分别是精英媒体阶段，对应着传媒发展的农业时期；大众媒体阶段，对应着传媒发展的工业时期；个人媒体阶段，对应着传媒发展的信息时期。在精英媒体时代，只有少数人掌握信息生产的权利，且能接收到信息的人也很少；在大众媒体时代，信息的生产者仍然是少数人，但信息的接收者相对精英媒体时代有所增多；在个人媒体时代，信息的生产和接收已经变得越来越模糊了，大众化的信息生产和接收已经成为趋势。个人媒介是基于个性化和社会性的相互竞争形成的，核心是个人，因此具有真正的点对点（P2P）传播特点。

新媒体逐渐成为主流文化，而个人创作越来越受到关注，这得益于互联网的迅速普及和发展。随着新媒体的迅猛发展，每个人都有可能成为信息的发布源头和传播者，大众可以表达自己独特的观点，并分享自己认为有趣或有价值的信息。通过个性化的传播方式，人们有机会体验到发布信息和与他人交流互动的愉悦感。个人完全掌控了传播的内容和形式。

任何事情都有两面性，人们从个性化的传播方式中获得了"我的地盘我做主"的掌控权，但随之而来的还有一些弊端，如个人隐私泄露、信息质量参差不齐以及对受众的信息甄别能力提出更高的要求。

三、新媒体与传统媒体的区别

虽然新媒体是相对于传统媒体而言的，但它们之间却有着本质的区别，主要反映在以下几个方面。

（一）在传播形式方面的区别

1. 传统媒体的主要形态

传统媒体通过机械装置，定期向社会公众广泛传递信息和提供教育娱乐服务。传统媒体的形式主要指电视、报纸和广播这三种媒体。随着网络媒体的兴起，传统媒体也逐渐受到了冲击。

在过去的三大传统媒体中，报纸新闻主要使用文字作为传播形式。在报道复杂新闻事件时，记者必须采用线性报道方式，然而这种方式可能会导致客观实际情况被抽象概括，与真实的客观现实有所不同；并且由于报纸篇幅有限，新闻信息的数量受到限制，为了迎合大众的阅读习惯，只能摘取最具新闻价值的内容，无法提供个性化信息，也无法满足所有读者的需求。在报纸的出版周期限制下，报纸新闻只能每天更新一次。即使报纸新闻可以通过"号外"等手段增加报纸的信息容量，但在当今信息技术飞速发展的挑战下，报纸新闻的更新速度和内容容量已经难以与互联网相比。

由于广播新闻主要是通过人的声音传播，因此很难被记忆和保存，这是因为声音具有即时性，另外使用声音传播新闻缺乏具象的、形象生动的视觉表现。广播新闻的传播方式与报纸新闻的传播方式一样都是线性的，电台安排什么节目，听众就只能听什么节目，而且没有重复播放的选项。受极端天气、收听位置和其他电台电波等因素的影响，电台发射的电波频率还会受到干扰，听众接收到的信号变得不稳定，难以获得良好的收听效果。

虽然电视可以将声音和图像完美结合，展现出令人满意的观感，但相比之下，互联网则可以以文字、图片、声音、视频、动画等多种形式，将新闻更加丰富地传达出来。电视新闻只能在规定的时间段内播出，比如中央广播电视总台的《新闻联播》只在每天19:00播出，需要在短短半小时内尽可能地传递相关信息，对时间的限制非常严格。甚至有一些类型的电视新闻节目，只能将新闻内容编辑成字幕在电视屏幕最下方滚动播放，这种新闻播出方式使传播效力大打折扣，并且观众稍微一分神就很容易错过字幕新闻。受地域限制和个人媒体偏向影响，观众能够观看的电视台只有当地的几家电视台。另外，与报纸和广播的传播方式一样，电视也是线性传播方式，只能被观众单方面接收，不能进行重复播放。

2. 新媒体对传统媒体在传播形式上的超越

新媒体传播形式在多个方面超越了传统媒体，具体有如下几点。

（1）具有更新的理念

传统媒体的传播形式主要是一对多，这种形式使少数人掌控着信息的传播权利，个体想要自由表达的欲望往往被忽视或压制。在这种情况下，就需要寻找一种新的传播形式，以更好地展示和体现人的自由意志。要颠覆传统媒体已经确立的话语权，既需要改变传播方式，也需要更新传播媒介。新媒体的出现使传统媒体独掌话语权的局面得以打破，使信息生产者和接收者之间的界限变得模糊，让大众传播更加贴近社会大众，更加个性化，同时也让受众更好地表达个人意愿。

（2）采用了新的模式

新媒体使信息传播模式从"一对多"转变为"多对多"。受众有更多机会自主地参与到传播中，可以自由选择所要关注的信息，并进行广泛传播。同时电脑、手机、网络、社交软件等新媒体，在实现"即时报道，现场呈现"的过程中，展现出了强大的效能。

（3）具备新的效应

新媒体能够在特定时期和区域内影响观众的视听反应，并且呈现出生生不息的活力。

（二）在传播手段方面的区别

1. 从传播机制来看

传统媒体通常采取单向性的传播机制，而新媒体则采取更加广泛、多维度的传播机制，这是两者之间的显著区别。比如说，在网络上，一旦信息散播开来，大众随时可以回应，每个人都可以通过网络传递信息。这种传播机制不是简单的一对一的"双向交流"，而是映射型的"一对多"的传播，实现了真正的多维度传播机制。

2. 从传播链条来看

传统媒体传播信息较为滞后，传播某条信息需要经过多个环节，包括发现信息、发布信息、传播信息和接收信息。信息传播的链条烦琐，耗时较长，而且无法预测信息传播所用时长，若其中任何一个环节出现问题，都有可能对信息的传播进程造成影响，信息的实时性就难以保证。

新媒体极大地保证了信息的实时性，新媒体的传播机制依托于数字化平台，使信息的传播过程不受物理环境、人为因素的影响。

（三）在传播效果方面的区别

1. 从传播互动程度来看

由于传统媒体新闻传播只是由媒体单方面进行的，缺乏与受众的有效互动。因此，传统媒体在发展历程中和受众一直难以建立良好的互动关系，这限制了其在传播效果上的进一步提升。

新媒体为社会大众提供了多元化的沟通和互动方式，这是传统媒体无法提供的。受众可以利用智能手机和网络，实现实时交流互动，自由地表达个人观点，同时还可以分享身边发生的新鲜事以及转发新闻内容。在新媒体平台上，每个人都有展现自身才华、彰显独特个性的机会。此外，新媒体借助先进科技的力量，能够有效地唤起公众对新闻事件的关注，促使舆论监督力量产生，从而保证了媒体能够始终追求真相。

2. 从受众对新媒体与传统媒体的参与程度来看

受众的参与程度是衡量传统媒体和新媒体传播效果的重要指标之一。传统媒体通常采用单向传播模式，也就是将信息集中在某种媒介上，强制将其传播给受众，受众很难参与其中，因为受众没有相同的传播信息的媒介和资源，他们没有反馈的途径。

与之相比，新媒体的参与平台是公开的，更多的人群可以参与其中。此外，新媒体事件报道的参与方式非常灵活，无须过多考虑客观物质条件。由此可见，新媒体参与程度比传统媒体参与程度高。

四、新媒体的类型

（一）互联网新媒体

互联网指的是覆盖全球的计算机网络，组成互联网的计算机网络包括小规模的局域网（LAN）、城市规模的区域网（MAN）以及大规模的广域网（WAN）等。互联网使得多个计算机终端、客户端、服务端相互连接，从而实现了互联网的功能。互联网使人们能够在相隔万里的情况下，一起工作、学习和娱乐。

1. 网络电视

(1) 网络电视的概念

网络电视主要包含互联网电视和IPTV，其主要是利用当前互联网技术的整合内容对电视节目进行相应的点播和直播，是当前视频节目最为流行的传输方式，通过宽带网络和交换方式等高科技技术，为人们提供各种视频节目，还能够提供相关增值业务。而客户端则是通过更为专业的设备安装视频播放软件，收看各类电视节目，还可向客户端提供多种内容交换式的网络服务。

(2) 网络电视特点

第一，网络电视的发展，使人们不论身处何地，无论周围环境如何，都能畅享自己感兴趣的电视节目，自由切换和暂停。第二，网络电视之所以被称作智能化电视，是因为它可以通过互联网技术提供节目内容的预览功能，不必再依赖传统的频道切换方式。网络电视还能存储和放映手机中的照片和视频，一些珍贵的视频影像如生日录像可以实现超大屏幕视频播放。此外，网络电视还有一键分享功能，观众可以便捷地将自己喜欢的电视节目分享给亲朋好友，大家能够实时观看同一个电视节目，共同讨论节目内容。第三，网络电视还提供了各种精彩纷呈的节目供观众选择，不仅能够满足不同观众的需求，观众还可以将电视节目保存在网络上，可以反复观看和下载。

(3) 现代化的服务模式

如今，使用网络电视的用户通常会有两种选择：一是通过计算机终端进行接入；二是使用普通电视连接有线网络来实现服务。使用计算机终端可以获取各种网络信号，这个方式具备强大的信息传播能力。此外，网络电视的特征之一是视频的呈现方式更加多样化，让观众可以欣赏到更加丰富的内容。随着流媒体技术的不断进步，有望涌现出新型的网络电视运营商，以满足消费者对多元化观影方式的需求。客户端的使用可以使用户与IP网络进行互动，从而实现对网络外部资源数据的访问。另外，用户也能够观看来自国外的视频和相关节目。

普通电视连接有线网络可实现互动拓展，使家庭娱乐更加丰富多彩。该模式具备出色的实用性，能够个性化定制互动电视服务，涵盖音乐、影视、游戏、图文等内容。

互动拓展的方式可实现多样化的功能，如广播、点播、录制和下载。此外，还为用户提供了"推荐+自选"的观看模式。网络电视IPTV服务方式并非单独性的具象化产品，其是一项能够适应当前网络化发展的服务体系，这种服务方式能够给用户带来全新体验，虽然收费标准有所提高，但是能够更好地提升用户服务质量，提高网络电视新媒体的经济效益。

（4）网络电视技术的优势

①能够加快网络信息资源的各项获取及共享

由于网络电视能够在广播电视及其他媒体中贯穿和融入，最大程度地利用了数字化网络的优势，从而更快速地获取和分享网络信息资源。对网络电视的优势加以利用，可以进一步扩大广播电视节目的传播范围，让更多人了解电视内容。就过去的情况而言，广播电视信号的覆盖范围相对较有限，发射和接收信号都要满足特殊的条件，发射设备和接收设备也需要满足相应要求，因此很多地方无法有效地接收信号。直到网络电视出现，广播电视信号覆盖率差的问题才得以解决。互联网的运用使得广播电视节目的传播范围得到了扩大，并且节目的实时性也得到了提升，另外广播电视信号的传输速度也大幅提升。

②加强网络电视工作的实效性，促成行业发展的多元化

在电视节目制作过程中，将先进技术应用于信号传输，能够使电视台工作人员的工作效率大幅提高。网络电视已经发展了一段时间，经过了市场的验证，能够为电视节目提供现代化的播放平台。一方面网络电视为有线电视开辟了更可靠的发展道路；另一方面，网络电视能够借助电缆，把有线电视信号传送到更遥远的区域。

2. 网络广播

网络广播的本质是音频传播，它利用互联网技术，以计算机为终端实现音频内容的传播。

在数字广播技术的支持下，网络广播具备了独特的节目形式和互动方式，并且其未来的发展潜力非常大。中国目前有主要三种网络电台类型，包括商业网络电台、政府网络电台、个人网络广播电台。

网络广播面临的一大挑战是尚未找到可行的盈利模式；另外它还受限于终端设备；同时商业网站没有充足的节目资源。

从发展趋势看，传统广播媒体开办的音频网站将继续占据主导地位。因为传

统广播媒体拥有丰富的节目资源，而且拥有专门的广播节目制作队伍，公信力强。特别是随着媒体体制、机制改革的不断深入，网络广播传播理念和节目形态的不断创新，传统广播与网络广播通过联动来提升双方的价值将变得越来越普遍，传统广播媒体在运营网络广播方面的优势将更加明显。

3. 网络报刊

网络报刊，即通过互联网发行和传播的报刊，将多媒体技术、网络技术和通信技术应用到报刊出版、发行、利用的全过程。网络报刊有网络报纸和网络杂志。网络杂志又称电子杂志、互动杂志，通常指的是完全以计算机技术、电子通信技术和网络技术为依托而编辑、出版和发行的杂志，以 Flash 为主要载体独立于网站存在。电子杂志兼具平面与互联网的特点，融入了图像、文字、声音、视频、游戏等元素，通过相互动态结合的方式来呈现给读者，此外，还有超链接、即时互动等网络元素。电子杂志延展性强，未来可移植到 PDA、OBILE、MP4、PSP 及 TV（数字电视、机顶盒）等多种个人终端进行阅读。

（二）手机媒体

手机已经成为人们日常工作、交流、学习的重要载体，手机早已脱离它基础的通信功能，被归为"第五媒体"，它与报纸、广播、电视、互联网等媒体相互融合并发挥着不同的作用。手机媒体传播信息的媒介是智能手机。手机媒体最大的优势是智能、便携，利用网络随时随地地互动和交流。目前中国已经无可非议地成为全球最大的移动通信市场，中国手机用户已经超过全欧洲国家手机用户的总和。

移动通信与互联网技术的快速融合，推动手机快速成为新媒体。随着通信技术（例如 5G）、计算机技术的发展与普及，手机就是具有通信功能的迷你型电脑，而且手机媒体是网络媒体的延伸。

手机的短信功能使其具备了类似于报纸（第一媒体）的信息传播功能。引入彩信技术提高了手机的性能，使其接近于广播媒体（第二媒体）。随着手机电视的普及，手机获得了更广泛的影响力和更多群体的覆盖，此时它具备了电视（第三媒体）的功能。WAP 和宽带网络的普及，使手机具备了类似于互联网（第四媒体）的功能。

（三）电视媒体

1. 数字电视

数字电视（Digital TV，DTV）指节目信号的摄取、记录、处理、传播、接收和显示均采用数字技术的电视系统，包括了节目采集、节目制作、节目传播到用户端接收的全过程。数字信号的传播速率是每秒 19.39 兆字节，如此大的数据流的传递保证了数字电视的高清晰度，克服了模拟电视的先天不足。由于数字电视可以允许几种制式信号的同时存在，每个数字频道下又可分为几个子频道，因此其既可以用一个大数据流——每秒 19.39 兆字节，也可将其分为几个分流。

2. IPTV

IPTV 全称是 Internet Protocol Television，中文名称是互联网协议电视，也叫交互式网络电视。按照国际电联的定义，IPTV 是指通过可控、可管理、安全传送并具有质量保证（QoS）的无线或有线 IP 网络，提供包含视频、音频（包括语音）、文本、图形和数据等业务在内的多媒体业务；其中，接收终端包括电视机、掌上电脑（PDA）、手机、移动电视及其他类似终端。现阶段我国的 IPTV 特指通过可控制、可管理、具有质量保证（QoS）的有线 IP 网，提供基于电视终端的多媒体业务。

IPTV 是现行媒介组织结构中电视产业、计算机互联网产业和电信产业三方优势的集成，这种集成的优势就是 IPTV 的核心竞争力所在。IPTV 是集合了电视传输影视节目的传统优势和网络交互传播优势的新型电视媒体，它的发展给电视传播方式带来了革新。

3. 移动电视与户外新媒体

移动电视以数字技术为支撑，通过无线数字信号发射、地面数字接收的方式播放和接收电视节目。它最大的特点是使在处于移动状态、时速 120 公里以下的交通工具上，能够保持电视信号的稳定和清晰，观众可以在移动状态中轻而易举地收看电视节目。

对于公交移动电视来说，"强迫收视"是其最大的特点。公交移动电视的强制性传播使得受众身在公交车上，没有选择电视频道的余地。不过，传播内容的强制性有利于拓展"无聊经济"的巨大利润空间，移动电视正是抓住了受众在乘车、等候电梯等短暂的无聊空间进行强制性传播，使得消费者在别无选择时被它俘获，这对于某些预设好的内容（比如广告）来说，传播效果更佳。

户外新媒体是指安放在人们一般能直观看到的地方的数字电视等新媒体，是有别于传统的户外媒体形式（广告牌、灯箱、车体等）的新型户外媒体比如公交、航空、地铁、轻轨，同时也包括这些交通工具相应的辅助场所如航空港、地铁（轻轨）站、公交站内所衍生的渠道媒体——LED彩色显示屏、视频等。其内容主要是广告。有人将移动电视也看作户外新媒体。

在大城市，户外传统媒体正在逐步被户外视频、户外LED等新形态所取代。

五、新媒体的主要功能

（一）传播大众文化，展现真实虚拟的文化

在这个新媒体的时代里，传媒和大众文化就相当于连体婴儿，谁也离不开谁。在新媒体还没有发展起来的世界里，学校和家庭是人们社会认知与价值判断的主要来源，而现在传媒分担了学校和家庭的重担，呈现出三者并驾齐驱的形式。传媒是让大众文化被受众所认知的社会机制。最初网络和手机的功能只有文件传输和通信，随着新媒体的发展，其功能不断扩展，尤其是在文化娱乐方面，新媒体的影响力不断提升，效益成倍增长。随着文化娱乐领域的不断发展，在网络、手机等开放平台的加持下，新媒体的传播以及娱乐功能进一步提升。这使得少数精英所拥有的文化开始向大众化迈进。这种趋势推动着文化创新和技术进步，并达到了前所未有的高峰。新媒体平台的平等性、开放性为文化市场注入了蓬勃活力。随着新媒体的涌现，传统的文化体系已被颠覆，过去文化产品和文化从业者都是高不可攀的，普通人很难跨入文化领域。传统媒体市场存在着严格的规章制度，许多普通人很难跨越传统媒体的门槛，更无法将自己的作品传播出去。随着新媒体的兴起，传统的文化等级制度和秩序被打破了。人人都能在网络平台上创造、学习、欣赏和评论文化艺术作品，这也意味着人们可以在文化领域自由地展现才华，这表示精英文化逐渐向大众文化过渡，文化艺术作品也得以在网络上广泛传播至世界各地。无论是高雅的文艺作品还是通俗的文艺作品都能在网络上传播，而且网络歌曲、网络视频能够在短时间内快速火爆全网。新媒体平台推动着文化消费市场向更繁荣的方向发展，人们的文化创作热情也被激发，一时间，网

络上涌现出大量的文化艺术新品和文化创作先锋，人们的文化生活也因此更加多姿多彩。

新媒体的高度互动性使文化消费更加普及。新媒体的互动传播改变了文化内容的性质，使其变得更加贴近大众和通俗易懂。同时，也营造了平等的交流环境。新媒体的内容和形式不断创新，得益于平等、开放的互动平台，在这个平台任何人都能够平等地表达观点、讲述故事、创作作品。网络文学和手机文学就是在新媒体的推动下迅速发展起来的，一大批网络文学创作者展现出源源不断的创意和活力，挥洒笔墨，续写故事，并将其变现，这为文学产业创造了新的增长点。依托于互联网技术和多媒体技术，网络短剧和手机短视频成为当代社会大众进行文化消费的主流产品。网络短剧和手机短视频使观众可以随时随地点播视频，人们可以利用零散时间如等公交、排队的间隙观看几段视频。另外，这种短剧和短视频在内容和时长上更加灵活，故事情节和进展更加紧凑、精炼，完全符合大众的观看需要。在新媒体的推动下，网络游戏和手机游戏因其互动性在娱乐市场中逐渐崭露头角，并一跃成为主流文化产品。针对不同年龄、文化水平的人群推出各种款式的游戏，使网络游戏的用户群持续扩大。由于网络文化创作门槛低，下载方便，因此其传播速度远远超越其他形式的文化。通过整合电视、网络和移动媒体资源，创造融合型媒体，促进经济和文化的繁荣。同时，利用新媒体创作出来的文化产品也会反过来推动新媒体技术不断创新。

新媒体展现了真实虚拟的文化。"所有的社会里，人类都生存在象征环境之中，并通过象征环境来行动。所以目前以一切沟通形式（从印刷到多媒体）之电子整合为核心的新沟通系统，其历史特殊性并非诱发出虚拟实境（virtual reality），反而是建构了'真实虚拟'"[1]。那么，相对于早期的历史经验，产生真实虚拟的沟通系统是什么？曼纽尔·卡斯特认为，在这个系统里，现实本身（亦即人们的物质与象征存在）完全陷入且浸淫于虚拟意象的情境之中，那是个"假装"的世界，在其中表象不仅出现于屏幕中以便沟通经验，表象本身便成为经验。"所有种类的信息全都包藏于媒介之中，因为媒介变得十分全面、多样、富于延展性，使得

---

[1] 虚拟与现实：网络社区与城市社区的互动[EB/OL].（2009-11-06）[2023-09-29].https://www.docin.com/p-218314863.html.

媒介在同一个多媒体文本里吸纳了所有人类过去、现在和未来的经验。"[1]从社会的角度来看，以电子为基础的沟通（印刷、视听或电脑中介）才是沟通，然而这并非表示所有文化表现都是均质的。正是因为新沟通系统的多样性、多重模式以及易变特性，才能够涵盖与整合一切表现形式，以及各式各样的利益、价值与想象，包括社会冲突的展现。将大部分的文化表现纳入以数字化电子生产、分配与交换符号为基础的整合沟通系统里，对社会形式与过程会产生重大影响。"一方面，这削弱了传统上外在于该系统的发送者的象征权力，如宗教、道德、权威、传统价值以及政治意识形态；另一方面，新沟通系统改变了人类生活的空间与时间，产生了流动的空间和永恒的时间。"[2]

（二）引起交往方式和社会组织方式的变革

新媒体为人们创建了一个虚拟的社会，在这个虚拟社会中，人们可以进行社交活动和学术探讨，精神世界得到极大满足。同时，它亦改变了传统社会的生活方式，不断革新人们生活和交流的方式。

依托于信息网络技术，新媒体构建了一个无处不在的空间和永不止步的时间，使现代人能够在虚拟的日常生活世界中活动和社交。传统的单调的物理生存空间已不再是人们唯一的生活场所，人们的生活空间可以在现实与虚拟之间随时切换。这种革新彻底改变了传统社会的精神生活方式和空间布置。

随着新媒体的出现，人们的社交方式发生了改变。新媒体是建立在 Web2.0 信息网络技术之上的，它突破了地理距离的限制，使得人们可以在网络上进行跨时空的交流和互动。这种技术创新使得社会关系不再局限于以业缘为轴心，而是以公共关系为轴心，人们可以通过新媒体来建立更加丰富多彩、互动性更强的社会关系。在网络社区中，人们不再被血缘和族缘所束缚，可以与陌生人进行交流互动。在过去的社会中，陌生人之间的交流往往有很多局限性，但是随着新媒体的发展，人们可以在虚拟空间中与素不相识的人互动。随着新媒体的兴起，社交方式也经历了翻天覆地的变化，由过去的"人对人"的模式转变为"人通过媒介

---

[1] 网络休闲"异化"[EB/OL].（2014-11-07）[2023-09-29]. https://www.docin.com/p-952376458.html.

[2] 网络文化建设的文化伦理选择和定位[EB/OL].（2013-09-10）[2023-09-29].http://www.doc88.com/p-3146164761535.html.

连接人"的模式。这意味着人们现在不仅能够一对一交流，还可以实现一对多的交流。因此，新媒体正在逐渐改变我们固有的日常生活方式。

随着科技的不断发展，新媒体传播在现代社会中的地位越来越重要。社会结构和组织形式在新媒体技术的影响下不断变化。现今社会的生产能力主要体现在信息网络技术上。这种技术改变了过去传统社会的资源分配方式，财富和权力在技术变革之下被重新分配、组合，同时，社会结构、组织方式和人际关系也出现巨大变化。中国传统社会结构建立在血缘关系之上，并因此产生了明显的等级体系。随着互联网技术的普及，那些掌握现代科技发展方向的个人和团体正逐渐聚集财富、权力和地位，它们不再被家族世袭传承所垄断。随着资源分配方式的转变，传统的社会等级制度和封闭的组织模式已经被彻底颠覆。

（三）建构公共领域，推进社会民主

公民社会与市民社会有相同的指向，英文 Civil Society 和 Citizen Society 都可译为"公民社会"，古希腊与罗马的城邦共同体是形成近代西方社会结构与政治体制的基本范型。黑格尔把公民社会设定为与政治国家相区分的自我规定性存在，是相对于家庭和国家的一种形式。马克思承接了黑格尔对国家与公民社会的区分，确证公民社会区别于政治国家，但他把黑格尔在国家与市民社会关系上弄颠倒的关系重新改正了过来。哈贝马斯认为，"公民社会是以经济活动为核心的私人领域与文化活动为核心的公共领域的统一。"[①] 在西方社会观念中，公民社会基本被定义为非政治性的不受国家任意干预的社会公共生活领域。中国的公民社会指"社会成员按照契约性原则，以自愿为前提和自治为基础进行经济活动、社会活动的私域，以及进行议政参政活动的非官方公域"[②]。

德国哲学家哈贝马斯认为，古希腊城邦及其以政治生活为本质内容的公共生活、中世纪欧洲封建社会君王制的代表型公共领域都不是真正意义上的"公共领域"，真正的"公共领域"之所以能独立存在，主要归功于近代商业活动的发展。现代重商主义政策的实施与推进极大地促进了市民社会的形成以及商业经济的发

---

① 中国现代化与公民社会发展 [EB/OL]. （2014-01-19）[2023-09-29]. https://www.docin.com/p-756543424.html.
② 文秘帮. 浅析当代中国市民社会构建 [EB/OL]. （2022-06-10）[2023-09-29]. https://www.wenmi.com/article/psv9q000s05n.html.

展，与此同时也为政府权威和统治的维护贡献了自己的一份力量，政府当局和广大民众之间形成了公共管理与私人自律的紧张关系，市民阶级围绕公共权力的商业政策而展开对公共权力本身的检讨，报纸、杂志、咖啡馆、沙龙以及宴会等文化讨论的机构承载了批判的空间，阅读群体由市民阶级组成，他们利用出版物同官方展开辩论，引起当局和民众的注意，形成了由阅读群体组成的新的公共领域。

在新媒体时代，广告和公共关系的干预已经削弱了人们的批判和理性思考能力，导致他们由文化批判公众走向文化消费公众。传统媒体以点对面的传播方式将信息扩散至整个社会，使得"公众"逐渐转化为"大众"；传统媒体的"把关制度"与"信息门槛"抑制了"信息流通"的原本目的；传统媒体因商业化目的而追逐利润，已不再坚持"理性批判"的原则。相较于传统媒体，新媒体得天独厚的优势能够重塑公共领域。新媒体多元化的传播方式，让每个人都能随时随地地获取信息和自由表达观点。新媒体具有开放、平等和互动的特点为社会大众提供了一个交流平台，在这个平台上，人们可以平等地交流、理性地批评。人们"在一定程度上不依赖于他人而独立存在，更重要的是要有一种对公共事务保持热切关注的态度，特别是要有独立思考和批判的能力"[①]。随着新媒体时代的到来，受众群体不再局限于特定的人群，而成为更加广泛的公众，传受一体化模式也得以实现。

随着新媒体的兴起，信息传播不再受地域和时间限制，人们接收信息更加快捷，另外，社会平权意识也得到了进一步加强。各政府部门更注重建立信息公开制度。在构建政治文明和社会文明的进程中，公平地共享信息资源是非常关键的，而且这也是实现民主与自由的一项重要措施。在新媒体时代，政府部门能够便捷地通过网络平台向公众发布信息，使公共事务更加透明化，让公众对政府的政务信息了解得更加全面。政府有责任公开相关政务信息，以此彰显以民为本的理念。同时，各级政府网站的主要职责也是发布、公开政务信息。政府网站和电子政务系统等新媒体的广泛应用，有助于推动政府信息透明化，同时也使广大民众的舆论监督权利得以实现。

网络沟通是指信息传播和接收双方相互交流的过程。随着新媒体的兴起，信

---

① 新媒体语境下的公共领域重构[EB/OL].（2013-10-25）[2023-09-29]. https://www.docin.com/p-715897560.html.

息的传播渠道得到了有效的构建，并且信息传播不再受地域和时间影响，人们能够方便、快捷地获取和了解各类信息。另外，新媒体还提供了信息传递和互动渠道，并促进了多方面的咨询和交流。这种沟通方式使得信息的提供者和受众能够平等地交流。近年来，网络媒体已经被广泛用于报道全国及各省市的"两会"。首先，通过互联网、手机终端等新媒体及时传递与"两会"有关的信息，让社会大众能及时了解"两会"的具体内容。其次，在互联网上打开"两会"直播或转播的评论区，及时获取广大网民以及社会群众对于"两会"的观点和看法。网络媒体在传播政务信息方面，极大地激发了人民群众参与政治讨论的热情，增强社会大众对政治权力以及社会责任的认识。此外，通过网络媒体，相关部门还能够及时地回应群众的质疑。新媒体的应用与发展，在加速新时代中国特色社会主义民主化进程、推动我国社会主义民主政治建设上发挥了积极作用。

（四）影响社会舆论

舆论是广大的人民群众在这个新媒体的时代里，公开表达的基本趋于一致的意见、信念和态度的总和。它是社会评价的一种，是社会心理的反映，以人们共同关注的问题为存在前提。从另一个角度来说，舆论和民意是可以画上等号的，代表着一种强烈的愿望、要求以及社会倾向。舆论没有固定的形成方式，可以在外力的帮助下，经过引导的过程形成，也可以是根据自己的意志自发形成的。传媒就是引导舆论的最大推动力。

新媒体已经完全颠覆了传统的信息传播方式，现在新媒体平台已经成为网络舆论形成和发酵的绝佳平台。在当代社会中，由于大众传媒的普及，舆论的形成和发酵越来越常见，并且目的性越来越强。在开放的新媒体环境下，任何人都有可能处于舆论中心，成为舆论的重要推手。新媒体不仅能加速舆论的形成，促使舆论发酵，还有可能使舆论处于失控的状态。

当今时代，新媒体的出现让人们有更多的机会通过各种渠道来影响和引导舆论。在新媒体时代，每个人都有可能受到公众舆论的关注，这推动舆论向多元化趋势发展。每个人都有一个共通点，那就是有迫切想表现自己，发表自己内心看法的欲望，但是在实际的日常生活中，新闻媒体仅仅只能表达小部分的舆论，在时效性和多元化上不能与网上舆论相比。新媒体的存在使每一个用户都有机会在网络上去发表自己的看法，与此同时，正是由于新媒体交互性的性质，每个网民都可以在网络上根据自己的意志去进行交流讨论，突破了时间和空间的限制，使实时沟通交流成为现实。借助网络，每个人都可以在新媒体平台上制造舆论。

把握关键信息，迅速制造舆论。通过运用新媒体，可以有效地推动舆论的形成。尽管舆论通常是源于群众自发，但自发性舆论发酵速度极为缓慢，影响范围一般不大。在制造舆论的过程中，出于加快舆论发酵和引起社会强烈反响的目的，舆论主体往往会通过多种渠道推动舆论发展。制造舆论是指引导人们表达潜在的观点，并将其转变为社会上公开的主流意见，以此将分散的观点汇聚成社会的整体共识。无论身处何处，新媒体如影随形，网络在哪里，信息就在哪里，这有助于个人的观点能够更加广泛地传达和被接受，也有助于舆论的形成。

加强舆论控制。现代网络环境中，舆论空前繁荣，因此需要对舆论进行控制。随着新媒体的发展，信息传播越来越便捷，门槛也越来越低，因此舆论控制面临着巨大的考验。传统媒体在信息采集和发布环节存在时间差，信息审核人可以在这个时间段内有针对性地筛选和编辑信息，从而实施控制。但是在新媒体时代，信息传播速度极快，并且用户数量众多，因此控制舆论生成和发酵变得更加复杂和具有挑战性。

随着新媒体在中国普及，它成为一个新的舆论制造平台，会对未来的舆论格局产生重大的影响，而舆论的产生也将影响社会的方方面面，因此中国社会面临一个新的问题，那就是如何正确引导舆论。

六、新媒体的发展趋势

在新媒体时代中，所谓"时代"是一个与人紧密联系的时空概念，是能影响人的意识的所有客观环境。本书所指称的"新媒体时代"是一个相对概念，与人类历史上所出现的媒体时代相比，其鲜明的时代性主要体现在三个方面。

首先，其媒体融合程度极高。不同类型的新旧媒体交汇、融合，并逐渐一体化，由此产生新媒体。新媒体具备出色的融合能力，既能融合多种媒体的核心技术，也能融合各种传播渠道以及不同形态的内容，甚至能够融合文化、思想、经济、政治。这场媒体革命具有深远的意义。

其次，它蕴含着无限的能量。在现代技术不断发展的时代背景下，新媒体的传播范围前所未有地广泛，世界上每个角落的人都处于新媒体环境中，人们被动地或者主动地成为新媒体的受众，并长时间受其影响。

最后，新媒体是一种交流工具，具有中性特征。新媒体是一种技术工具，它是时代发展的产物。和其他技术发明一样，它具有中性特征，可以被任何人使用，不会因使用者的身份而发生变化。简单来说，不同的人使用新媒体技术工具，总会得到相同的效果。新媒体一旦被政治行为利用，它就不再是单纯的技术工具，而是成为一种具有政治目的和政治利益的工具，它的中立性也会受到影响，变得"非中性"。这种因被使用而产生的"非中性"的作用正是新媒体时代的一个显著特征。

高校学生作为"数字化生存"的最先体验者之一，获得了跟世界同步发展和充分展示个人才能的空间，其思想观念、知识获取、价值取向、人际交往和行为方式等，也已深深地烙上了新媒体时代的痕迹。研究和加强新媒体时代高校思想政治教育，提高大学生的思想政治素质，对于全面实施科教兴国和人才强国战略，加快全面建成小康社会，推进社会主义现代化宏伟目标的实现，确保中国特色社会主义事业兴旺发达、后继有人，都具有极为重大而深远的战略意义。

（一）新媒体与传统媒体不断融合

新媒体作为传统媒体进一步传承与发展的产物，为人们提供了无与伦比的传播感受和与众不同的内容。随着广大人民群众消费理念的不断更新换代，以及人们对手机新媒体的依赖性越来越强，以支付宝、微信支付等为依托，以新媒体技术为支撑，人们越来越多地在网上购物，并且进行网上支付。与此同时，人们的阅读方式与时俱进，与以往传统的读书看报相比，发现越来越多的人青睐数字化阅读。

新媒体和传统媒体有很大的区别，新媒体在互动方面远远超过了传统媒体。未来新媒体与终端活动之间将会出现更多的配合形式。新媒体将更多地参与到社会活动中来，如配合企业事业单位做活动、采访等，或者将新媒体所在场所变成体验终端，做一些新的创意情境。因此，新媒体无论是在信息内容方面，抑或在各项活动方面，都需要在互动上花心思，注重互动功能的发展，并以此为基础挖掘新的形式。

新媒体具有强大的媒介融合特征。麦克卢汉认为："任何媒介的'内容'都是另一种媒介①"。互联网与传统媒体将会加快融合速度,报纸开设网络版,或者报纸杂志与网站合作开设线上发行平台,以及报纸杂志、广播、电视的网络化已经成为现实。

新媒体的发展已经势不可挡,而前进的步伐也从来没有停下来过,当然,新媒体想要达到完全取代传统媒体仍然需要很长的时间,但是新媒体在慢慢赶超传统媒体的过程中,需要给新媒体一个准确的定位,做到取长补短,取传统媒体长处,补新媒体发展的不足,对于传统媒体要秉持着取其精华去其糟粕的态度。而且新媒体在发展的过程中不能太过于刻板,传统媒体虽然有很多不足,但是其中不是没有可取的地方,我们要站在巨人肩膀上,建立在传统媒体的基础上进行创新。在发展进程中,一旦发现问题,要立刻主动积极地解决问题。例如,传统纸质媒体《人民日报》《中国教育报》除了推出网络、开设微博微信,还研发了自身的用户端APP。中央电视台创办了央视网,还开通了微博微信,创立了"央视新闻"用户端。

(二)新媒体从"侵入受众"发展为"受众浸入"阶段

在这个新媒体的时代,不是由传播载体选择受众,而是受众选择传播载体。一种媒体想要有进一步的发展,就必须从受众的角度出发,为受众带来更多的利益,给予受众更大的便利性,而不能干扰到受众,使受众感到厌烦。因此新媒体将进一步优化,在创意上提升,或者与内容提供者合作向受众提供信息,逐步留住受众分散及几乎疲劳的注意力,从侵入受众向受众浸入转变,实则是被动接受信息向主动接受信息转变。

(三)新媒体的接受群体逐渐普遍化、年轻化

随着了解和熟悉新媒体的人数越来越多,接受并使用新媒体的人数也随之增加,同时受众群体越来越呈现出年轻化的趋势。从新媒体的特点上来说,新媒体会给人带来一种新鲜感,这种新奇的感觉正好抓住了年轻人的喜好,与此同时,新媒体具有十分丰富的内容,又能带给年轻人一种充实感。生活水平的提升导致年轻人群中没有手机的人数几乎为0,再加上对新鲜事物好奇的心理,年轻人成为新媒体的主要接受群体也就不是一件那么令人感到惊奇的事情了。

---

① 安思国. 媒介交流研究 [M]. 北京:中国传媒大学出版社,2005:98.

第二节 新媒体的影响

一、新媒体打破传统媒体霸权

新媒体的迅速崛起，对传统媒体产生了极大的冲击。在以互联网为代表的新媒体冲击下，传统媒体的生态环境和基本格局正在发生重大变化，网络广告、户外广告、楼宇广告、电梯广告、直投广告等媒体方阵迅猛崛起，瓜分、蚕食着报纸的广告份额。在新的媒体结构中，传统媒体的生存空间受到挤压，传统媒体的强势地位开始动摇。

近年来，网站出现了从媒体主导（Web1.0）向个人转换的趋势，平民化传媒时代即草根媒体、个人媒体（Web2.0）时代的到来不仅及时提供了信息，更由于融入了个人的感受和评论，能引起受众更多的共鸣，因此吸引了更多人的眼球，而传统媒体还是按照它们的时间和喜好来提供资讯内容。报纸还是每天一份若干个版面，广播电视线性播出，读者无法按照自己的时间和喜好来选择自己想要的资讯。微博、电子杂志等新媒体对传统媒体报纸、杂志等产生了冲击，新媒体铺天盖地的信息的产生，使得人们的注意力成为一种稀缺资源，而以往由于媒介缺乏而形成的渠道霸权也早已被渠道过剩所取代。新媒体分流了传统媒体的受众，使得报纸的发行量和广播电视的收听收视率开始下降。集视觉、听觉与阅读功能为一身的网络，不仅可听、可视与可读，而且具有无穷无尽的信息，个人对信息可以选择、下载保存，还可提取需要的信息在电脑上编辑。网络正在代替传统媒体，让人们在任何空间都可以接收到图像新闻、获得人们需要的各种内容。手机可以上网后，网络传播不仅可以代替报纸，还可以提供户外电视，阅读报纸的人在急剧减少，在网络上观看电视的人在逐步增加。尼尔森收视率调查机构的数据表明，没有电脑的人比有电脑的人看电视新闻多，这说明电视正面临其他媒体形式的挑战，电视新闻节目已经不再是"皇帝女儿不愁嫁"了。

新媒体业务应用进一步成熟，价值进一步提高。无线通信网络的发展，使新媒体的影响呈现移动化趋势，新媒体分流传统媒体的广告资源和用户资源的现象更加明显，对传统媒体的冲击将继续加大。新媒体的营销价值正得到广告主以及广告公司、公关公司等营销机构的认同，新媒体逐渐成为企业整合营销中的重要组成部分。新媒体受到资本市场关注，中国新媒体用户潜力、消费能力等潜在商业价值，受到国际风险投资商和传统媒体机构的青睐，投资、合作、并购力度将进一步加强。产业创新速度加快，新的产品、新的服务不断涌现，新媒体产业经历了整合、收购、扩张、发展，将逐渐走上正轨，对产品和服务的开发速度将加快新产品和服务的不断出现。数字阅读热度持续攀升，移动新媒体"初露端倪"，新媒体移动化步入实质性发展。5G 网络的商用提供了可靠稳定的传输通道，同时手机应用功能增强且新服务不断涌现，手机将进一步发挥移动终端的潜能，移动博客、移动搜索、车载电视等运营将更加成熟。

新媒体的内容已经成为传统媒体重要的信息来源，Web2.0 时代，千万个草根记者的内容在发挥价值，RSS 搜索等技术的发展，让草根的观点获得展示，如胡戈的《一个馒头引发的血案》；美国麦特·德拉吉的博客流量与传统媒体的媲美；托尼·帕金斯、罗勃·马达尔等知名博客的言论和观点更是在相关的领域占有举足轻重的地位。因此新媒体已经成为传统媒体新闻线索的重要来源地，尤其是传统媒体对新媒体博客领域如技术精英的博客、CEO 的博客的依赖较为明显。

二、人们阅读习惯变化

新媒体的影响、科技进步和网络普及使人们的阅读方式和阅读习惯发生着深刻变化，即时在线浏览正在取代传统青灯黄卷式的经典阅读，以快餐式、跳跃性、碎片化为特征的浅阅读正成为阅读的新趋势。

（一）从经典阅读到浅阅读

浅阅读趋势是全球化的。英国一项调查表明，25 岁以下人群中有超过 30% 的人阅读电子书。日本年轻读者手机阅读的趋势愈演愈烈，日本手机小说《深爱》销量达到了 250 万册。浅阅读不仅存在于网络阅读之中，传统阅读也有同样趋势。迄今已有 237 年历史的《大不列颠百科全书》，32 册百科全书收录了 8 万个条目，而"维基百科"在短短 4 年间就收录了近 50 万个条目。这个完全开放式的免费的网上百科全书是电子阅读时代"最大胆的网络实验"。它把人们的注意力从传统阅读吸引到了新的"取阅"方式之中来了。

（二）浅阅读的特征

我们可以从以下方面来把握浅阅读。

1. 浅阅读产生的背景是新媒体的发展和信息量的爆炸

麦克卢汉在20世纪60年代提出了"地球村"的观点，20年后《纽约时报》专栏作家弗里德曼（Friedman）在其书《世界是平的》一书中说，"因为世界是平的，他们也能插上插头连通、合作，整个世界因为一台无所不包的小小电脑而变小变平。电子技术使我们的感官膨胀，仿佛一夜之间全球罩上了一张硕大无朋的宇宙膜。"[1]互联网时代的海量资讯每天刷新着人们的记忆。报纸、广播、电影和广告每天都在我们周围卷起资讯的潮流和压力，使读者被放置于时速造就的漩涡中心。信息的海量膨胀、生活节奏的加快，使得我们接触的事情、需要处理的事情越来越多，而每个人的时间、精力有限，在这种情况下，人们为了有效地把握现实和变化，就需要一种新的方式来掌握这种海量变化的状态及信息。浅阅读由此产生。

2. 浏览式娱乐式阅读成为浅阅读的重要特点

搜索式阅读、标题式阅读、跳跃式阅读成为网络阅读和手机阅读的主要形式。名著通俗本、普及本、精简本、口袋本的盛行，财经励志类图书以股市语言行文替代学术说理以及各地书店中通俗读物多居排行榜前列的现象，都是人们"浏览式浅阅读"的特征。一条电视新闻被记忆的时间不会过夜，一个报纸头条能持续吸引读者注意力不会超过一天，一期杂志专题被谈论不会超过一周。什么都不会关注过久，什么都不会停留。"快速、快感、快扔"成为浅阅读的重要特征。搜索引擎技术的发展使"定制"成为浅阅读的一种方式。它要求用"关键词"进行思考和检索，在定制关键词后，阅读视界才能被打开。于是，定制成为阅读的新法则，在定制的同时，"碎片化"的信息迷宫形成，事物的整体风貌被打破，细节先于整体出现，通过阅读提取信息之海变成了由点到线再到面的过程。此外，读者的阅读需求已不仅仅包括获取信息、知识、接受教育，同时还要求提供休闲和娱乐。而互联网和手机媒体等新媒体的普及，也在促进多元化阅读方式的形成。

---

[1] （美）托马斯．弗里德曼．世界是平的 [M]．长沙：湖南科学技术出版社，2006．

3.浅阅读的过程由以前在阅读过程中的被动接收转变为主动参与

现代科技的发展和都市生活的便捷使得浅阅读时代的阅读者参与到整个信息生产过程中来，阅读者不仅是信息的消费者，同时也是生产者，他们不再单纯地被动地获取外界信息，同时也提供并发布信息，这个过程在网络上表现得最为充分。传统纸质出版物通过章节设置、页码标注等方式规定阅读顺序，读者一般是逐页逐段地阅读。电子出版物和网络出版物以"非线性的网状结构"和"节点为单位的信息输出"表达其内容。读者在阅读时可以根据自己的需要，迅速找到自己感兴趣的内容和有关信息。更重要的是，网络的发展改变了传统出版业对信息发表的垄断权。在BBS上发帖子、在网络媒体上对某条新闻进行评论，通过微博、电子杂志网络出版等方式，人人都是内容提供者。新技术使读者不仅可以进行网络阅读，而且可以参与网络出版。

三、传统媒体与新媒体共荣

"著名的未来学家奈斯比特开始创办城市研究公司时，就是通过大量的报纸来建立最初的数据库的，今日他仍保持着每天阅读数份报纸的习惯。虽然今天网络上充斥着海量信息，但是这些信息大多数并不是新闻事件本身，而是关于所发生的事件的评论和观点，因此，网络的出现并不能替代报纸。"[1]

事实的确如此。广播没有消灭报纸，电视没有消灭广播和报纸，网络也不可能消灭原有的媒介形态。互联网平台的包容性很强，不是谁消灭谁，不是简单的新兴的代替旧有的，而是各种媒体形式相互包容、彼此共存在人类的传媒生活圈中，各有各的空间。报纸与网络、手机等新兴媒体结合，可以实现"1+1=3"的效果。媒体的融合不是简单地消灭现有的各种媒体，而是在继承每一种媒体优势的基础上，去创造能更好地符合信息传播规律、更有生命力的新媒体。在媒体融合的趋势下，新闻传播的整个格局也将得以重塑。从欧美国家大型传媒集团的发展历史看，大多是在从报纸到电台、从电台到电视、从电视到网络等新媒体这样一个发展进程中，迅速介入、实现新的融合，催生出占据主流市场的新媒体。在互联网显示出媒体的特质后，一些传媒公司迅速介入，抢占网络制高点，实行传

---

[1] 范兴.移动互联网与报业转型 [J].东方论坛，2019（1）：125.

统媒体与网络媒体的大融合。调查数据也显示，报纸和网络的结合对各自的发展都有利。

网络不可能取代报纸，网络之所以对报纸造成很大的冲击，其根本原因在于报业在媒介融合上步伐滞后，没有适应数字技术和新媒体催生出来的新的商业模式。默多克在分析报纸经营全球性衰退的原因时，认为自己新闻集团旗下的175家报纸，在该如何适应互联网的问题上犯有"不求上进"的错误。

第三节　高校思想政治教育的内涵

一、高校思想政治教育的性质

（一）思想政治教育是一种实践性活动

所谓实践性活动，是指思想政治教育是可以人为操作的，可以组织实施的，可以根据思想政治教育所代表的阶级或利益集团的要求，确定教育对象，选择教育内容，运用适当的方式与途径，开展教育活动。

（二）思想政治教育是一门学问

"思想政治教育学"等研究成果的出现为人们所共知，试图否定这一理论体系的观点难以成立。

（三）思想政治教育被确定为一个独立的学科

中国学位与教育管理部门将思想政治教育确定为独立学科，有一个长期的发展过程。目前不可否认的事实是，思想政治教育是马克思主义理论一级学科之下的独立的二级学科。

所谓思想政治教育是指某一国家、政党、社会团体、社会组织为实现其政治上的理想和奋斗目标，或者完成与其政治相联系的工作任务，动员其成员和社会公众共同参与，而对其成员以及社会公众所进行的政治、思想、道德方面的教育，或者施加相应影响而进行的实践性活动。思想政治教育也是一门具有系统理论和科学精神的知识和学问。

二、高校思想政治教育的科学理念

（一）以人为本的教育理念

科学发展观是我们党对社会主义现代化建设指导思想的新发展。坚持以人为本是科学发展观的本质和核心，也是高校思想政治教育应该坚持的基本理念。在全面建成小康社会的新时期，高校思想政治教育坚持以人为本，不仅要把大学生作为实践主体，充分调动大学生的积极性、主动性、创造性，而且要把大学生作为价值主体，关注其价值追求和实际利益，满足大学生的物质需要、精神需要和发展需要。只有这样，才能充分实现高校思想政治教育的价值。

在社会主义社会，以人为本具有以下本质内容和规定：第一，以人作为世界的根本，而不是以神、物等作为世界的根本。"人"不是单个人，不是少数人，而是绝大多数的人，甚至是人类。第二，以人作为实践的根本。"人是万物之灵"，劳动才是人之为人和人异于其他动物的最根本之处。实践是人所特有的"对象化"活动。只有人民群众才是历史的创造者，才是历史的真正主人。只有在社会实践活动中始终依靠人民群众，充分调动人民群众的积极性、主动性、创造性，才能推动改造世界、改造社会的历史进程，促进社会的发展。第三，以人作为价值的根本。人不仅是实践的主体，更是价值的主体，是实践主体与价值主体的统一。人们实践活动的目的就是为了实现人的价值、人的利益，满足和实现人的需要。

（二）全面发展的教育理念

以人为本的最终归宿在于促进人的全面发展。人的全面发展问题，是一切工作的中心问题，这个方面解决得好与坏，直接关系到经济社会发展的全局。四个现代化的前提、基础和根本在于人的现代化。没有人的现代化，就不可能有整个社会的现代化。高校思想政治教育承载着培养社会主义合格建设者和可靠接班人的历史重任，是造福千家万户的民心工程，必须以人的全面发展为基本理念。

人的全面发展理论是马克思主义学说的核心理论，马克思主义所有的学说和理论，归结到一点就是实现人的自由和解放，促进人的自由全面发展。马克思主义人的全面发展理论有着十分丰富的内涵。正确认识和梳理人的全面发展的科学内涵，是实现当代大学生全面发展的基本前提。

第一，人的全面发展是指劳动能力的全面发展。人类的特性就在于自由自觉性。劳动，作为人的根本实践活动，创造了人，也造就了人类的本质。因此，劳动能力的强弱和劳动水平的高低，直接决定着人的自由自觉性的发展程度，劳动能力的全面发展，成为人的自由全面发展的根本。

第二，人的全面发展是指人的社会关系的全面发展。人的发展与人所处的社会关系有着密切的关系。马克思在《关于费尔巴哈的提纲》中指出："人的本质不是单个人所固有的抽象物，在其现实性上，它是一切社会关系的总和。"[①] 人总是社会的人，总是在一定的社会关系中生存和发展。任何一个人能力的形成、发展和完善，都离不开特定的社会关系。人的社会关系的发展，是个人形成的社会关系日益普遍化、全面化的过程。一个人的发展往往取决于同他直接或间接交往的其他一切人的发展。一个人的社会交往程度越高，社会关系越丰富，他的视野就会越开阔，获取的信息、知识、技能、经验就会越多，能力的发展就会越快，进步就会越全面、越迅速。

第三，人的全面发展是人的需要的全面发展和极大满足。在马克思看来，"正是人的需要的发展和需要的不断满足推动着人类和人类社会的文明进步。"[②] 人的需要是人的意识活动及其他各方面行为活动的内在动力。人的需要层次的日益丰富，需要形式的日渐多样，以及需要的不断满足，推动着人的全面发展，进而推动人类社会的全面进步。

第四，人的全面发展是人的个性的自由发展。从马克思关于人的发展的三个阶段来看：第一个阶段，是人对人的依赖，人的个性被淹没在依赖性的畸形人际关系之中；第二个阶段，在对物的依赖的基础上人的独立性有所发展，人的个性有所表现，但是人的个性被物的神秘性所掩盖，不可能获得张扬；第三个阶段，即自由个性的阶段，生产力高度发展，社会财富极大丰富，人们才注重追求个性的自由发展。这一阶段，也被称为"自由人的联合体"阶段。人的个性的自由发展程度，是人的全面发展的综合表现。人的全面发展，必须以人的个性的自由全面发展为出发点和落脚点。

---

① 中共中央马克思恩格斯列宁斯大林著作编译局. 马克思恩格斯文集1[M]. 北京：人民出版社，2009：499.
② 卡尔·马克思.1884年经济学——哲学手稿[M]. 北京：中国研究出版社，2014：16.

（三）整体育德的教育理念

实施素质教育是全面推进教育创新的关键和目标。作为一种具有根本意义的教育思想或者说教育哲学，素质教育应该贯穿于学校教育的各个层面，也自然应该贯穿于高校思想政治教育之中。素质在任何时候都是和现实的主体紧密联系在一起的，强调高校思想政治教育必须以提高学生的思想道德素质为根本宗旨，突出对学生主体性的尊重、对引导学生主体性发展的关注。

在现实的高校思想政治教育中，我们曾忽略对学生思想道德素质的培植，而过多地关注于一般层面上相应知识的记诵和相应规范的遵守。在这种情况下，高校思想政治教育过于关注结果而忽略过程，过于关注整齐划一而忽略个性开发，过于关注"教"的过程而忽略"学"的过程，过于关注"接受"的过程而忽略学生自主"发现"的过程，过于关注形式上的"遵守"而忽略真正意义上的践行。提升高校思想政治教育的实效性，要求我们改变这些思想政治教育的观念、方式和方法，全面贯彻素质教育思想。

高校思想政治教育必须关注学生思想道德素质的非智力方面与智力方面。学生思想道德素质的非智力方面，包括理想、信念、信仰、信心、信任，以及强大的爱国主义情感，民族自尊心、自信心、自豪感等。智力方面包括知识与能力两个方面。

（四）开放育人的教育理念

开放育人理念是对整体育德理念的进一步深化和发展，它涵括了整体育德的基本精神，强调的是一种开放性、统一性、综合性的育人思路。学校教育，育人为本；德智体美，德育为先。在开放的环境中育人育德，是当代高校思想政治教育的基本特征。我们要科学理解当代高校思想政治教育开放育人的丰富时代内涵，通过卓有成效的工作推动当代大学生在日益开放的环境中健康成长，始终保持坚定正确的政治立场，努力将学生培养为面向现代化、面向世界、面向未来的优秀人才。

开放不仅仅指的是空间上的延伸性，而且也指时间上的连续性，同时也涵盖了事物与事物之间的内在关联性。开放首先突出的是学校内部要形成一个合力育人的自由开放环境，这主要体现在以下几个方面：一是所有的课程之间要互相开放，充分挖掘各门功课中的育人资源，并且能够保持育人的一致性和协调性；二是管理部门、教学部门和服务部门都要担当育人的职责，即做到管理育人、教书育人和服务育人的有机统一；三是教学和科研要统一起来，所有的教师要形成互动开放，共同交流的氛围，研究人的成长发展规律和如何育人的规律，把培养人作为一项事业来抓；四是学校的一切可利用的资源要能够向广大学生开放。

其次，开放意味着学校之间、学校与社会之间要保持紧密的联系，要相互开放，充分利用不同区域的资源，扬长避短、互通有无、调剂余缺；同时，在学校和社会之间要形成互动，充分利用社会的实践舞台，最大限度地发挥学校的主导和协调作用，让学生在学校中接受教育，同时在社会实践中经受锻炼和考验。

再次，高等教育要面向世界，瞄准世界教育发展的总体趋势，密切关注世界新的教育理念，加强同世界其他国家，尤其是发达国家高校的学术和思想文化交流，积极推进双向合作和联合办学。

最后，开放更意味着要面向未来，要在已有经验的基础上对未来的发展趋势做出科学合理的预测，前瞻性地做好我们当前的工作，为未来培养合格的人才。

第四节 高校思想政治教育的原则与特点

一、高校思想政治教育的原则

（一）目的性原则

目的性原则，就是必须在思想政治教育的全过程中，始终坚持思想政治教育的目的。其基本内容主要有三点：第一，教育目的必须贯穿在教育过程的始终，一刻也不能脱离教育目的的控制和制约。第二，具体教育目的必须符合思想政治教育的总目的，脱离或违背思想政治教育总目的的具体目的，即为错误目的。第三，教育目的是衡量思想政治教育成效的标准，即达到教育目的，思想政治教育有效；部分达到教育目的，思想政治教育部分有效；全部达到教育目的，思想政治教育全部有效。

高等学校思想政治教育的目的就是要把大学生培养成掌握正确的政治理论，

具有坚定正确的政治方向、高尚的道德情操和高度的民族责任感、自愿奉献于社会主义现代化事业的"四有"新人。高校思想政治教育遵循目的性原则，就是要求高校教育的各个环节、各个阶段，都要从教育的目的出发。教育目的是思想政治教育的出发点和归宿，任何时候都不能忽视，任何偏离教育目的的活动，都是不利于学生身心健康和思想品德发展的。一旦发现有偏离目的性的教育活动，发现学生有偏离思想品德规范的思想行为，应及时纠正，引导其回到正确的轨道上来。

（二）方向性原则

方向性原则是指高校思想政治教育的全部活动要始终与社会发展的要求相一致，坚持正确的政治方向不动摇。当前，方向性原则主要体现为高校思想政治教育要旗帜鲜明地坚持社会主义和共产主义方向，坚持党的基本路线，要与中国共产党的纲领与宗旨相一致。坚持方向性原则对我国高校思想政治教育活动具有非常重要的意义。

首先，只有坚持这一原则，才能保持无产阶级思想政治教育的本质特色。坚持方向性原则才能统一人们的思想与行动，充分发挥思想政治教育的作用。坚持方向性原则是实现思想政治教育价值的根本要求。思想政治教育价值的实现与否，必须以教育目的的实现程度和方向原则贯彻的程度来衡量。要在高校思想政治教育过程中坚持社会主义方向，首先就必须始终坚持以马列主义、毛泽东思想和中国特色社会主义理论体系为思想政治教育的指导思想。

其次，提高思想政治教育方向性原则的自觉性。要使高校思想政治教育工作者认识到，坚持思想政治教育的共产主义方向，是有效开展高校思想政治教育活动的根本保证，因而在实际工作中要自觉运用这一原则，将其精神贯穿在具体的思想政治教育活动中。同时，要使大学生认识到，坚持正确的政治方向，有利于个人的全面发展，有利于政治与业务的统一，有利于红与专的统一，有利于德与才的统一。

最后，贯彻方向性原则须讲究科学性。要很好地贯彻方向性原则，就必须将坚定的原则性与方法的灵活性结合起来，努力使高校思想政治教育自然地渗透到社会生活的方方面面，从而潜移默化地影响人。要努力探寻方向性原则与思想政治教育具体目标之间的契合点，并以方向性原则统摄各种具体目标，使共产主义方向成为高校思想政治教育的灵魂。

(三)情感性原则

情感性原则,就是在思想政治教育中,高校教育者面对青年学生,必须怀着真挚而深厚的爱去做工作,充分发挥积极情感打动人和陶冶人的作用。

情感性原则包含丰富的内容,首先表现为对受教育者的亲近感,建立一种心灵的沟通;其次表现为一种期望感,相信他们、激励他们,推动他们走向成功;最后又表现为一种理解感,教育者对受教育者的处境、思想行动和心情能给予充分的理解,对他们的缺点和错误,也能给以具体的分析和评价,引导他们克服缺点,总结经验教训,走向美好的未来。

(四)求实原则

求实原则,是指高校思想政治教育要始终坚持理论联系实际,一切从实际出发,实事求是的思想路线和原则。理论联系实际,包含两层含义:(1)一定要掌握高校思想政治教育的相关理论。高校思想政治教育理论是从事高校思想政治教育的重要指导,能为相关工作提供有效的方法。因此,我们必须全面地、系统地、准确地掌握高校思想政治教育理论。(2)一定要从实际出发,实事求是。理论只有面向实践、指导实践、接受实践检验并随实践发展,才富有强大的生命力和战斗力。要做到理论和实际相结合,必须坚持实事求是。高校思想政治教育一定要坚持和发扬理论和实际相结合的原则和作风,反对理论和实际相脱离的错误倾向。

求实原则的贯彻实施要做到以下几点。

第一,自觉学习马克思主义理论。马列主义、毛泽东思想、中国特色社会主义理论是党认识世界、改造世界的强大思想武器,加强马克思主义理论的学习,有助于受教育者树立科学的世界观、人生观和价值观,抵制错误的思想和潮流。因此,要自觉加强马克思主义理论的学习。

第二,要一切从实际出发。一切从实际出发就是要坚持主观与客观、主体与客体的统一,按照实际的真实情况,制订不同的工作目标和计划,选择恰当的方法。

第三,按照正确解决问题的步骤来办事。为了在高校思想政治教育工作中坚持求实原则,就必须按照及时发现问题、确实弄清问题、正确解决问题的三个步骤来办事。一是要及时发现问题,要做到善于调查研究,准确观察和分析问题,正视矛盾，不回避矛盾。发现思想问题和实际问题贵在及时，这样就能掌握思想教育的主动权。二是要确实弄清问题，是指发现工作中存在的实际问题后，要善于分析、研究和核实，抓住问题的核心，不为假象所蒙蔽。三是要正确解决问题，是指在弄清实际问题后，及时联系相关人员，运用相关理论，实事求是地解决问题。

（五）针对性原则

针对性原则，是指思想政治教育的内容和方法要与受教育者的身心发展特点、思想实际、个性特点相适应，使所施影响能顺利地被大学生所接受并产生积极的效果。因此，教育者首先要了解大学生的身心特点、个性特征和思想、学习、生活以及心理活动的实际情况，运用适当的内容和方法，有的放矢，收到实效。

针对性原则的内涵主要有三个方面。

1. 针对大学生的身心发展特点

大学生一般已进入青年中期，他们的身心、机能已趋于成熟，他们充满生机、朝气蓬勃，具有青春活力。从自我意识的发展来看，他们的自尊心、荣誉心好胜心、自信心等比较强，希望更多地得到别人的尊重和在集体中树立威信。思想政治教育工作，应根据青年学生的这种身心特点，积极引导他们独立思考，探索真理，不断提高分析问题和解决问题的能力，要善于激励他们的情感向健康的方向发展。

2. 针对大学生的思想实际

当代大学生的思想活跃，勤于思考，但有些人看问题容易带有一定的盲目性和片面性，辨别是非能力不强。在思想政治教育过程中，教育者要深入了解学生的思想情况，从实际出发、有针对性地进行教育，帮助他们解决存在的思想问题。

3. 针对个性特点

对不同类型的大学生要进行不同的思想政治教育。由于大学生在教育背景、家庭环境、个性、兴趣等方面存在着一定的差异，所以教育者要根据这些差异采用不同的方法对大学生进行思想政治教育，切忌"一刀切"，千篇一律。

（六）身教重于言教原则

身教重于言教原则，是指在思想政治教育中，身教比言教更有影响力，教育者只有努力塑造自己的人格，做群众的表率，才能发挥教育的作用。所谓言教，就是教育者通过语言教育他人；所谓身教，就是教育者通过自己的模范行为为人们作示范，从而影响他人、教育他人。言教和身教都是重要的，但身教与言教相比有更为重要的作用。离开了身教的言教苍白无力，必将失去可信度和说服力。

身教与言教相结合，身教重于言教的原则，是我国思想政治教育的光荣传统，是党在长期的革命斗争和社会主义建设实践中，能够赢得广大群众的拥护和取得胜利的重要条件；坚持言行一致、说到做到、取信于民，是思想政治教育有力量、有生命力的重要源泉，也是高校思想政治教育工作的法宝。

二、高校思想政治教育的特点

（一）计划性强

物质环境和精神环境构成了影响人类生存发展的两大环境。其中对人类影响更大的是精神环境，其突出表现就是精神环境对人的思想道德发展的作用最大。在现实生活中精神环境和物质环境纵横交错，交织在一起，相互叠加。环境对人的影响具有随意性，对人影响的过程往往是盲目的、无序的、随意的，如不加以控制，很难把握环境影响的方向性，当然其影响的后果也是难以预料的。

思想政治教育作为精神世界的组成部分，对人的影响却是积极的、有序的、有计划的、有条理的。因为思想政治教育是指社会或社会群体用一定的思想观念、政治观点、道德规范，对其成员实施有目的、有计划、有组织的影响，使他们形成符合社会要求的政治思想和道德品质，参与社会实践活动。

（二）具有正面性

与计划性密切相关的另一个特征是正面性。所谓正面性是指思想政治教育影响总是选择积极的价值内容和最有利于受教育者发展的教育方式。思想政治教育鲜明的正面性要求思想政治教育的内容选择和教育影响都应是积极的、有价值的。中国共产党在不同时期始终坚持思想政治教育的正面性，形成中国人民和中国社会发展的强大动力，推动中国社会改革与发展。

思想政治教育的正面性就是促进人的全面发展，即思想政治教育要体现出人的个体价值和社会价值。坚持思想政治教育内容的正面性，表现在高校思想政治教育过程中，教育工作者应该积极弘扬社会主义主旋律，向大学生传达社会主义核心价值体系的相关内容，坚持用马克思主义、毛泽东思想、邓小平理论、"三个代表"重要思想、科学发展观以及习近平新时代中国特色社会主义思想进行统筹。坚持思想政治教育手段的正面性，高校思想政治教育的发展必须处处体现公正和公平，这种特质在思想政治教育手段上应该鲜明体现。教育手段的正面性是维系思想政治教育正面性的重要标志，舍此便无所谓思想政治教育。因此，在思想政治教育过程中，应始终旗帜鲜明地坚持积极的、正面的思想、政治、道德价值的选择和引导。

（三）具有复杂性与社会性

与高等教育其他内容相比，思想政治教育工作的时间、空间、方法和手段是不同的，具有显著的复杂性特征。高校思想政治教育的复杂性体现在两个方面：一是大学生群体的开放性、自主性。高校思想政治教育主体个性心理发展的开放性和自主性，使思想政治教育变得更为复杂。由于在教育过程中注重个体性的同时还必须注重个体的社会性，这使高校思想政治活动必须做到"因人施教"。二是高校的整体性。高校在发展的同时还要帮助个体成长。哲学中强调的是部分与整体的关系。所以在处理高校思想政治教育的过程中，也应该考量整体性发展。思想政治教育在与高校的其他专业教育发展的过程中既有竞争，又互相提携，这使高校思政工作变得异常复杂。

高校思想政治教育还体现出广泛社会性的特点。其具体表现在两个方面：一是在思想政治教育的内容上具有广泛的社会性，二是在思想政治教育的方法选择上具有广泛的社会性。当然在发挥社会性特点的同时，还要结合高校思想政治教育的政治性展开。

复杂性与社会性是思想政治教育的两个重要属性。两者在前提、地位以及实现功能上存在着差别，思想政治教育的复杂性和社会性是相互联系、有机统一的。在实践中，我们要合理地把握思想政治教育社会性与政治性之间的关系：加强思想政治教育的政治性，防止思想政治教育的"泛社会化"；合理利用思想政治教育的社会性，提升思想政治教育的实践效果；正确结合思想政治教育的复杂性和社会性的特征，实现两者在现实功能上的有效整合。

（四）周期较长

高校思想政治教育是一项长期性和坚持性的教育活动。高校思想政治教育是在长期生活实践中逐渐形成的，是一个渐进的过程。这种长期性要求教育者坚持高校思想政治教育活动的系统性和连续性。当然，在高校思想政治教育的发展和完善过程中还会呈现出新的特点，这就需要我们时刻把握思想政治教育的发展动态。

第五节　高校思想政治教育的过程与规律

一、高校思想政治教育的过程

高校思想政治教育是一种特定的信息传播活动，是以中国特色社会主义理论体系为核心内容的价值观念的信息传播，是以提高大学生的思想政治素养为特定目的的思想政治教育的信息传递过程。高校思想政治教育过程是思想政治教育过程的一个子集，是专门针对大学生这一特殊群体所进行的探寻。

思想政治教育过程是教育者根据一定社会的思想品德要求和教育对象的思想品德形成与发展规律，借助一定的思想政治教育物资和思想政治教育中介与受教育者发生互动，通过对教育对象施加有目的、有计划、有组织的教育影响，促使教育对象内在的思想品德产生矛盾运动，使教育对象养成符合社会与人协调发展所要求的思想品德的过程。这一概念把思想政治教育过程应遵循的规律和要求都界定在概念之中，使概念更加完善，从中可以看出思想政治教育过程是一个有目的的过程，需要教育者和受教育者的共同参与完成，这是目前学界比较认同的观点。

从"思想政治教育过程"含义的界定中，可以总结出高校思想政治教育过程应该包含以下四个过程。

（1）高校思想政治教育过程是一种双向互动的活动过程，是思想政治教育主体与思想政治教育者之间交流的过程。

（2）高校思想政治教育过程是一种目的性凸显的活动过程。就是要培养受教育者形成符合一定社会所期望的思想品德的过程。

（3）高校思想政治教育过程是教育者和受教育者共同参与、相互作用的过程。

（4）高校思想政治教育过程是教育主体实现个体价值与社会价值的过程。

二、高校思想政治教育的基本规律

规律是事物发展中本身所固有的、必然的、本质的、稳定的联系，决定着事物发展的必然趋向。规律具有客观性，人们不能随意创造和改变规律，只能发现、把握和利用规律。

高校思想政治教育过程规律就是指在思想政治教育过程中各要素之间固有的、本质的、稳定的、必然的联系。高校思想政治教育的规律所揭示的就是各要素之间矛盾运行及其发展的必然轨迹。它可具体表述为：教育者的教育活动一定要适合受教育者的思想品德状况的规律。它包括两个方面的内容：一方面，高校思想政治教育的层次性要求要根据教育主体的个性心理发展特点和思想道德状况来决定，不同的教育主体应该采取"因人而异"的教育方式；另一方面，高校思想政治教育工作者与教育主体之间存在互动关系。高校思想政治教育规律，至少应该包含以下几点。

（一）思想政治教育的对象具有唯一性

高校思想政治教育规律只存在于对大学生这一特殊群体进行思想政治教育的过程中。这主要说的就是思想政治教育对象的"唯一性"。所谓思想政治的唯一性指的就是思想政治教育客体的唯一，这是针对思想政治教育的广泛性而言的。高校思想政治教育的特点决定了高校思想政治教育必须是"多对一"的关系，即教育内容、教育方法、教育者服务的对象只能是高校大学生群体。超出这一群体，或者超出这一群体的思想道德发展水平的教育都违背了教育的唯一性。

（二）教育主体、教育客体、教育环体、教育介体之间相互联系

高校思想政治教育过程研究的是教育主体、教育客体、教育环体、教育介体之间的相互联系或相互关系。在实际的思想政治教育活动中，教育主体在教育介

体中借助教育环体对教育客体施加影响。其中，教育主体与教育客体通过间接的方式进行互动联系。教育环体与教育介体的优劣都或多或少地影响教育效果的发挥。因此在思想政治教育的过程中一定要善于利用教育介体和教育环体。

（三）思想政治教育是内化与外化相统一的过程

关于内化与外化的含义，理论界已做出了精辟的阐释，外化就是把内化要求的"我要这么做"化为"我已经或者正在这么做"。内外化目标的实现不可能一蹴而就，要分阶段进行。内化分盲从、认同和信奉三个阶段；外化分明确问题，选择合适的行为方式和实践并养成习惯三个阶段来完成，而且对于内、外化的顺利实现，还需要一定的内外部条件。内化的实现途径主要是从注意教育者的影响和选择合适的教育方式这些实现内化的外围方面来探讨，外化的实现主要是在教育者的引导下，调动教育对象的主动性，组织各种形式的社会实践活动，进行强化行为训练。

（四）注重部分与整体关系，发挥系统作用

高校思想政治教育过程是一个整体，这个整体是由教育主体、教育客体、教育环体、教育介体等部分构成。这些部分之间相互协作，和谐相处，只有这样才有利于思想政治教育过程的整体发挥。在思想政治教育的过程中，教育者应该积极发挥各方面的合力，调节各方面活动的积极性。

（五）理论创新和实践创新相统一

兼具理论性和实践性是高校思想政治教育的重要特点。思想政治教育理论要突出实践性，这不仅是时代的需要，更是大学生健康成长的需要。高校思想政治教育过程中教育理论的研究要充分实现该理论的价值，而理论价值得以实现的最有效的方式就是要将其应用于实践。实践是检验真理的唯一标准，因此，针对思想政治教育理论的缺失，我们可以尝试将思想政治教育理论与高校实践相结合，在检验理论的同时发展和丰富理论。同时，高校思想政治教育也要紧紧依靠理论，借助于理论的"先知"推动思想政治教育实践的深入研究。这不仅是思想政治教育理论的创新，还是思想政治教育实践的发展和创新。

第六节 高校思想政治教育的内容与功能

一、高校思想政治教育的内容

（一）爱国主义教育

在高校思想政治教育众多内容中，爱国主义教育是重点。这是指在围绕理想信念教育这一核心开展思想政治教育的过程中，必须突出强调爱国主义教育，把爱国主义教育放在重要位置。以爱国主义教育为重点，是由爱国主义教育在思想政治教育中的重要作用决定的。

1. 爱国主义教育有助于大学生坚定中国特色社会主义信念

爱国主义是一个历史范畴，在社会发展的各个阶段及不同历史时期有着不同的历史内涵。这是对现阶段爱国主义特征的最精辟的概括。在当代中国，爱国主义与爱社会主义在本质上是一致的。爱党、爱国、爱社会主义是统一而紧密联系的整体。在大学生中开展爱国主义教育，可以使大学生更加热爱社会主义，热爱中国共产党，有助于使大学生把个人的前途命运与祖国的前途命运紧密联系在一起，为国家的独立富强尽心尽力地付出与奉献。

2. 爱国主义教育有助于大学生培养高尚的道德情操

爱国主义是一种高尚的道德情感，这种情感集中表现为对祖国山河、同胞、物质财富和精神财富的无限热爱；对祖国历史、文化、语言和优良传统的高度自豪感；对祖国前途、命运的无比关心；将个人的前途命运与祖国的前途命运紧密联系在一起，为祖国的独立富强而宁愿奉献一切的志愿。在大学生当中开展爱国主义教育，一方面可以在大学生中培育和弘扬以爱国主义为核心的团结统一、爱好和平、勤劳勇敢、自强不息的伟大民族精神，增强大学生的民族自尊心、自信心和自豪感；另一方面可以培养他们忧国、报国的爱国情怀。

（二）道德规范教育

我国社会主义思想道德规范体系的基本框架，即以为人民服务为核心，以集体主义为原则，开展道德规范教育。

1. 以为人民服务为核心的教育

把为人民服务作为社会主义道德建设的核心，是中国共产党人在伦理思想上的一大贡献。毛泽东同志在《为人民服务》一文中精辟地阐述了为人民服务的光辉思想。我们党把为人民服务作为党的根本宗旨，明确写进了党的章程。在改革开放新的历史条件下，以邓小平同志为代表的共产党人从最广大人民的根本利益出发，坚持把三个"有利于"作为衡量一切工作的标准，把"人民拥护不拥护""人民赞成不赞成"作为制定各项政策的出发点和归宿，受到了广大人民群众的衷心拥护。经过共产党人的长期实践和倡导，为人民服务不仅仅是共产党员始终坚持的根本宗旨，而且已经逐步成为大多数社会成员普遍接受和认同的一条基本道德原则。

为人民服务也是公民应尽的义务。对他人提供必要的帮助和关心是公民应尽的责任和义务，也就是说，我们在接受他人和社会给予我们的服务时，也应尽自己的所能为他人和社会服务，并在服务他人、服务社会的过程中实现自己的个人利益和人生价值。在新的形势下，必须继续大力地倡导为人民服务的道德观，把为人民服务的思想贯穿于各种具体道德规范之中。要引导大学生正确处理个人与社会、竞争与协作、先富与共富、经济效益与社会效益等关系，提倡尊重人、理解人、关心人，发扬社会主义人道主义精神，为人民、为社会多做好事，反对拜金主义、享乐主义和极端个人主义，形成体现社会主义制度优越性、促进社会主义市场经济健康有序发展的良好道德风尚。

2. 集体主义原则的教育

集体主义是社会主义道德的根本属性，体现在社会主义道德规范体系的各个方面。在社会主义初级阶段，集体主义包含着三个层次的道德要求。一是从个人和集体利益出发，兼顾国家和社会整体利益；二是从国家、集体利益出发兼顾个人利益；三是在三者利益发生矛盾时，自觉牺牲个人和局部利益，以维护国家和整体利益。这三种层次体现了由低到高的三种道德境界，与社会主义初级阶段的现实相适应。在三者利益发生矛盾时，自觉牺牲个人和局部利益，以维护国家和整体利益是集体主义的最高境界，是社会主义道德的核心。集体主义原则是为适应社会主义政治、经济制度发展规律而提出的道德原则，加强大学生思想政治教育必须贯穿集体主义原则的教育。

3. 公民基本道德规范教育

道德规范是人们根据一定的社会道德要求而制定的具有普遍约束力的行为规则与标准。道德规范是在人们的道德活动与道德意识的基础上形成与概括出来的，它源于对人们道德行为的指导，又指导着人们行为的道德化。公民道德是我国社会主义道德体系的基础，是社会主义道德大厦的基石。

（三）人生观教育

人生观是人们对人生的价值、生活的目的和意义的根本看法和观点，是世界观在实践中的体现和运用。人生观有鲜明的阶级性，什么阶级有什么样的人生观。共产主义的人生观就是无产阶级的人生观，它的核心是大公无私、先公后私和公而忘私。对大学生进行人生观教育的主要内容包括人生理想教育、人生目的教育。

1. 人生理想教育

对大学生进行理想教育，旨在帮助大学生树立科学的、崇高的理想，使之在复杂的社会环境中能始终保持正确的人生方向。大学生只有树立了科学的、崇高的理想，才能够产生终生不竭的精神动力，才能自觉地为我国社会的进步与发展不断作出贡献。人生理想教育包括崇高的社会政治理想教育、崇高的道德理想教育、崇高的职业理想教育和崇高的生活理想教育。建设中国特色社会主义，实现中华民族的伟大复兴，是现阶段我国各族人民的共同理想。

对大学生进行共同理想教育，就是要帮助大学生正确认识社会发展规律，关心国家的前途命运，正确认识自己的社会责任，把完成好大学学业与实现共同理想和实现个人理想结合起来。引导大学生正确对待实现理想过程中的顺境和逆境，正确认识理想与现实的关系，从现实出发，勇于实践，艰苦奋斗，为共同理想与个人理想的实现积极创造条件。

2. 人生目的教育

人生目的即人生所追求的目标。人生目的有人生的终极目的和人生的具体目的之分。终极目的是指人在人生实践中关于自身行为的根本指向和人生追求。人生的总目的是人生实践活动的总目标，贯穿于人生命历程的始终。作为具体目的意义上的人生目的，是指人的具体实践活动的目的。人生的终极目的与人生的具体目的应该是统一的。具体目的有赖于终极目的的指导，终极目的的实现，依赖于一个个具体目的的实现。对大学生进行人生目的教育，既不可脱离具体目的空谈终极目的，也不可脱离终极目的而只讲具体目的。

在大学生人生观教育中，主要应对大学生进行终极人生目的的教育。因为，人生的终极目的是人生观的核心，它对大学生人生的导向作用非常重要。正是由于终极目的对人的一生具有导向、鼓舞、激励作用，所以必须用终极人生目的去规划人生，指导具体目的的实践。因此，我们必须十分重视人生终极目的教育。

必须明确的是对大学生进行终极人生目的教育，是指为人民服务的教育。这一终极人生目的是对以生产资料公有制为基础，以实现共同富裕为目标的社会主义经济关系的集中反映。为人民服务人生目的教育的基本内容有三个：（1）以人民的利益为言行的宗旨；（2）站在人民的立场上立身处世；（3）尊重人民的主人翁地位。

二、高校思想政治教育的功能

（一）高校思想政治教育功能的特点

高校思想政治教育的特殊性，决定其功能有以下明显特点：第一，客观性。高校思想政治教育是人类重要的社会活动，自人类进入阶级社会以来，高校思想政治教育便是一种客观的存在，并伴随着人类社会的发展而发展，还在社会生活中表现出其特有的功能。高校思想政治教育活动的客观性决定了高校思想政治教育功能的客观性。高校思想政治教育之所以长期存在并将继续存在和发展，就是因为它对人的全面发展和社会的发展进步有着不可忽视的重要功能；这种功能客观存在，人们只能影响这种功能发挥的水平和程度，而不能无视它或人为地消灭它。高校思想政治教育功能的发挥还受到一定的物质设施和环境因素等客观条件的制约，这也是高校思想政治教育功能客观性的一种表现。第二，多面性。高校思想政治教育功能不是单一的，它既对社会成员产生影响，也对社会生活的各方面发生作用，因而既表现为个体性功能，也表现为社会性功能。这些不同层次的功能既相互联系又有所区别，在进行高校思想政治教育时，要注意使其相互补益、相互加强，从而使高校思想政治教育更好地促进人的发展和社会的进步。第三，发展性。高校思想政治教育的功能不是静止不变的，随着社会生活的变化，随着高校思想政治教育的发展，其功能会不断发生变化。一方面，高校思想政治教育的某些功能会得到强化，如在社会主义市场经济建设进程中，高校思想政治教育的经济功能得到强化，在社会主义和谐社会建设过程中，高校思想政治教育对人的全面发展的作用、对协调人际关系的作用得到加强等；另一方面，还可能出现新的功能，如在强调可持续发展的今天，高校思想政治教育的生态功能得到凸显。发展性是高校思想政治教育功能的重要特点，也是高校思想政治教育保持旺盛生命力的原因之所在。

（二）高校思想政治教育的个体性功能

1.高校思想政治教育的个体生存功能

高校思想政治教育的个体生存功能是指高校思想政治教育在引导人类个体遵循客观规律，服从生存法则以便求得更好的生存状态的过程中所发挥的作用。一般说来，每个人既生活在物质世界中，也生活在精神世界中。人为了生存，必须满足基本的生理需要，在此基础上，才能去追求更高层次的心理需要和精神需要的满足。这就是说，人的基本需要是人的高层次需要如自尊、求知求美、自我实现等需要的基础，没有健康的生命，崇高的道德精神就缺乏现实的物质前提，对德性的追求离不开个体生命物质需要的满足。可见，物质需要的满足，既是人生存的基本要求，也是人全面发展的基础。我们首先应当确定一切人类生存的第一个前提，也就是一切历史的第一个前提，这个前提是：人们为了能够"创造历史"，必须能够生活。但是为了生活，首先就需要吃喝住穿以及其他一些东西。因此第一个历史活动就是生产满足这些需要的资料，即生产物质生活本身。就个体而言，他自身的生存需要，决定了他对物质利益的追求。高校思想政治教育应尊重和理解人的这种追求，通过促进物质文明的发展，不断改善人的生活条件，提高人的生活质量，最大限度地满足人们日益增长的物质生活需要。然而，马克思主义人的本质观告诉我们，人既具有自然属性，又具有社会属性，人的物质需要固然十分重要，但精神需要也不可或缺，这是人的社会性特征的重要表现。人的社会属性决定人是一种超越性存在，人就是在这种超越中不断地从动物性存在提升到人性存在，不断提高自己的生存质量，不断提升人性发展的层次和境界。因而人的意义世界绝不限于自己"活着"，人所追求的应是比"活着"更有意义的意义，并用这样的意义世界去引导和规约他的物质世界。因此，高校思想政治教育不能仅仅停留在对人的物质追求的尊重上，而应引导人们实现从功利物欲到精神境界的升华，努力提升人的精神品质。

满足人的物质需要的方式，不是自发形成的，而是在高校思想政治教育等多种因素的影响下逐渐形成的；意义世界的建构，更离不开高校思想政治教育的作用。而真正的高校思想政治教育应是一种既教人以生存的手段和技能，使人能很好地把握物质世界，又教人以生存的意义和价值，使人能自主建构自己的意义世界、精神世界的活动。高校思想政治教育应是这两方面活动的协调与统一。如果只重前者而放弃后者，那么由人的知识和能力所创造的物质世界，就可能因为缺乏正确的引导和规约而给人们带来灾难和困惑，造成人类的生存危机。因此，建构人的意义世界是人类生存的内在要求，对于人的生存和发展具有十分重要的意义。

2. 高校思想政治教育的个体发展功能

高校思想政治教育的个体发展功能是指高校思想政治教育对塑造人的品德、促进人的发展所起的作用，主要体现在以下几方面。

（1）引导政治方向

就是运用启发、动员、教育等方式，将受教育者的思想和行为引导到符合社会发展要求的方向，即通过丰富多彩的活动及多种方式，提高受教育者的思想道德素质，促使受教育者保持坚定正确的政治方向。

（2）约束规范行为

高校思想政治教育通过向人们传授法律、道德等社会规范，通过肯定、褒奖符合社会规范的行为，否定、批评背离社会规范的行为，能较好地实现对人的行为的约束和规范。高校思想政治教育要帮助受教育者形成正确的法制观、道德观，引导受教育者自觉遵循法律规范和道德规范，在社会规范允许的范围内从事创造性的活动。

（3）激发精神动力

高校思想政治教育的激励功能体现为运用多种激励手段，充分调动教育对象的积极性、主动性和创造性，促使其积极参加社会主义现代化建设。由于人的积极性与人的需要密切相关，需要越强烈积极性就越高，而人的需要又包括物质需要和精神需要,因此,激励可从总体上分为物质激励和精神激励两大类,它们对人的激励作用都是不可或缺的。

(4)塑造个体人格

高校思想政治教育的重要功能就在于塑造社会成员个体健全的人格,使受教育者形成崇高的精神境界和健康的心理品质,成为合格的社会成员,从而积极主动地参与社会生活。进行广泛深入的高校思想政治教育,可以更好地引导受教育者认识自己作为改造物质世界和创造社会历史的主人翁的主体地位,认识自己的历史使命和社会责任,从而增强受教育者的主体意识;可以更好地帮助教育对象树立远大的目标和崇高的理想,正确认识社会,认识人生,认识自己,提高其适应和改造客观环境的能力;可以更好地帮助受教育者摆脱传统文化中的依附性、保守性、被动性的束缚,时刻保持一种对生活的积极参与和主动创造的精神,自强不息,百折不挠,从而充分挖掘自身的潜能,实现自身人格的完善。由此可见,高校思想政治教育是人自我发展和自我完善的一种特殊精神力量,在个体人格塑造中发挥着重要的作用。

人的全面发展必定是人的个性的全面发展,人的全面发展过程正是个体的个性形成发展过程。根据马克思主义人的全面发展学说,高校思想政治教育应当重视受教育者的个性发展,致力于塑造个体人格。为此,要坚持实事求是的原则,努力做到具体问题具体分析,因人而异,鼓励受教育者合理地选择适合自己发展的形式,通过各种健康的渠道实现自己的人生价值。高校思想政治教育不仅要注意尊重和保护受教育者的个性,而且要有意识地为其发展创造出一种既有纪律,又有自由,既有统一意志,又有个人心情舒畅、生动活泼的适合于个性发展的良好的氛围,有意识地引导受教育者摆正个性发展与群体发展、社会发展的关系,划清个性发展与资产阶级个人主义的界限,从而使人们在一个更广阔的背景上理解和把握个性发展的意义和价值,提高个性发展的自觉性和主动性,促使个性获得更好的发展。只有这样,高校思想政治教育对于个性发展的积极塑造、培养和引导的作用才会更充分地表现出来。毫无疑问,高校思想政治教育是个性发展的极其重要的手段和途径,而生机勃勃、健康积极的个性发展,也应当成为衡量高校思想政治教育成效的重要标志。

3. 高校思想政治教育的个体享用功能

高校思想政治教育的个体享用功能，是指高校思想政治教育能使每个个体都能实现其某种需要和愿望（主要是精神方面的），并从中体验到满足、快乐和幸福，从而获得精神上的享受。在建设社会主义和谐社会的进程中，正确认识高校思想政治教育的这一功能有着重要的现实意义。

高校思想政治教育的基本任务是要提高受教育者的思想政治觉悟，发展和完善受教育者的道德品质。个体思想道德品质的发展和完善具有多方面的功能。从社会的角度看，它可使个体与他人、个体与群体、个体与社会等各种关系都得到协调发展，从而构建和谐的人际关系环境，促进社会的稳定和发展，为社会主义和谐社会建设提供必要的条件。从个体的角度看，它有助于个体各方面的发展，有助于个体精神需要得到更好的满足，从而保证个体的学习、工作、生活的顺利进行。可见，个体思想品德的发展和完善是社会发展的内在要求，是人的内在精神需要，而高校思想政治教育正是满足这种需要的基本途径。

高校思想政治教育的个体享用功能是客观存在的。高校思想政治教育通过发展和完善人的思想道德品质，可从一个方面满足人的精神需要。而人的良好思想品德是一种把握现实世界的能力，它的特点是从人的善恶观念，也就是从一种内在尺度上把握现实世界。人良好的思想品德对世界的把握不仅表现在对善恶是非的认知上，而且更主要地表现为对自我、他人、社会等的致善上，即表现为道德价值世界的建构方面。人的致善活动也就是主体良好思想品德的对象化、外化活动，有助于更好地构建一个更善的外部世界，从这个由他参与创造的外部世界中，人必然会获得某种满足和幸福。以"助人为乐"为例，著名心理学家马斯洛从心理学的角度将这种来自为他人增加快乐的快乐，理解为人类所具有的认同体验（移情体验），当人的这种体验达到最高峰时，可以使整个身心处于一种超越自我的境界，从中获得一种幸福的体验。再如，"以德报德"是我国的传统美德，在我国社会生活中有着广泛的影响，人们相信德福一致。孔子说："何以报德？以直报怨，以德报德。"[①] 意思是说，有德、施德会得到好报，道德行为会给人们，也给自己带来幸福。"送人玫瑰，手有余香"，这正是高校思想政治教育个体享用功能的重要体现。

---

① （春秋）孔子弟子编著；梁大伟编译. 论语[M]. 北京：线装书局，2019：175.

马克思曾以音乐为例形象地说明，对象如何成为他的对象，这取决于对象的性质以及与之相适应的本质力量的性质，对于没有音乐感的耳朵来说，最美的音乐也毫无意义。这就是说，一个人如果没有鉴赏音乐的能力，就无法欣赏、享用世界上一切美妙的乐曲。

（三）高校思想政治教育的社会性功能

1. 高校思想政治教育的政治功能

高校思想政治教育的政治功能是指高校思想政治教育通过培养具备良好思想政治素质的受教育者以推动政治发展的作用，具体表现为以下几方面。

（1）传导主导意识形态，调节社会精神生产

统治阶级的思想在每一时代都是占统治地位的思想。统治阶级要使自己的思想成为占统治地位的思想，就必须加强对社会成员的思想政治教育，以使其思想在广大社会成员的思想中占主导地位，进而调节社会的精神生产。在我国，高校思想政治教育通过宣传马克思主义和社会主义核心价值体系，统一人们的思想，整合社会的精神生产要素，从而实现对精神生产的导向和调节；同时，还要揭露和批判与马克思主义意识形态相对立的思想，遏制和取缔不健康的精神生产和精神产品，从而使精神生产和精神产品直接为我国社会主义的经济基础和政治制度服务。这是高校思想政治教育政治功能的重要表现。

（2）传播主导政治意识，引导人们的政治行为

思想是行为的先导，人的政治行为总是受到一定思想观念支配的。高校思想政治教育通过传播我国社会主导的政治思想、法律规范和道德观念，帮助受教育者保持坚定正确的政治方向，提高政治判断力、鉴别力、选择力以及其政治参与的意识，形成较高的政治素养，从而更好地参与政治生活。在建设中国特色社会主义进程中，高校思想政治教育应强化其政治功能，也就是要通过各种途径，系统地对教育对象进行主旋律教育，包括共产主义理想教育，社会主义、爱国主义、集体主义教育以及社会主义法制观、道德观教育等，为培养一代"四有"新人，为社会主义民主和法制建设创造根本的条件。

（3）沟通社会信息，确保社会的有机联系，促进社会政治的稳定和发展

高校思想政治教育一方面要宣传马克思主义理论和社会主义先进文化以及党

的路线、方针、政策，促使受教育者将马克思主义和先进文化内化，认同并贯彻执行党的路线、方针、政策；另一方面还要倾听受教育者的呼声，将受教育者的意见和建议反馈给有关部门，使之成为政治决策的依据。在纵向和横向的社会联系、社会交往中，高校思想政治教育扮演着重要的"沟通者"角色，对于加强党和人民之间的联系、协调人际关系、化解社会矛盾、促进社会的稳定和发展、增强民族凝聚力，起着不可或缺的重要作用。当然，高校思想政治教育对社会政治稳定的维护作用不是单独发生的，而是与社会的其他系统功能如民主建设、法制建设结合在一起发生的，因而高校思想政治教育应加强与相关社会系统的协调配合，形成合力，达到维护社会稳定、促进政治发展的目的。

2. 高校思想政治教育的经济功能

高校思想政治教育的经济功能是指高校思想政治教育通过调动教育对象的积极性，使其主动参与经济活动以促进经济又好又快发展。概括地说，高校思想政治教育的经济功能主要表现为以下几方面。

第一，高校思想政治教育是经济建设坚持社会主义性质和方向的可靠保证。物质生产本身没有阶级性，但生产力总是同一定的生产关系相联系的，经济基础总是同一定的上层建筑相联系的，因而物质生产的发展也有方向问题。从人类文明发展史来看，任何一个社会的统治阶级，都必然要以本阶级的思想体系和政治理念来影响社会的物质生产，规定经济发展的方向。我国是社会主义国家，我国的现代化只能是社会主义现代化，高校思想政治教育的经济功能首先就表现为要确保我国现代化建设的社会主义方向。思想工作和政治工作，是完成经济工作和技术工作的保证，它们是为经济基础服务的。思想和政治又是统帅，是灵魂。可见，以马克思主义为指导的高校思想政治教育，是我国经济建设始终沿着中国特色社会主义道路前进的保证。在经济活动领域，高校思想政治教育通过帮助受教育者牢固树立建设中国特色社会主义的共同理想，提高受教育者贯彻执行党的路线、方针、政策的自觉性，就能有效地确保我国经济建设始终沿着社会主义道路前进。

第二，高校思想政治教育是推动社会生产力发展的精神动力。生产力是人们解决社会同自然矛盾的实际能力，是人类协调和改造自然使其适应人类需要的客观物质力量。总的来说，构成生产力的基本要素包括物的要素和人的要素，物的要素主要是指劳动对象和以生产工具为主干的劳动资料，人的要素则是指具有一定知识、劳动技能和生产经验的劳动者，两者在物质生产过程中是结合在一起共同起作用的。物的因素虽然是生产力的基础因素，但它只有被人掌握，只有和劳动者紧密结合起来，才能形成现实的物质生产力，因此人的因素是生产力中起主导作用的因素，是推动社会生产力发展的决定性因素。而人的因素又包括两个基本方面：一是人的科学文化素养和劳动技能，主要是指劳动者对生产、技术等规律的认识和掌握程度以及劳动者的业务能力，即劳动者的智力因素，它直接作用于生产资料；二是人的思想道德素质和劳动积极性，主要是指人的思想觉悟、劳动态度、事业心和责任感等，也就是人的非智力因素，它通过智力因素间接作用于生产资料。这两方面因素相互影响、相辅相成、密不可分。人的科学文化素养和劳动技能是生产力发展的必要条件，也是提高受教育者思想道德素质和劳动积极性的重要智力因素。而受教育者的思想道德素质和劳动积极性也是影响生产力发展的重要条件，是促进生产力发展和提高受教育者的科学文化素养、劳动技能的精神动力。如果劳动者思想道德素质不高，缺乏劳动积极性、主动性和责任感，即使他具有较高的科学文化素养和劳动技能，这些智力因素也难以得到充分发挥和运用，因而会对生产力发展构成制约。可见，人的思想道德素质在社会生产力发展中起着非常重要的作用。而高校思想政治教育就是提高劳动者思想道德素质的工作，就是调动受教育者工作和生产积极性、主动性的工作。高校思想政治教育深入细致且有效，能更好地提高劳动者的思想道德素质，进而促进生产力更好更快地发展。由此可得出结论，高校思想政治教育是促进生产力发展的精神动力。我国生产力发展实践表明，劳动者经由高校思想政治教育和社会实践具备了良好的思想道德素质和较高的工作积极性与主动性，就会积极主动地学习科学文化知识，自觉地提高劳动技能，努力改进生产工具、革新工艺、采用新技术，不断地变革劳动组织，创造性地进行生产管理，从而大大促进生产力的发展。可见，高校思想政治教育通过提高劳动者的素质参与物质财富的创造活动，是物质文明建设不可缺少的重要因素。

第三，高校思想政治教育是营造经济建设发展所需的和谐社会环境的重要手段。物质资料的生产是人类社会生存的基础，人类历史就是物质生产发展的历史。而为了更好地进行物质生产，人们之间必然要建立某种联系或关系，只有在这些社会联系和社会关系的范围内，才会有他们对自然界的关系，才会有生产。为了维系人们之间的这种联系，并使之处于和谐状态，需要对人们之间的关系进行协调。而对这种关系的协调，除了依靠政治和法律等手段外，还需要依靠思想道德规范。通过广泛而有效的高校思想政治教育，化解矛盾、协调关系、理顺情绪，以保持人与人、人与社会之间正常的稳定的关系，维护个人的心理平衡，为经济建设营造和谐的社会环境，促进经济建设更好更快地发展。

3. 高校思想政治教育的文化功能

高校思想政治教育的文化功能指的是它对社会文化及其发展所发生的作用。从文化的运行过程来看，高校思想政治教育的文化功能包括文化传播功能、文化选择功能、文化创造功能等。

（1）高校思想政治教育的文化传播功能

高校思想政治教育是教育者用一定的思想观念、政治观点、道德规范对教育对象施加有目的、有计划、有组织的影响，使他们形成符合一定社会发展要求的思想品德的社会实践活动。所谓"思想观念、政治观点、道德规范"，都属于文化的范畴，是政治文化和伦理文化的组成部分。从某种意义上讲，高校思想政治教育就是政治文化、伦理文化的传播过程，目的是实现个体的政治、道德社会化。在这一过程中，同时存在着两种活动：一是社会通过高校思想政治教育等形式传播思想政治信息和社会主导意识形态，促使受教育者接受社会主导文化的价值观，形成符合社会要求的行为模式；二是受教育者个体通过学习、模仿以及社会实践等形式获得思想道德知识，形成一定的政治观点、政治态度、政治信仰、政治情感及其制约下的政治行为。这两种活动在高校思想政治教育过程中相互联系、相互作用，辩证地统一在一起。可见，高校思想政治教育传播政治伦理文化的过程，不是那种"我说你听、我打你通"的单向灌注过程，而是一种同为信宿、同为信源的双向信息交流和情感互动过程。

需要指出的是，高校思想政治教育传播文化的过程，也是保存和活化社会文化的过程。如果没有高校思想政治教育的传播，政治文化、伦理文化就只能表现为储存形态的文化，即蕴藏于物品或文献中，而不能被人们掌握和运用，难以在实际政治生活和道德生活中发挥作用。只有通过高校思想政治教育，才能使储存形态的政治伦理文化转变为现实的政治伦理文化，使特定的政治伦理文化与人的观念、智慧、意志、情感建立起联系，使社会规范成为人们维持良好生活秩序的准则，使健康的审美情趣和民族风俗成为丰富人们生活的内容和方式，使政治文化在社会生产和社会生活中发挥作用。

（2）高校思想政治教育的文化选择功能

高校思想政治教育对文化的传播，并不是对现有文化的全盘照搬，而是一种文化选择过程，包含对文化的撷取与吸收、排斥与舍弃。通过这种选择，在历史、当代、未来间建立起发展的链条，在东方文化与西方文化间建立起交流的桥梁，并据此去发展文化，推动社会进步。高校思想政治教育的文化选择功能主要是通过批判地吸收文化这一方式完成的，具体地说，就是根据一定社会的需要和高校思想政治教育目的对传统文化与外域文化批判地借鉴吸收，有选择地加以传播，使其符合我国社会主义现代化发展的要求，符合我国先进文化发展的方向。要发挥高校思想政治教育的文化选择功能，首先，高校思想政治教育者必须树立正确的文化价值观，提高文化选择的自觉性；其次，要加强对中华民族传统文化的批判继承和创造性地转化，加强对西方文化的理性借鉴和批判改造，即要积极主动地对各种文化现象、文化因素进行科学分析、鉴别、筛选、利用；最后，要加强对受教育者文化选择的引导，注意提高其文化鉴别和选择能力，使其在文化交流和冲突中进行正确的文化选择。

（3）高校思想政治教育的文化创造功能

20世纪50年代以来，科学技术飞速发展，世界范围的文化交流日益加强，各民族文化的联系愈益紧密，竞争也越来越激烈。要提高中华民族文化的竞争力，使民族文化与时俱进，保持强劲的发展势头，就必须培养一大批具有文化创新能力的人才，而这正是当代高校思想政治教育的重要责任。高校思想政治教育通过培养具有创造精神和创造能力的人才，有力地推动文化的创新。同时，高校思想政治教育在传播文化的过程中，不是充当机械的"传声筒"，而是在不断地对政治文化、伦理文化进行整合、创新，并以最恰当的方式向受教育者进行传递，这一过程实际上也是文化的创造过程。可见，高校思想政治教育的文化创造功能是客观存在的。在文化竞争日益激烈的今天，高校思想政治教育一定要高度重视创新型人才的培养，并创造性地传播政治文化和伦理文化，以充分发挥其文化创造功能。

第一章　新媒体与高校思想政治教育概述

将高校思想政治教育的功能分为个体性功能和社会性功能两个方面进行分析，在理论上是完全必要的。但在实际工作中，这两个方面的功能是紧密联系在一起的。个体性功能的实现不能脱离社会性功能空谈，社会性功能也需要个体性功能作为其实现的中介。我们应注意使两者有机统一起来，从而最大限度地发挥高校思想政治教育的功能。

第二章 新媒体视域下的高校思想政治教育

在新媒体的影响下,高校思想政治教育教学步入了新情境。新媒体对高校思想政治教育产生了广泛而深远的现实影响。本章主要介绍新媒体视域下的高校思想政治教育,包括新媒体视域下高校思想政治教育的新情境、新媒体视域下对高校思想政治教育的新要求、新媒体与高校思想政治教育融合的困境及原因、新媒体视域下高校思想政治教育的机遇与挑战和新媒体视域下高校思想政治教育的发展趋势五方面内容。

第一节 新媒体视域下高校思想政治教育的新情境

一、新媒体环境下的高校思想政治教育

新媒体环境下的高校思想政治教育有两种内涵:一是新媒体环境下的思想政治教育,二是基于新媒体的思想政治教育。第一种内涵关注的是在新媒体环境下思想政治教育的整体认识。发现并解决教育过程中出现的问题,建立思政教育的科学系统。全面探索随着外部环境的变化,如何对思政教育的传统模式进行原则、方法和形式的调整和创新。第二种内涵着重于思想政治教育是以新媒体为基础的局部认识。理解并掌握思政教育当前具备的时代性特征。将新媒体视作思想政治教育的全新平台和手段,能够增强思想政治教育的效果与作用。

从新媒体思想政治教育的实践上来看,以上两种理解所涉及的问题交织在一起,理论构建和实际应用在现实教学中不断改进和修正;从新媒体思想政治教育的研究来看,处于不同层次的两种理解定位的研究和实践不可或缺。

从不同视角对新媒体环境下思想政治教育的概念进行探讨和了解,结合传播

学、社会学、心理学等诸多学科的视角，我们可以看出，新媒体的发展，极大地改变了以价值观教育为目标的思想政治教育的方式，这种探讨不仅仅是从广义的概念上改变，在狭义的应用上也引发出更多的问题。明晰概念，既是新媒体思想政治教育研究理性思维的起点，也是加强新媒体思想政治教育建设实践的需要。新媒体的不断发展对思想政治教育产生着深刻的影响。

二、新媒体环境下高校思想政治教育的特点

大学阶段是大学生社会化进程的重要时期，在这个阶段，学生的人生观、价值观都开始逐步形成。新媒体影响力对大学等高等教育机构的渗透，不仅是对大学生思想政治理论课教学的挑战，也使大学生意识形态安全成为当前高校教学亟须面对的问题。在我国高校思想政治教育和意识形态安全领域中，新媒体表现出如下传播特性。

（一）时效性和交互性

在新媒体环境下，高校思想政治教育的时效性和交互性表现在：不同于传统媒体，新媒体以其高效的即时传播速度和便利的交互传播方式成为大学生收集新信息的主要途径。无论是社交媒体、搜索引擎还是网络视频，都大大增强了学生对信息获取能力的主动性，这使得以教师为中心的传统教学模式受到了挑战，进而对高校思想政治的教学课堂产生了巨大影响，使其发生转变。以手机为载体的网络社交媒体软件等新媒体产生，表现出交互、开放的特点，学生受网络信息影响逐渐加深，但由于互联网信息真假难辨，高校学生社会经验不足且辨别能力较差，往往对其人生观和价值观的形成产生误导作用。

新媒体思想政治教育环境下，教育者必须平等地与受教育者共同探讨问题，通过启发和商讨，引导受教育者接受并形成正确的思想观念。这对教育者驾驭新媒体、领悟隐性引导教育方式提出了极大的挑战。

（二）开放性和数字化

在新媒体的冲击下，高校的"围墙"概念逐步消失，学生通过新媒体介质获得比以往更丰富的信息，扩大了视野，了解社会动态和科技状况，加深和扩展了对所学知识的理解，这有利于解决现代社会政治、经济、文化高速发展和新媒体

思想政治教育方式方法严重滞后的问题。新媒体环境的开放性，要求思想政治教育主体和客体都要面临把课堂向课堂外延伸的挑战。这种课外延伸基于媒介的数字化，新媒体的数字化特征拓展了新媒体思想政治教育信息的存储空间，在未来的教学工作中改变着教学方式，使图文并茂、声像交融等多种元素融入教学工作中来。在面对数字化信息的广泛冲击中，信息时代高校思想政治教育面临的问题更严峻。

（三）整合性和隐蔽性

传统媒体利用善于发掘选题，寻找新闻热点的优势，借助新媒体的传播平台，通过对新闻稿件的偷换主语、模糊概念、移花接木等带有隐蔽性特点的文本编辑手法，炒作和煽动舆论关注。通过类似于"洗稿""选择性报道"等职业新闻手法的操作，以及职业媒体人参与的新媒体和传统媒体在信息传播上相互整合协作，使在校大学生难以有效防止带有非理性、煽动性的信息在意识形态安全领域的渗透。

（四）本土化和商业化

在新媒体环境下，高校思想政治教育特点之一的本土化表现：随着新媒体的发展，政治意识形态和传播媒介之间的联系更加紧密。我国网络上频繁出现种族歧视、虚假言论和以新媒体为推手试图引起社会层面变革等各种现象。新媒体传播的个性对高校学生的价值观具有巨大的影响力，因此学生需要学会辨别和评估这种传播形式。

在新媒体环境下，高校思想政治教育特点之一的商业化表现：我国实施新闻传播行业改革，越来越多的网站转变为企业，企业化特征显著。在新媒体领域，商业竞争的不良风气逐渐显现。由于发展速度过快，许多新从业者涌入行业内部，专业水平和素质高低不一。基于这点，新媒体行业面临着许多问题，例如过分看重关注度、丧失新闻道德，假借"新闻自由"的名义散播不实消息等等，这也助长了包含不良内容信息的传播风气。

三、新媒体对高校思想政治教育的价值影响

（一）有一定的消减力

相比于广播电视、报纸和通信等传统媒体，各种新媒体之间不存在界限，民

族国家、社会群体、物质生产部门之间的界限逐渐模糊，信息传受双方主体的隔阂逐渐消弭。中国在1994年3月按照规定加入国际互联网，以此为节点，高校学生们积极热切地使用互联网，利用这个平台，他们可以在任何时间和任何地点轻松收集所需信息，学习相关知识，同时也可以对信息进行产出和推广，具有极高的自由度。新媒体使信息的交流和传播速度实现质的飞跃，进而消减了时空这一双重维度的限制，达到信息无时间差的即时传递效果。互联网新媒体是个性张扬、创新思维活跃的在校大学生收集最新信息、学习各方面知识的最佳工具。新媒体的消减力使高校思政教育环节教师和学生的联系更加紧密，实现心灵沟通，为思政教学提供了良好基础，从而使高校思政教育环节更加科学高效。

（二）强劲的吸引力

新媒体具有强劲的吸引力，表现为其超媒体特点对大众的吸引。超媒体不是线性的，而是整合和展示不同形式媒体的信息，是对超文本的继承与发展。手机已从最初单一的短信和天气预报等彩信传输向着更加多元化的方向发展，如使用社媒（社交媒体）软件交流、阅读网络小说、收听新闻广播、观看电视直播等。手机用户可以在任何时间地点向其他用户及电子邮箱传递信息，十分方便和快捷。安装了计算机芯片的新媒体设备（例如手机、数字电视等）是接收网络信息的主要终端。新媒体犹如一座信息库，汇聚了各种渠道的海量信息，其数量呈现出惊人的爆炸性增长趋势。在新媒体时代，信息丰富多元，包括文字、图片和音频等形式，这使得在校大学生可以更加便捷地接触各方面知识，学习方式也更加独特。很多在校高校学生最初接触新媒体的目的只是阅读，或是赋予自身时尚的气息，想要紧跟时代的步伐。但是，不管他们最初的目的是什么，最终都无一例外地被新媒体带来的优势所深深吸引，有的大学生可能已经达到了病态的程度，感觉无法自拔。从另一个角度来说，新媒体不仅为高校学生打开了认识世界的一扇窗，更为他们打开了求知的新大门。

（三）强大的号召力

在新媒体的发展进步过程中，大众的日常生活和信息的传播平台联系越来越密切。传播过程不再局限于特定的时段、地点和受众群体，全面展开快速、途径多样的互动式传播，传播中心没有明确定位。此外，信息发布的方式也变得更加多样化，不再遵循传统的词汇组织方式。这一趋势催生了新媒体强大的社会影响力和号召力。新媒体对个体在情感态度和价值观方面产生了不可忽视的影响，换句话说，大众接受教育的过程和新媒体的传播过程没有什么区别，两者在某种程度上来说完全等同，后者总会从不同的层面上影响着人们的价值观念、思想道德以及行为模式。

（四）深远的辐射力

在传统媒体的时代，"受众"二字是完全可以和"阅听"大众画上等号的，而在这个多媒体时代，"受众"却有了更深层次的意思，而成为在新媒体中参与到信息产业价值链的上游，媒体生态正在酝酿着深刻的改变。美国新闻集团董事长默克在"美国报纸编辑协会"演讲时表示，新闻媒体既然拥有新闻的提供者这一层身份，就应该比广大的人民群众更加熟悉和了解多媒体和网络知识，不要空谈理论教训民众，而要更多地构建双方交流的平台、实现沟通的目标，这样社媒个人账号主体和新闻从业者之间的讨论将更深入且更富有成果。依据信息传播的网络特质，我们建立了信息平台以供信息的发表和传递，依据信息传播的数字形式，我们连接了数字互联网和移动无线网等不同网络。信息传播网由此形成，信息以数据形式在网络上流动，实现广泛传播。信息传播网连接方式特别，借助新媒体，人们可以将信息传达给指定个体或其他连接数字互联网的群体，从而实现共同利用原本高价或使用难度大的资源。在新媒体环境下，信息共享成为可能。借助便利的互联网，高校学生们无需受到空间这一维度的阻碍，能够轻松收到全球范围内发来的电子邮件，并能及时进行回复与交流；在校大学生能在互联网的帮助下与他人建立朋友的关系，并能互联交换所需要的信息；在校大学生能通过互联网发布自己需要传播出去的公告信息；可以通过视频交流的形式参加各种专题小组的讨论，在讨论中充分发表自己的意见；可以使用海量的软件资源和信息资源，而不需要付出任何代价。这一特点，给予了在校大学生一种满足感以及尊重感，勾起了他们参与高校思想政治教育活动的欲望，激发了他们的主动性和积极性。

四、新媒体环境下对大学生意识形态安全带来的问题

新媒体环境下大学生意识形态安全正面临着新挑战。大学生是新媒体应用最

广泛的人群，大学生的上网时间远远超过高校思想政治理论课的课时时间，新媒体成为他们获取课外信息的重要途径，而新媒体信息的引导性、不可控和混杂等特点都对大学生价值观产生着潜移默化的影响。

（一）商业化的不良信息泛滥

高校思想政治教育的重点是培养学生的道德品质，而新媒体的首要目的在于经济利益，所以新媒体传播往往以能够制造噱头、炒作热点、吸引眼球的信息为主要内容。新媒体的普及使得新闻传播业的不良作风扩散到高校甚至社会的角落。如我们所见，新闻传媒的题材选择和高校思政的教育理念形成了强烈反差，高校校园因此变成一片充满着各种类型信息的信息海洋，高校学生必须要学会正确应对涌现的信息。

（二）监督管理难度大

手机和互联网等通信手段可以帮助包含不良内容的信息进行自我隐蔽，这是因为其自由度较高。很多信息具有不良引导作用，打着"正义"与"良知"的幌子掩盖真实意图，还会使用不明确的概念混淆人们的判断力。新媒体传播对高校思想政治教育所提倡的爱国主义和社会主义核心价值观等思想以及高校学生意识形态方面的安全造成极大冲击。

（三）文化多元化的冲击

丰富多彩的新媒体传播使社会文化的发展表现出多元化趋势。社会主流文化和亚文化受到不同社会思想的影响，不良思想的扩散有了可乘之机，导致高校一些学生的价值观往错误方向偏移。高校教师所属专业和价值取向不同，理解与把握意识形态的能力有所差异。在高等教育阶段，教师强调传授学科理论，对意识形态教育的重视程度不足，这导致高校思想政治教育教学活动的组织开展不尽如人意。

（四）虚拟性引发的道德弱化

虚拟性是新媒体传播的特点之一，极易带来风险，因为新媒体非理性的信息具有煽动作用，会对学生的价值观造成冲击。这有可能从道德层面弱化学生的自制力，使那些没有深刻理解民族和国情等政治基本问题、理想信念不坚定、社会责任感不足的学生成为负面信息的主要传播者。高校思政教育主张学生要具备坚定的理想信念和不懈追求，新媒体虚拟性引发的道德弱化现象对个人和公共道德都产生了不良影响。

新媒体的渗透改变了高校的教学模式，传统的教师对学生的单向教学模式难以为继，新媒体取代了高校教师的一些传播职能，高校教师在思想政治教育课堂教学中的权威地位有所下降，海量新媒体信息也使得教师在课堂教学中发挥的作用有所减弱。时代变革的信息化趋势促使高校思想政治教育工作者重新思考教育方式并寻找个人定位。如今的关键在于借助新媒体手段实现教师的角色功能转变、教学理念和教学方式转变，并发掘意识形态层面具有新媒体特征的有效教育模式，从而改变思政教师在教学过程中的角色定义。

第二节　新媒体视域下对高校思想政治教育的新要求

一、正确认识新媒体环境下的教育关系

教育主体和客体的定位、教育主体和客体之间的关系在新媒体视域下的高校思政教育活动中仍旧存在。思想政治教育具有明确的目标和价值取向，是独特的实践性教育活动。虚拟环境并没有改变教育活动的根本属性，而是一种环境背景的衍生，教育者和受教育者的主客体关系存在于新媒体视域下。

（一）教育主体

在此，我们所指的教育主体是那些受专业培训，可以系统地展开对受教育者目标明确、计划合理的思想政治教育的人员和团体。大多数教育主体经过专业培训与长期实践安排，拥有扎实的理论基础、丰富的技能经验，能够合理选择教育方式。

以上特征赋予了教育主体在教育活动中的重要地位和影响力。这表现为设计和组织作用、疏导作用、激励作用、转变作用和示范作用。

设计和组织作用指的是教育主体需要满足社会方面的需求，结合教育客体的具体情况进行教学设计，合理安排教学内容，使用恰当的教学方式，组织开展教

学活动鼓励教育客体积极参加，获得教学经验并吸取教训，为教学活动的再次组织提供借鉴。

疏导作用指的是教育主体要引导教育客体，与教育客体进行沟通，理解并掌握教育客体内心的真实想法，安排合理有效、有所侧重的教学活动。

激励作用指的是教育需要教育者和受教育者双方共同合作，仅有教育主体组织教学活动是不够的，如果教育客体缺乏自觉配合和参与，就无法实现良好的教育成果。为了引导教育客体积极参与教育活动，教育主体应该运用多种方式进行激励，促使教育客体主动参与教育活动，彰显其爱国热情和政治意愿。

转变作用指的是教育主体的核心使命是以教育的方式使教育客体的思维意识发生变化，帮助教育客体建立正确的三观，即世界观、人生观和价值观。

示范作用指的是教育活动的言传身教，教育主体既需要口头教导，又需要以身作则。只有将行为与言语相结合，展现出自身的榜样示范，才能真正有效地影响教育客体，帮助其深入理解教学内容并收获优秀的教学成果。

（二）教育客体

这里的教育客体代表接受思想政治教育的人。在教育活动中，教育客体具有积极的作用，表现为能动作用、检验作用和促进作用。

能动作用指的是在教育活动中，虽然教育客体是受教育对象，但具有一定的积极主动性。因为教育客体能在意识层面发挥主观能动作用，所以在教育过程中也能发挥积极作用。有几种主要表现，首先教育客体可以积极参与教育主体设计的教学活动，实现教学目标。其次教育客体可以利用个人能力特长对教育主体产生影响，提升其道德素养和能力水平。再次是在受到教育主体影响时，坚持个人的价值理念，批判性继承教育主体输出的内容。最后是将个人想法积极地付诸实践。

检验作用指的是教育成果的评价可以通过教育客体的意识行为各方面的改变来衡量。也就是说，思想政治教育的成果检验能够通过教育客体在意识行为方面的转变来加以反映。

促进作用指的是在当代中国，教育客体和教育主体地位平等，是社会的主宰者，能够共同推动思想政治教育的开展。这一基本观点有助于激发教育客体的自觉性和主动性，使其更愿意参与教育活动。具体表现有两个方面，首先激发教育客体在教育过程中自觉参与和主动协作，收获更大的教育成果；其次积极关注和大力支持教育主体的各项工作，推动其思维意识和工作能力的逐渐提升。

（三）教育主体与教育客体的关系

尽管在新媒体视域下，思想政治教育活动是虚拟的主体之间进行交流的方式，但不同主体进行信息沟通的方式有所不同。因此，有些虚拟主体在信息传递中发挥主导作用，而另一些则会显现出被动的附和趋势，从而在主体之间产生一种新型的主客体关系。新型的主客体关系在新媒体视域下表现出全新的关系特性，和传统思政教育模式下的关系有显著区别，表现为情境构建性和动态应答性两方面。

1. 情境构建性

在新媒体视域下，教育者和受教育者的具体身份、角色人格和所处地位都被网络进行虚拟处理，因此建立主客体关系要以具体、详细的情境为基础，与实际生活中的具体身份和所处地位等因素关联性较弱，也就是以固定情境条件为前提建立教育主体与教育客体的相互关系。因此，我们需要以实际情况为转移，根据时间和地点，灵活地理解并运用教育关系。

2. 动态应答性

在新媒体视域下，教育者提供的信息需要被受教育者认可接受和积极回应，否则两者之间的教育关系就无法真正成立。在新媒体视域下，教育中的主客体关系并非一成不变的。由于信息能被自主收集、瞬时传递和接收主体的匿名性，教育关系会发生某种变化。教育者发挥信息的主体引导作用，受教育者发挥信息跟随的客体作用，两者之间的关系具有相互作用，主客体相匹配、相推动、相转变，所以教育关系也会随之持续变化。

思政教育旨在以教学活动的方式，让受教育者的思政素养和道德品质满足个人及社会发展的需求，从而在特定时间段内实现塑造个人素质的理想目标。思想政治教育要注重社会和个人层面的协调发展和共同进步，因为其目标在不同层面上具有不同的要求。注重社会发展意味着实施思想政治教育要培养满足社会特定需求的思政素养与品质。注重个人发展意味着保证思想政治教育鼓励并引导学生发展出鲜明的个性，实现个体的长足发展。这两个层面的要求是相辅相成、相互作用的。在很长一段时间，思想政治注重的教育目标是关注社会的发展。经济方面市场机制完善，社会方面主体及其价值观多元、结构层次丰富，个体方面学生的个人需求和选定方向多样，因此，高校思想政治教育培养学生个性发展的目的明确。毫无疑问，认同和培养学生的个性发展满足人类全方位的发展需求。既注重社会的发展，又注重个人的发展，这是对思想政治教育理念和要求的进一步提升。

在新媒体视域下，思想政治教育活动中主客体关系发展并表现出新特性。因此，我们需要重新审视固有的教育观念，改变以教师为中心的现状，也不再采用单方面空谈理论的教育方式。相反，我们应当更加正确地理解教育者发挥主导作用的具体含义，使教育者处于主导地位，同时也尊重受教育者发挥的主观能动作用。基于此，我们才能够真正实现新媒体视域下思想政治教育的创新型进步，实现长足发展。思想政治教育活动是一种相互为主体的教育交流，教育者和受教育者在其中是平等的参与者。在这个过程中，教育者必须尊重受教育者的思想和感情，并同样积极地参与心灵交流与思想探讨。这种交流必须建立在相互了解和支持的基础上，而非强制性的单向倾斜。只有这样，教育者和受教育者才能实现互相促进、共同发展的教学目标；教育者应该尊重受教育者在选择信息、传播信息和给出反馈方面的自由权利，这样可以激发受教育者参与教育活动的热情和兴趣，同时实现教育者在主导方面的作用。我们需要深入挖掘新媒体信息传播的内在规律，采用形象丰富、语言生动的方式，打造具有教育情境的内容，吸引受众的注意力，搭建双向互动交流平台，让学习变得更加自主自愿。通过"柔性化"的教育模式，教育者能够有效地传达信息并促使受教育者真正理解并认同这些信息，从而将其内化为自己的价值观，并养成相应的行为习惯。这样，教育者才能够建立强大的影响力和感召力，进而确立自己在话语中的主导地位。

现今，随着新媒体的蓬勃发展，其在大学生中的影响力逐渐增强。对于高校思想政治教育工作者来说，正确认识这种变化并及时更新自身的教学理念是首要任务，必须采用新的教学理念和方式，以适应这一大环境的新变化。教育工作者应该认识到，对于新时代的大学生来说，传统的课堂教育方式已经不能满足新媒体迅速发展的需求，其教学方式已渐渐失去吸引力。教育者需要适应时代发展的需求，改变方式，从传统的说教转变为通过实践示范引导学生。利用现代化媒体管理大学生的行为将事半功倍。此外，教育者和网络监管者都应该认识到前期管理和日常管理比事后管理更加有效。应该将现代化的媒体视为日常教育工作中的一个重要方式，除了传统的教学方式之外，还应该积极利用网站、博客、QQ和微信等新媒体来帮助进行思想教育工作。作为教育者，应当关注将知识转化为价值的能力。高校学生群体的信息需求量十分巨大，许多高校已经认识到学生在网络上获取知识的需求，然而在建设网站时，往往会仅仅停留在知识共享这一领域，忽视了更深层次的价值共享。作为对学生价值观的引导者，教育工作者应该更多地注重分享价值观和精神的共同体验。

二、明确新媒体在高校思想政治教育工作中的重要性

（一）保证了高校思想政治教育的自主性

新媒体时代要求高校思想政治教育工作要着眼于学生的全面发展，最大限度地调动高校学生的学习积极性，激发大学生的学习潜能，满足他们实现自身成长成才的合理需求。由于教育者和受教育者地位、性格等因素的影响，有时面对面的传统思想政治教育方式已经不能有效地达到教育目的，给高校的思想政治教育工作带来一定的难度。使用新媒体工具，教学者和学习者可以自由地平等地交流和对话，以适应现代高校学生对自由和参与的心理需求。在信息丰富的新媒体时代，大学生可以自由选择浏览，新媒体的双向交互性促进了受教育者从消极被动到积极主动的学习转变，有利于提高高校大学生在高校思想政治教育过程中的自主性，从而在潜移默化中增强思想政治教育的效果。

在科技迅猛发展的今天，信息技术的高度发展使得大学生和社会的联系愈发紧密，新媒体在高校思想政治教育中的影响逐渐增大，可以充分发挥新媒体在高校思想政治教育工作中的各种作用和功能，引导他们将自我价值和社会价值统一起来，促使其提高思想道德水平，大学生通过新媒体所获得的教育可以说是一种更高水准的自主性教育。

（二）延伸了高校思想政治教育的时空性

新媒体时代背景下，如果高校思想政治教育不能够较好地适应时代发展的步伐，与高新科技紧密结合，那么高校思想政治教育的方式方法便只能被时代淘汰，

思想政治教育也就无法取得切实的效果，因此，高校在加强思想政治教育工作理论研究的同时，还要重视新媒体在高校思想政治教育工作中的作用，结合高科技产品与技术的应用，促使高校思想政治教育工作实现现代化转型。

　　新媒体为高校思想政治教育提供了更多自主安排时间的可能性。在传统的教学模式中，老师需要面对众多的学生，而教学过程也需要严格按照时间计划进行。一旦错过了预设的时间表，学生们就很难再赶上学习进度了。如今，学生可以利用网络进行随时随地的学习。在以前的课堂上，学生需要花费大量时间记笔记，无暇顾及思考。然而，在新媒体时代，学生可以将注意力集中于思考和互动上。此外，手机设备中的录音录像功能也使得学生能够方便地将课堂内容记录下来，以便于之后消化和学习。教师的备课资料如教案和课件可以使用手机储存设备进行下载，或者借助教室网络将它们传输到电子邮箱。以往，师生之间的交流只能在面对面的情况下进行。在数字化时代，教师和学生可以利用网络随时互动交流。新媒体技术的便利和开放性使得大学生们可以在任何计算机终端上自由地查找资料、收集信息和阅读报刊，不再受到时间和地域的限制。因此，高校思想政治教育管理的范围已经超越了学生在校园内特定时段和现实空间的限制。从另一方面来看，短信、QQ聊天和手机都彻底摆脱了时间限制的束缚，无论何时，只要能够连接网络，都可以轻松地获取所需信息。这不仅打破了过去在思想政治教育工作中存在的时间限制，还进一步扩展了时间的使用范围。网络的非空间限制性质为新媒体提供了功能结构的另一面，使得传统的高校"围墙"已不再具有独特的功能。不同地区，甚至不同国家的学生可以利用网络共享思想政治教育资源，也可以根据个人爱好向教师请教或者参与讨论，同时还可以结交素未谋面的网友，进行情感和思想上的交流。利用新媒体技术进行思想政治教育工作有利于掌握大众对社会热点问题的看法和感受，并且可以在网络平台上展开即时的讨论，有助于引导高校学生正确认识社会现实和思潮。这样，高校可以向学生提供更多思想方面的服务，进而拓宽思想政治教育管理的视野和内涵。

（三）增强了高校思想政治教育的吸引力

　　尽管在高校思想政治教育中，教育者的教育影响起到了主导作用，但是受教育者并不是一味被动接受，而是能够积极地作出反应，这种积极的互动促进了双方的认可和合作，从而推动了思想政治教育向更好的方向发展。新媒体技术具有极强的信息传递能力，能够自由地与外界进行思想交流。相比传统的单向信息传播方式，新媒体采取了"双向互动"甚至"多向互动"的方式，这不仅能够激发学生的积极性，还能够创造更加丰富的教学体验。

　　传统上，高校的思想政治教育常采取灌输式教育方式，教育工作者通常拥有权威地位，而学生则被动接受教育。实际上，这种教育方法常常引发逆反心理，使得教育效果难以有效产生。新媒体在教育主客体之间搭建起了沟通和交流的桥梁，逐渐改变了信息传播的方式，由以往的单向传播转变为"双向互动"或"多向互动"，在很大程度上改善了思想政治教育的条件，使教育者直接、准确、快速地了解和掌握学生的思想动态成为可能，便于思想政治教育工作者对大学生不良的思想情绪进行及时的干预和引导，尽早地发现问题、解决问题，极大地激发了学生的倾诉和交流热情。在新兴媒体的氛围中，学生有机会按照个人意愿自由选择感兴趣的新闻，并且根据私人倾向定制个性化的页面界面。这种双向互动的信息传播方式可以激发大学生的积极性和主动性，使他们更加主动地参与学校事务的讨论和交流，促进学校的发展和建设，在思想政治教育中加强他们的自主性。利用新媒体，大学生能够通过情感共鸣的形式来接受教育信息，从而提高学习的兴趣和主动性，同时也能够达到更好的思想政治教育效果。

　　同时，新媒体在感染力方面具有天然的优势。新媒体本身就是一种极具感染力的信息传播工具，能够综合利用广播、电视、杂志等优势，让教学内容除以文本形式呈现以外，还能通过视频、音频、图片等形式呈现出来，在大大提高高校思想政治教育工作效率的同时，也让教学过程变得活泼而有趣。思想政治教育工作者可以借助微信等即时聊天工具和电子邮件等沟通工具来传递资料，实现信息的传递和资源的共享，大幅提高与学生之间的交流效率。在交流和讨论的过程中，受教育者主动参与其中，教育者既可以无形地渗透思想政治教育内容，又可以直接得到受教育者的反馈信息，教育主客体之间可以碰撞出思想的火花，这相对于传统"灌输式"的教育方式而言，不仅从形式上创新了高校思想政治教育工作的方式方法，同样也极大地丰富了教育的内容，使其更能够深入人心，从而大大提高了思想政治教育的感染力，进一步提升了高校思想政治教育工作的整体吸引力。

（四）新媒体运用的自发性折射媒体素养教育的必要性

1. 政工干部及教师队伍"潮人"思维的培育

人们需要具备媒介素养，才能在面对各种信息时，做出正确的选择、充分理解、合理质疑、客观评估、积极创造和生产以及理性思辨。在信息化时代，为了使思想政治教育工作发挥应有的作用，需要在涉及多方的情况下培养良好的媒介素养。为了能够贴合时代的发展潮流，并且恰当地运用教育的规律性，思想政治教育工作者必须开展创新工作。这样的工作不仅要求在理论上有深刻研究，更要求在实践中扎实地进行探索，并总结经验。

"每一时代的理论思维，从而我们时代的理论思维，都是一种历史的产物，在不同的时代具有非常不同的形式，并因而具有非常不同的内容。"① 在信息化浪潮中，不同种类的信息相互交错，合理和不合理的情感交织在一起，意识形态和非意识形态的元素混合在一起。思想政治教育工作面临各种信息相互穿插的复杂局面。随着新媒体的快速发展，需要改变思维方式，更加注重对话交流。这意味着政工干部、教师和学生之间需要共同参与并营造一个开放的对话平台。目前，政工干部和教师队伍在新媒体上的参与程度还比不上学生群体，对于新媒体的了解和运用技巧还需要更进一步提高。

2. 新媒体商业逻辑与思想政治教育人文逻辑的矛盾

新媒体的商业逻辑与思想政治教育的人文逻辑存在不协调之处，造成难以互相配合的困难。微博等新媒体的思维方式以商业为导向，注重经济利益，以获取最大限度的利润收益为目标。与之相对，思想政治教育的思维方式以人文为导向，注重每个主体的个性，致力于实现个人的个性化和全方位发展。高等教育中从事政治工作的教师、干部是思想政治教育的主导者，他们的职责是引领学生发展。要正确有效地引领学生，需要放弃手段化的理性思维，养成具有人文主义内涵的理性思维，最终建立符合正确价值观念的理性思维。微博的主要受众在整体上表现出个人积极使用和容易随波逐流的特点，受思想政治教育工作的影响较小。同时，基于商业逻辑的大众传媒也会对高校在文化方面产生不良影响。正确认识并把握大众传媒使其发挥积极作用，是高校思想政治教育开展的重点与难点。

---

① 李敏.论辩证思维与大学生现代科学思维方式的培养[J].云南社会科学，2008（S1）：2.

三、正确认知新媒体对高校思想政治教育的影响

（一）新媒体广泛应用于高校思想政治教育的优势

新媒体是一种合理高效推动信息传递的手段，因此在高校思想政治教育工作中，新媒体扮演了承载物的角色，表现出多方面的优点和长处。现代高校思想政治教育提出的要求与新媒体展现的优点能在某些方面实现统一。

1. 新媒体的覆盖辐射能力

以网络技术为主的新媒体的深入发展和广泛应用具有很强的覆盖辐射能力，它面对公众、面向社会，极大地推进了社会群体的思想大解放。不同种类的媒体拥有各自的传播特点和优势，在时间和空间两个维度上没有局限性，使用者可以在任何时间与地点将信息分享出去。在年龄阶段、个性风格和行为方式等因素上，在校大学生们与新媒体的特性高度吻合，因此他们是新媒体用户中具有重要地位的群体。基于这一点，新媒体在组织开展高校思想政治教育活动中能够发挥强大的影响力。与图书、报纸等传统媒体相比，新媒体的技术门槛较高，更为复杂，且青年学生偏爱使用新媒体进行沟通交流。高校思想政治教育的受众主要是受过基础教育的青年学生，大学是青年学生个人发展的关键时期，青年学生学习新知识的意愿极强，善于交际实现自我提升，同时对科学技术创新推动生产力发展充满好奇和认可。以教育客体的视角来看，高校思想政治教育面向的群体也是广泛且灵活运用新媒体的群体，群体之间有所重合。

2. 开放、综合的新媒体内容，是高校思想政治教育的重要材料

思想政治教育能够使思维方式发生转变，学校课程及教材存在一定的局限性。新媒体丰富的信息涵盖了全球各地的各种内容。尽管高校学生的日常学习生活主要围绕学校这一场所展开，然而他们也是社会的组成部分之一。高校学生借助新媒体工具获取社会相关信息并实际运用，从而收获深度社会体验，进一步审视个人的知识水平和能力，建立涵盖各方面的良好价值观体系。高校教育包含的信息量是固定的，但是新媒体包含的信息却能让学生更全面地了解社会环境，因此其构成并完善了高校思想政治教育。新媒体延续了传统媒体的优点与长处，为我国政府及各部门官方信息的传播提供平台。新媒体阐述并宣传了党制定的国家发展规划及相关政策，在思想政治教育环节的地位非常关键，这是其在政治方面的特

殊作用。新媒体具有时效性和互动性，有助于提高高校思想政治教育的影响力。思想政治教育是一种相互启迪、相互理解的过程，旨在通过教育主客体思维的碰撞和交流，促进思想进步、加强思想品德教育。思想政治的传统教育常常采用单方面灌输方式，即教师将自己的想法强制施加给学生，然而这种方式如今已经难以得到学生的认同和支持。新媒体的时效性和互动性能够有效地促进教育主客体的沟通交流，思想政治教育工作的展开以教育主客体在意识层面的沟通为基础。

新媒体技术使得信息的传播也更为便捷，信息流动的全球化为高校思想政治教育工作奠定了良好的技术基础和社会基础。新媒体作为一项科技具有强大的影响力，推动传播的大众化发展趋势，使人们能够更便利地获取信息、更自由地筛选信息，并能够享受更加实时且高效的信息体验，符合时代发展的要求。青年学生对于科技创新造成的生产生活方式的改变持有积极态度，因此新媒体可以以此为基础在高校思想政治教育工作中表现得更加出色。

3. 新媒体可以发挥大学生的自我教育功能

新媒体增大了高校学生实现个人提升的可能性，因为这时学生意识到自己可以通过新媒体收集所需信息并展开有目的的学习，在实际运用中有所收获。高校学生个性鲜明，主人公意识强烈，学习热情高涨，想要借此更加了解并改变世界。新媒体不仅仅为在校学生提供收集信息的渠道，还帮助他们进行自主学习，发挥了新媒体作为教育承载物的潜在作用。在新媒体视域下，高校思想政治教育工作者意识到要想做好高校思想政治教育工作，更需要注重在业余时间与学生之间的沟通和交流，重视校园与社会的有机结合，关心、剖析和掌握社会热点问题，还要结合在校大学生自身特点，及时进行价值观、行为方式的干预，从而妥善引导高校大学生在生活、社会、事业方面树立正确的理想和奋斗目标。仅仅局限于国内信息已经不能满足现代高校思想政治教育以及在校大学生的需求，高校思想政治教育工作者需要走出国门，放眼全球，及时关注和掌握国内外教育信息，未雨绸缪，以便更好地把握高校思想政治教育主动性。

（二）新媒体环境下高校开展思想政治教育存在的问题

每件事物存在优点的同时，也会表现出一定缺点。新媒体广泛应用于高校思政教育具有技术创新、内容丰富的优势，但在新媒体视域下高校开展思想政治教育存在各种挑战，这是新媒体的某些特性导致的。

1. 新媒体对高校思想政治教育的内容产生干扰

在当今信息量巨大并持续增长的背景下，海量文化方面的信息会对大学生产生影响，也可能会对高校思想政治教育的效果产生影响，因此辨别信息的真实性和正确性的能力十分重要。许多亚文化运用新媒体手段，推动多种思想观念的传递和交流。然而，高校学生的价值体系仍处于建立过程，往往不能理智地辨别所有思想观念，加上青年群体表现出的求知欲望强烈和喜新厌旧特点，导致他们极易随波逐流，作出的选择不具备坚定的个人信念，具有动摇性且缺乏理性，价值的衡量标准不具有唯一性。这些现象使社会在意识形态方面的稳定性下降，使统一的社会价值体系受到冲击。

2. 误导思想政治教育中受教育者的知与行

在校学生是高校思想政治教育的教育客体，价值体系各方面仍在建立阶段，处于这个阶段很难不被误导诱惑。包含黄色、暴力等不良导向的网络信息会对学生的思想产生负面影响。从环境背景方面影响大学生的发展进步。新媒体的广泛影响力使得在校学生难以集中精神，进而削弱了他们的专注度和思考能力，使价值观念偏离正确方向。在高度信息化的时代，青年学生几乎无时无刻不借助手机互联网等新媒体接收多样化的信息。然而，这些信息资讯中包含一些虚假错误的内容，会对学生的思维方式和价值观念造成冲击。

首先，新媒体具有隐蔽性特征。互联网新媒体为高校学生构建了高度自由的共享空间，在这个互联网空间中，能否信任对方是一个难题。以互联网为工具的诈骗信息频发导致人们在交流过程中充满了猜疑和不信任。

其次，新媒体具有虚拟性特征。高校学生可能会分不清虚拟网络和现实世界的界限，个人定位混乱，身份认知错误。现如今，对于虚拟互联网新媒体的法律法规有待建设，实际生活的道德准则无法有力监管人的互联网行为。规则是秩序的基础，而新媒体建构的网络空间缺乏严格的行为规范，高校学生因此放松对个人行为的约束，道德感和责任感有待培养。

3. 冲击思想政治教育的过程

教育主体通过目标明确、计划周密、组织合理的教育影响教育客体，引发教育客体在意识层面的内部冲突，进而促进行为层面的实际应用，从而形成教育主体规定的思政道德品质，这一过程被称为思想政治教育的过程。纵观思想政治教育的全过程，通常可以分为三个主要阶段：首先是内化阶段。在这一阶段，教育主体会积极地引导教育客体，以帮助其将符合社会道德标准的价值观念融入个人意识和行为各个方面。其次是外化阶段。教育客体会受到背景等外部因素的作用，在意识层面形成内在冲突，在行为层面感悟并实际运用道德观念等途径来塑造顺应时代发展的思政素养和道德品质。最后是反馈和再次内化阶段。教育主体通过获得信息反馈并结合教育客体的实际状况，在评价教学成果后，调整教育方式并制定合理有效的教学标准，从而使教育工作卓有成效，稳步提升。思想政治教育的过程在过去开放度较低，教育客体较少与校园外部环境产生交流，这些因素导致其受教育主体的控制作用较强。为了对教育客体的意识和行为产生全面影响，教育主体需要筛选出符合要求的内容，借助课堂整体教学、学生共同学习与教师学生一对一交流等手段，创造良好的学习环境。教育客体的学习生活围绕校园这一场所展开，周围主要是教师和学生，基于此，教育客体的思想观念较为稳定，若产生变化也易于纠正；从教育主体的视角来看，思想政治教育面向的受众是固定的，教师能够有所侧重地实施反复教育，使错误的思想回归正途。

使用新媒体工具丰富了教育形式，为高校师生提供了更广阔的平台，同时向监管方面提出挑战。在校大学生是手机、互联网等新媒体的重要用户。在以前，教育客体的思想观念转变常常能在他们的言语举止中有所体现。随着新媒体技术的进步，手机和互联网进入新的发展阶段，其交互方式趋于多样化且难以预测。新媒体的兴起导致高校学生具体身份的虚拟化程度上升，在虚拟空间中学生可以具有多重匿名，难以辨认。在虚拟空间的隐藏作用下，教育主体难以确定发言者的身份，也不知道各教育客体思想上准确详细的转变情况，因此有目的地推进教学工作的难度较大。对思想政治教育的实施造成负面影响。对于国家的监督管理部门而言，网络上的信息很难溯源，也很难辨别其可靠程度，这给高校向学生实施思想政治教育带来了很大的困难，导致高校、社会与国家各方面在控制思想政治教育的舆论方向上面临极大挑战，高校思想政治教育的舆论阵地在新媒体影响下引导力降低。

4. 削弱思想政治教育方法的效果

启用新媒体技术后的高校思想政治教育稳定性下降，教师开始尝试完善以往的教学方式，但是却面临着无法充分利用新媒体特性的困难，这就导致了一种过渡性的局面——传统方法不再适用，新方法也未被充分探索。在思想政治教育的固有模式中，突出教师的主要作用和核心地位，倡导通过言行举止对学生进行教育，这种教育近似单方面灌输知识。思想政治教育应当采用分析案例、讲解原理和寻找现实依据等方式，通过教师和学生当面探讨的形式，使学生理解并认同教师的思想观念，以此提升学生的认知水平，达到思想政治教育的目的。毋庸置疑，以往的教学模式在突出重点、调整速度快等方面具有显著优势。

在新媒体的发展进步过程中，高校的思想政治教育方法受到了不良影响，具体表现为两个方面。一方面，新媒体所包含的信息量巨大，导致高校的思想政治教育工作受到压力。新媒体能够提供大量各类信息，使得在校学生具有较强意愿认可和使用新媒体，了解并掌握新的知识。另一方面，新媒体技术的普遍应用使得现实和虚拟之间的分界线不再清晰。这无形中转变了人们的认识习惯，导致虚拟在心灵中占据部分空间。对于年轻的学生而言，沉迷于个人虚拟空间会对他们的理智程度和个人认知产生不同程度的消极影响。面对这种情况，以往的高校思想政治教育方法已经没有能力解决处理。

新媒体在某些方面具备优点，思想政治教育行业人员尝试将以往模式和新型科技融合并实际操作。但由于没有充分发挥新媒体的优点特性，导致思想政治教育效率低下。为了确保教育发挥持久作用，教师开创了以思想政治教育为主题的网页。尽管该网页提供了多样化的内容，符合实际情况，但学生却不怎么使用。学生上网大多是为了寻求娱乐和放松身心，而不是为了受思想政治教育。从思想政治教育主题网页的使用率低可以看出，以往教学模式和新型科技没有实现有机融合。这样既没有充分利用新型科技的优点特性，又丧失了以往教学模式的固有优点。

四、贯彻新媒体对高校思想政治教育提出的新要求

（一）找准着力点，拓宽高校思想政治教育创新思维

如今的高校思想政治教育已经具备了新的特点，学生的思维能力标准的提高，必然对思想政治教育的成果产生作用。面对新媒体视域下高校思想政治教育的方方面面，思想政治教育行业人员需要开阔思路，明确思维方向。

固有思维习惯是阻碍思维创新的主要障碍。思维要进行创新，首先要克服思维定式。思维定式是因以往的经历所形成的心理状态，使得人们在面对活动时具有特别的心理准备或取向偏好。这是指根据长期的活动体验总结和概括的一般法则，以及多次思考而固定下来的思维路径和思维模式。只要外部因素没有发生变化，通过思维定式可以运用传统方法使问题得到高效处理。然而，当外部因素改变，人们可能会面临思维定式阻碍新策略使用的问题。我国在很长一段时间内一直把思想政治教育视为外部意识形态教育的主要环节，主张高校思想政治教育的认知观点是科学而不是价值观念，并强调其教学内容具有政治色彩、阶级立场和国家层面意识形态的显著特征。思维定式是具体和固化的思维方式，教育方法主要采用单向灌输，侧重于传授原理和法则，难以创造新内容，无法实现对学生素质的高度培养。在新媒体视域下，外部因素的改变使得教师不能只注重其本身希望教授哪些知识，而对学生的个性和学习需求等方面视而不见，从而导致思想政治教育受众的主客体身份没能有机结合，取得的教学成果甚微。

高校思想政治教育既要向学生宣扬社会主义核心价值观和正确的世界观、人生观、价值观以及道德观念，又要取得学生的认可与支持。在当今新媒体发展的信息化时代，高校学生的价值体系受到多方面的冲击和挑战，高校的思想政治教育要认真对待、努力解决发现的问题，并通过实际行动证实教育原理的可行性。怎样证实教育原理的可行性？人类情感发挥的作用是十分显著的，正如列宁所说："没有'人的感情'，就从来没有也不可能有人对于真理的追求。"[1] "人的情感能够将人与人、家与家、族与族胶黏在一起，使孤独者得到体恤，柔弱者得到关怀，贫寒者得到赈济，危难者得到扶助。情感对于人类生命的繁衍，其力量远远大于知识。"[2] 为了实现这一点，思想政治教育行业人员应改变一成不变的思维方式，将教育受众的主客体身份紧密结合。在教学方式上需要运用情感，使学生明白道理，同时应当真心呵护学生使其实现全方位发展。尽管高校思想政治教育在新媒体视域下所处的外部条件错综繁杂，然而我们不必惊慌失措，只要定位明确，符合逻辑思维，就可以把挑战转变为机遇，从而充分利用机遇，取得最佳教学效果。教育工作者现在需要进行分析，着眼于发现能够实现思维创新的研究方向。同时，

---

[1] 中共中央马克思恩格斯列宁斯大林著作编译局.《列宁全集》第二版增订版资料汇编 注释卷[M].北京：人民出版社，2020：225.
[2] 李振纲.珍惜生命 热爱和谐——21世纪的文化价值观[J].现代哲学，1999（4）：6.

需要认识并掌握新媒体视域下高校学生群体的特征和普遍性,保护学生个性发展。在此基础上,应对思想政治教育的各方面如内容、形式、结构等大力创新,增强高校思想政治教育的影响力。

(二)把握"三个导向",坚持做好新媒体时代高校思想政治教育

在新媒体时代高校思想政治教育中,我们需要坚持"三个导向",即开放与引导理念导向、平等与互动理念导向、服务理念导向。"三个导向"以马克思列宁主义、毛泽东思想和中国特色社会主义理论体系为基础,坚守课堂教学这一思想政治教育的重要阵地。我们应该深刻理解并运用青年学生成才、高等教育和人类社会发展的一般规律,以此指导思想政治教育工作。

1. 开放与引导理念导向

开放理念具有两方面内涵,一方面,思想政治教育是开放的。在新媒体时代,思想政治教育必须整理组合多种可用的信息资源,拓宽路径以满足思想政治教育的发展需求。在信息化社会中,多元主体、自由开放已成为主要的特征。教师和学生在开放空间内相互交流、学习。教学媒介的形式已经发生转变,表现出移动化和难以掌控的发展趋势。通过教育环境的升级,从存在限制的真实世界到摆脱限制的虚拟空间,思想政治教育能够更好地符合时代要求,与时俱进,立即解决出现的问题。另一方面,高校思想政治教育为学生培养的思政素质和思维能力是开放的。事实上,在校学生的价值观念、思政素养和道德品质等思维模式仍在形成阶段。学生个体感受也会受到外部因素和教育的影响而发生改变。高校思想政治教育的目标应该是解放学生的思维,而不是束缚,推动学生思维能力的提高,帮助学生形成正确的三观即世界观、人生观和价值观,培养道德品质。

引导的含义是筛选和过滤,无论课堂教学还是网络应用都要指明方向,帮助学生科学合理地使用新媒体选择并辨别信息,把有害的信息过滤掉,在错综繁杂的各类信息资源中接收有益于个人全面发展和身心健康成长的信息。在新媒体时代,我们应当秉持人文主义理念,以社会主义核心价值观为指引,突出情感因素的作用,采取"主要引导、次要管理"的教育方法,将提高个人素质和尊重个性发展相融合,推动学生全方位发展。同时激发教师与学生两者的热情,关注高校学生的特性,灵活运用多样化手段,获得更好的教学成果。

2. 平等与互动理念导向

在新媒体环境下，高校思想政治教育需要倡导平等和互动的理念，打造开放互动的教育系统。当地位保持平等时，教师与学生可以更好地进行沟通产生互动，这有助于鼓励学生接受并投身教育活动。当地位不再平等时，教师与学生之间会产生隐性的隔阂，严重的不平等甚至会使二者相对。如果仅仅是教师向学生的单方面知识灌输，其独立思考能力和个人创造力就会被忽略，学生的主动性和积极性就不会被调动起来。新媒体表现出的主体地位平等满足了高校学生的需要，冲击了思想政治教育的主要地位，弱化其发挥的主导作用。在地位平等条件下产生互动，这一理念促进了和谐美好的外部环境的形成，并且可以加强人与人之间的相互尊重，推动积极合作，还能够保证学生个体具有一定地位，拉近思想政治教育与学生的距离。平等的地位有助于高校思想政治教育的受众扩大。在新媒体时代，人们具备实际层面和虚拟层面的双重主要身份，在互动中达成平衡，取得统一。在新媒体时代，教育的传播和接受不再受限于传统的媒介和环境，教师和学生之间可以平等地进行互动，这使得教师和学生都更加积极主动地发挥自身的能力和创造力。"在大学生思想政治教育中，要尊重学生的主体地位，通过创新情景和激励引导等途径，唤起学生的主体意识，激发学生主体的自觉性、能动性和创造性，以达到自我教育、自我锤炼、自我修养的效果，从而取得思想政治教育的实效"[1]。

在新媒体时代，实现高校思想政治教育主客体的地位平等，应该通过重视思想政治教育的可行性以及理解、尊重思想政治教育受众的个性化特点来实现。进行全面教育即面向高校学生群体实施教育，进行个体教育即注重个性差异，采取具体的教育措施，两种教育方式相结合，高校学生独立性和积极性受到激发，自主学习的热情提高，道德品质及能力全面提升，高校学生从依赖他人转变为自我决策，学生素质和能力水平大幅提升。

3. 服务理念导向

高校思想政治教育目的归根结底是服务于大学生的成长、成才和成人的需要。人生观和价值观的形成，避免心理不适应或精神障碍，这是处于成年初期的大学

---

[1] 徐长恩，彭杰.加强大学生党建工作提高思想政治教育的实效性[J].沈阳农业大学学报：社会科学版，2009，11（1）：4.

生的主要发展任务。在新媒体时代，高校的思想政治教育要以服务为导向，了解高校学生的整体状况，为学生解决实际问题提供助力，克服学习知识、人际交往、情感生活和职业规划等各种难题。教育工作者应该有侧重地实施教育。坚持服务理念为导向，具有两方面主要表现。

（1）教育性。利用新媒体工具，深入掌握在校学生的思想变化，提高思想政治教育的效果，推动学生的全面发展。在新媒体时代，各类海量信息资源不仅能开阔眼界，还可能导致一些心理不健康现象，甚至对生命失去敬畏。教育工作者需要贯彻"以学生为中心"的教学理念，完善师生互动的产生机制，随时了解学生的精神状况，避免和克服心理问题的出现。在高校思想政治教育中，重视并解决学生的实际问题和不良思想变化，让教育者能够关爱学生，拉近与学生的距离，帮助学生战胜困难，收获思想政治工作的教育成果。

（2）针对性。高校学生在新媒体时代的学习、交往、娱乐等行为方式和语言、生活习惯等方面都发生了巨大变化，这也影响了他们的思想观念、价值取向和道德标准等意识。为了更好地实施高校思想政治教育，需要以服务理念为导向，紧密结合高校学生的现实生活和思想观念，利用各种新媒体手段，加强对高校学生的思想政治教育，提高其影响力，从而实现高校思想政治教育目标，收获较好的教育成果。

在新媒体时代，坚持做好高校思想政治教育需要以开放与引导、平等与互动、服务理念为导向，融合以往教育模式和新媒体科技。同时，我们还需要寻找作用点使其发挥最大作用，注重整体效应和全方位发展，取长补短，保留特色，收获成果。

第三节　新媒体与高校思想政治教育融合的困境及原因

新媒体技术给高校思想政治教育变革带来了机遇，提供了强大的技术支持，但是，新媒体也使高校思想政治教育置身于前所未有的新环境中，面临着一些比较突出的实际难题。

一、新媒体环境对高校校园文化建设的影响

大学校园文化代表了一所大学的文化形象，承载了学校的文化内涵和底蕴，

所以各个大学都比较注重建设自己的校园文化。校园文化也是高校思想政治教育实施的一条重要途径。大学生生活、学习在校园之中，自然会受到校园文化的熏陶，校园文化所营造出的氛围，也在潜移默化地影响着高校思想政治教育的效果。但是，大学生又是大学校园文化建设的主力，在新媒体环境下，大学生们的生活与学习样态已然发生了明显的变化，这些变化影响着校园文化的内容构成。

（一）网络社交空间突破了校园文化中以"校园人"为主体的交往群落

在传统媒体环境中，大学生的主体交往群落为本校师生。在这种看似稍显狭窄交往范围的彼此交往中，大学生所交往的"校园人"其实已经在自觉或不自觉地传承着某所大学的校园精神。随着与周围人的频繁交往，大学生自身会逐渐彰显出某所大学特有的文化品格，并慢慢地将其内化在自己的思想和行为中，久而久之便潜移默化出自己学校人的独特气质，并生发出以身为"某某校人"而自豪的校园情结，自己的大学生活也日渐融进某所大学特有的校园文化氛围中，大学的制度文化、优良传统、大学精神的精髓也就随着时间的推移而在"校园人"之间传承、推展。校园文化在本校"校园人"之间的身心相传中得以存续、发扬。因此，相对于新媒体环境而言，传统媒体条件下大学生生活在特色较为浓郁的校园文化氛围中，交往对象比较集中、单一，在这种状态下，校园精神的传承和校园文化的建设更加凸显出身心相传的效应。

新媒体环境下，网络社交空间成为校园文化中非常活跃的文化元素。目前，网络空间已是大学生们表达思想、交流情感的平台，进一步拉近了人们彼此之间的距离。这种不同于以往传统媒体条件下的社交方式拓展了大学生的交际范围，丰富了大学生的交往经历。大学生借助网络社交空间甚至可以与生活中并不熟识的人成为关系密切的网上交往对象。以往大学生交往的以本校"校园人"为主体的交往群落只是当下大学生丰富交往对象的一个组成部分。随着大学生对网络社交空间的重视程度越来越高，他们对以本校师生为主体的交往群落的依赖性也就愈发淡化。而在大学生当前丰富的网络空间交往中，多元文化的交汇与碰撞既为校园文化的传承提供了不同于传统媒体条件下的物理空间，也使以校园文化为特质的身心传承在大学生网络化交往范围内愈加边缘化，从而淡化了其原有的特殊性与鲜明特色。

（二）新媒体时尚文化对传统校园文化的冲击

新媒体环境下，追求高科技电子产品、网络式阅读与网上消费、网络流行语成为校园时尚文化的组成部分。这些新的时尚文化丰富了校园文化的内容，也增加了校园文化的表现形式，对于校园文化建设而言无疑是有积极意义的，使校园文化建设具有了与时俱进的时代性。但是，在新媒体时尚文化的催染下，大学生求新求异的意识也被催发。以新媒体语言文化为例，新媒体语言文化催生了汉语表达中的一些流行的新词，虽以其新鲜、个性的表达丰富了中国传统语言的表述，但刻意追求新奇的、有着调侃与娱乐倾向的语言，破坏了中国传统文化中正常的表达语序与习惯，在一定程度上也让人无所适从。新媒体消费文化也滋生了一种不健康的消费心理——盲目攀比，在大学校园中，大学生对新媒体技术衍生的更新速度极快的物化产品如数码产品的求新求奇心理更是突出和常见，这对在大学校园文化中长期提倡的勤俭、勤勉的文化传统必然会产生一定的冲击。

（三）游戏文化对大学生课余文娱时间的消解

近年来，新媒体技术的另外一种载体形式——新媒体游戏在大学校园也颇为风靡。不可否认，游戏能给同学们在繁重的课业学习之余带来愉悦和放松的感觉，也能让大学生在游戏中享受各种新鲜的体验。但是，有些内容不健康的游戏占据了某些大学生太多的时间，有的大学生迷醉于自己所扮演的游戏角色，在虚拟世界中打打杀杀，分不清虚拟世界和现实生活中的自己，因为玩游戏而逃课、挂科、荒废学业的学生也大有人在；现实生活中，有的大学生沉醉于新媒体技术的影视作品中，崇拜所谓的"二次元"世界中的角色，将其视为"本命"偶像，在生活中刻意模仿其言谈举止，对现实生活反而反感以至于逃避，对现实生活中的优秀人物不屑一顾。沉迷游戏的大学生往往对学校、学院组织的校园文化活动缺乏积极性，不愿意参与其中，长此以往，必将造成这些沉迷游戏的大学生与现实生活的严重脱节，从而对大学校园文化建设产生一定的负面影响。

大学生群体是推动校园文化建设的主要力量，这个群体在新媒体环境下拥有了一些新的生存方式，而据此形成的有别于传统媒体时代的校园文化形态，也必将影响校园文化的整体建设。当前，如何恰当地引导、监督，成为大学校园文化建设中必须面对的一个严肃问题。

二、高校思想政治教育的效果问题

新媒体环境下的信息传播渠道与手段日益多元化,也因其丰富的信息量与富于个性的表达方式而颇受大学生群体的喜爱,对大学生的人生塑造产生重要影响。新媒体传播的正能量和健康、阳光的观念,强化着高校思想政治教育主渠道的教育效果,激发大学生群体形成正确的道德观、神圣的责任感,唤起年轻人的奋斗意识;然而,新媒体环境下由于信息传递海量陈杂,泥沙俱下,有些大学生人生阅历疏浅,对于一些颓废的、扭曲的价值观念也在潜意识里接受下来,从而导致某些学生对理想、信念缺乏坚定信仰,道德观念滑坡、意志力不强、缺乏诚信意识等一些消极现象凸显。

(一)教育者相对于受教育者的"权威性"日渐淡化

新媒体带来的信息开放平等使教育者与受教育者双方的地位变得愈来愈平等,甚至在一定程度上,淡化了教育者的主体身份地位。在新媒体环境下,信息资源都是面向全社会开放的,加快的更新速度也是其一个显著的特色。从资源利用的角度而言,高校思想政治教育工作者可以在丰富多彩的信息资源中及时获得与教育教学有用的各种教育资源,并将其整合到自己的工作中为我所用以充实教育内容。由于新媒体环境的开放性,这种信息资源的获得速度快,极大地节省了文献资料查找的时间,在一定程度上也节省了思想政治教育的时间成本与人力成本;而在课余时间,受教育者——大学生群体同样也可以很容易地获取各种信息资源,查阅各种资料,帮助自己更好地理解学习内容,提升学习效率。而网络社交使网络的无边界性彻底打破了大学校园的空间概念。大学师生即便身处校内,也可以十分便捷地与外界进行思想的交锋与碰撞。

在新媒体环境下的高校思想政治教育的教育方式已经发生了某些变化,比如借助于校园网的平台,组织一些有教育意义的活动;高校思想政治教育的课堂教学,更是引进了新媒体教育的素材,更加注重调动学生的主动性以及师生之间的课后交流等。基于高校思想政治教育工作者的清醒认识以及为之付出的努力,已使高校思想政治教育者面临的教育者的主体身份地位渐趋淡化的现状有所改进,但依然是当前新媒体环境下高校思想政治教育无法回避的一个非常重要的现实问题。

（二）教育教学质量的提升难度加大

思想政治课程教学一直以来是高校思想政治教育的重要组成部分。国家非常注重这一教育环节。相对于新媒体的便捷、多样的表达方式，高校思政课时长有限，内容基本不变，而且通常是以教师讲授为主，在多个方面具有劣势。大量新媒体虚拟信息内容直接影响了大学生在思想政治课教育方面所应该具备的素质。随着新媒体的发展和信息的爆炸式增长，高校思想政治教育怎样通过实际操作增强影响力，利用优点长处引导高校学生形成科学的世界观、人生观、价值观，已成为高校思政教育行业人员面临的紧迫问题。

在新媒体环境下，要使得广大学生在纷繁多样、良莠并存的社会现象面前不迷失方向，在形形色色的思潮面前不受迷惑，树立坚定的社会主义核心价值观，实现健康成长，不仅对大学生个人，大学生群体意义重大，更对我们国家的未来发展有着至关重要的作用。高校思想政治教育只有增强说服力和感染力，提升教学质量，才能承担起这项神圣的使命。高校思想政治教育的说服力和感染力的提高，最根本的是提高教育的信任度，使教育工作者的教育内容能让学生产生共鸣，形成共识，从而能够帮助学生在面对新媒体环境各种多元的信息流进行判断和选择的时候，能够具有敏锐的鉴别力，从而做出正确的取舍。

三、新媒体条件下教师群体工作环境变化的现实性问题

新媒体环境给施教者群体提出了诸多值得思考和亟待解决的问题。绝大多数教师愿意适应新环境的需要，在传统教学的基础上适时做出改变，这个主观意识是与时俱进的前提。

（一）某些教师的新媒体技术有所欠缺

在高校思想政治教育工作者中，有些教师对新媒体使用缺乏应有的技术储备，由于技术上的某些欠缺，导致在新媒体使用上出现一些偏差或不足，造成了在具体教学实践中有意无意间对新媒体使用的忽略或使用不当，也是客观存在的现实情况。在一些教师的日常工作中，新媒体的使用还仅仅局限于制作教学 PPT 和放映一些教学视频资料片。这种由于技术的欠缺而导致的未能有效使用新媒体的情况随着教师年龄的增大而趋向严重。所以，在新媒体环境下加强教师新媒体知识

的相关培训是一个现实的需要,而据调查反馈可知,教师的这种需求也比较强烈。

结合目前高等教育的实际状况分析,之所以会出现新媒体环境下教师技术上的欠缺主要有几个方面的原因。首先,教师的新媒介素养还需提高。面对新媒体环境,有的教师还未完全准备好,心理上虽给予认同,但实际工作中仍然沿用传统的教学手法,在一定程度上阻碍了对新媒体环境下教学方法的更新,传统教学习惯对一部分教师的影响较大,制约了他们对新媒体技术的关注与学习。其次,学校方面的培训呈现滞后性。新媒体环境的到来是不以人的主观意志为转移的,它悄然而至并影响了高校思想政治理论课的日常教学,这一点无人可以否认。但是,从目前情况看,教育者群体对新媒体技术的接受和掌握却是不均衡的。这种不均衡性表现为部分高校思想政治教育工作者的新媒体知识相对薄弱,未能很好地适应新媒体背景下的教学环境。目前,大部分高校都开展了针对新进校教师的多媒体应用技术的培训,而这部分人的年龄普遍较低,属于高校教师中的年轻群体,在新媒体技术层面知识层次也相对较高;从实际情况看,多数高校思想政治教育工作者是通过自学获取新媒体技术知识的,高校针对思想政治教育工作者的专门性、系统性的技术培训比较薄弱,缺乏统一的技术培训,这是导致教师新媒体技术欠缺的一个原因。再次,教师本身的精力与时间对新媒体背景下的教学投入显著不足。造成这种现象的原因是与目前高校教师的生存现状直接相关的。从目前的情况看,高校思想政治理论课教师的教学任务相对而言比较繁重,为完成现有的教学任务,教师们已经付出了大量的时间与精力;而除了教学工作量之外,教师的综合性评价在某种程度上越来越向科研倾斜,教师在完成课程教学之外,还要承担和完成大量的科研工作,而发表文章、申报课题、出版专著、编写教材等也需要大量的时间与精力的投入,受此制约,有的教师在教学手段的更新上显得力不从心。就此而言,新媒体环境下高校思想政治教育工作者对新媒体技术钻研的时间与精力的有限性,也在一定程度上制约了他们的新媒体技术水平。

(二)一些教学单位的新媒体教学设施更新滞后

在目前情况下,就教师层面而言,对高校新媒体设施建设有自身需求;而新媒体设备的完善能为高校思想政治教育的教师队伍提供有保障的软硬件环境,促进教师整体队伍建设水平的提高。

1. 硬件的更新问题

在教学中，如果要使用新媒体技术教学，计算机是必不可少的设备。如今，多媒体教室在高校已经相当普遍。但是，在有些学校的多媒体教室中，电脑设备过于老化，操作起来会影响速度和效率的情况也是存在的，亟待更新换代。

2. 软件的更新问题

除硬件的问题外，软件更新的问题相对而言更为突出。多媒体教室的电脑杀毒软件滞后，致使在使用 U 盘等配件时容易染毒；另外，网速也是一个现实问题，网速慢衍生出各种有关网络环境的问题也不容忽视，这些问题看起来虽是小事，但若在课堂上出现就会直接影响教师新媒体教学手段的使用效果。

3. 网页的更新问题

在使用新媒体技术的过程中，网络无疑是非常重要的。依托于网络所设计的网络教务平台是师生交流信息的集散地，作用突出。但是有些网络平台功能单一，虽也设有师生交流类的栏目，但是页面更新较慢、内容单薄、网页陈旧，很长时间看不到新信息上传，这样的页面是吸引不了老师与同学来登录的。网络平台的实际作用在现实中对于师生双方而言并未达到其预期的显示度与效果，此外，缺乏相应的专人管理也是造成这种局面的一个原因。

（三）部分教师对新媒体资源的利用不足

新媒体环境下，信息资源的开放性已经具有了非常好的条件。各种层次尤其是教育部组织的关于思想政治理论课教师的培训，定期举办的课程交流会也为高校的思想政治理论课教师之间的沟通与交流提供了平台，精品课程的录像也能在网上点击播放。分享心得、交流经验等环节较以前都有了一定程度的改善。但是，各高校之间在这方面的交流与沟通目前还不是很理想，各校之间的好经验、好方法还没有得到充分的交流和分享。

可以肯定的是，教师对新媒体环境给思想政治理论课带来的前所未有的机遇和挑战是有共识的，关键是如何应对新媒体环境变化的需要，建设一支素质过硬的教师队伍，是高校思想政治教育目前亟待解决的问题。

新媒体区别于传统媒体的诸多新特征在很大程度上增加了高校思想政治教育的难度，形成了新媒体环境下高校思想政治教育特有的困境。目前，在新媒体时代的高校思想政治教育方面，出现了仍需改进和完善的问题。在高校思想政治课程教学的具体内容方面，缺乏对顺应时代发展需要的具体问题的探讨。即使思想政治教育包含的内容持续更新，依旧无法跟上时代社会的发展。教学内容与学生的需要和期望之间存在较大差距，与学生的思想实际结合不紧。只有将新媒体资源整合在教育实践中，才能实现新媒体环境的优势最大化，使新媒体环境下高校思想政治工作呈现令人满意的效果。

第四节 新媒体视域下高校思想政治教育的机遇与挑战

新媒体作为当代最具有革命性的科技成果之一，以一种全新的信息传播方式加速了思想政治教育知识地传播，更好地满足了思想政治教育者和受教育者之间双向互动的需要，不断地推动着思想政治教育的发展完善；新媒体也使大学生思想政治教育面临着严峻的挑战，新时期大学生思想政治教育创新势在必行。

一、新媒体给高校思想政治教育带来了新机遇

（一）新媒体促进了思想政治教育资源的共享

新媒体时代各种信息传媒层出不穷，它的超大信息量，使思想政治教育内容丰富而全面，具有更多的客观性和可选择性。同时，新媒体的即时性克服了传统媒体信息传递时效性比较差的缺点，使思想政治教育工作者可以在第一时间把信息资源通过专门的网站、网页、电子邮件等传递到网络空间，供学生浏览、学习，大大提高了教育和工作的效率。

新媒体的不断发展，使思想政治教育内容的形态从平面化走向立体化，由静态变为动态，从现实走向网络。思想政治教育工作者可以通过面对面的形式，也可以通过手机媒体、电脑网络媒体与大学生进行交流、沟通。

新媒体也扩大了思想政治教育的覆盖面和影响力，使大学生通过新媒体获得广泛的社会信息的同时，也能接受思想政治教育信息，受到思想政治教育的影响，从而不断提高思想道德素质，大大增强思想政治教育的影响力和有效性。

（二）新媒体拓展了思想政治教育工作的空间、领域和模式

新媒体为高校思想政治教育工作开辟了新领域和新空间。数字技术、计算机网络技术和移动通信技术等使新媒体形成了巨大的网络体系，具有资源丰富、信息容量大、传输快捷和交互性强、形式多元、覆盖面广等优势，较之以往任何一种传播技术和交流工具都有根本性跨越。大学生借助多媒体手段可以跨越时间和距离实现思想交流、感情传达。在这一新的领域，随着思想政治教育内容的不断丰富，范围变得尤为广阔，形式变得越发多样，形态变得更加无形，形势变得更为复杂，难度变得越来越大。新媒体使家校联系在一起，通过新媒体手段，家长可以做到随时随地地了解学生在学校的生活、学习状态，这样可以使思想政治教育保持一定的连贯性。开展新媒体时代的高校思想政治教育，高校可以借助信息网络平台建立自己的思想政治教育网站，积极利用网站的信息传播空间进行思想政治教育的宣传，对大学生进行卓有成效的思想政治教育。同时，大学生可以借助思想政治教育网站了解政治时事，丰富和提高自己的思想道德素养。

新媒体为高校思想政治教育工作创建了新平台。传统的思想政治教育的形式局限于课堂、交流会，面对面的谈话等形式，这使得教育形式单一化，同时也受到时间、地域的局限。新媒体时代，高校思想政治教育可以借助新媒体技术，突破时间和地域的限制，借助丰富的、多样的思想政治教育内容对高校大学生进行教育。新媒体时代发展出一系列社交方式，例如QQ、微信、微博、网络论坛等，这些社交方式具有快捷、灵活、互动性强的特点，在高校思想政治教育的过程中发挥了重要作用。

新媒体为高校思想政治教育工作提供了新模式。传统的教育模式由于缺乏时代特征，已经不能与新媒体的时代特征完全接轨。传统的思想教育模式是一种单向的模式，是一种"一刀切"的模式，更多的是一种指令性的教育。新媒体背景下的思想政治教育的模式是一种双向的模式，借助新媒体技术，这种交流模式能够通过图片、文字、视频、音频等声情并茂的形式进行传达。新媒体时代的教育模式做到了两结合，一是将高校的校园文化与新媒体文化相结合，在发展新媒体技术的同时，促进高校的文化建设，丰富校园文化内容，拓展校园文化内涵，延伸校园文化功能。二是将大学生的成长与新媒体文化相结合，不断丰富大学生思想道德素质，促进大学生思维将"现实"与"虚拟"结合，促进思想政治教育与

新媒体价值影响的相互协调，在丰富高校思想政治教育内涵的同时，更好地营造健康向上，积极文明的高校文化氛围。

（三）新媒体扩大了思想政治教育工作的开放性和自主性

当新媒体的开放性与高校思想政治教育结合时，使得高校思想政治教育变得更加开放，一改传统教育方式和教育模式，使传统的信息渠道单一的状态变得更加多元化。当今社会，新媒体的开放性和自主性使得人们能够多元地表达个人思想，成为传播思想政治教育的新手段、新载体。在新媒体迅速发展的时代，高校大学生作为新文化的排头兵，他们运用新媒体获取信息的能力走在了时代的前列。新媒体时代的大学生表达话语权的空间日益增大，扩大的话语权使得他们在民主平等的思想政治教育环境中与社会上不良事件及风气作斗争，表达着自己的政治价值观。

网上思想政治工作要坚持网上宣传的主旋律，研究宣传形式的多样化问题，以适应网上思想政治工作的需要，不断改进方式方法，努力增强网上思想政治工作的说服力、影响力和战斗力。思想政治教育工作者要充分利用网络得天独厚的优势，把准时代的脉搏，弘扬时代的主旋律，在新形势下发挥思想政治工作的"服务保证"作用。

高校思想政治教育在新媒体技术的助力下，借助学科力量、教育者的力量帮助大学生进行思想政治教育。在新媒体的作用下，教育者与受教育者的地位处于平等状态，这种平等是地位的平等、交流的平等，这种教育模式使受教育者的主体能动性受到尊重，发挥了他们学习的主动性、创造性。

（四）新媒体增强了思想政治教育的可接受性

在思想政治教育工作中，教育者与被教育者之间的信任程度是影响和制约教育效果和教育质量的重要因素。在传统的思想政治教育关系中，教师总是处于"我讲你听、我打你通"的居高临下的位置，这就使大学生往往不愿意向老师讲真话，师生之间缺乏有效沟通与良性互动，导致大学生思想政治教育效率低下。

新媒体作为一种现代化的交流平台，打破了现实世界与虚拟世界之间的界限，从根本上改变了人们的交往方式。角色虚拟使交往者保持着相对平等的心态，平等地利用微博、QQ等工具，自由地畅谈自己的思想、观点，对自己感兴趣的话题发表真实的建议和看法，赞成什么，反对什么，都可以在网络中表达，畅所欲言。因此，在思想感情传达上，交往者可以直抒胸臆，容易达到交往的较深层面。新媒体条件下教育者与受教育者交流也如此。借助微博、QQ等新媒体，能够减少大学生的思想顾虑和心理负担，使其敞开心扉说实话，自由发表意见、观点。因而也带来了双方在人格、权利和地位上平等的感觉，有利于形成一种融洽轻松的氛围，从而消除师生之间的隔阂，增强师生双方的信任程度，使思想政治教育能有良好的教育效果。

同时，在新媒体环境中，角色还可以互换。在网络中选择和吸收各种思想政治教育信息时，参与者是以受教育者的身份出现的，而在参与网络各种信息的制作、发布等网络实践活动中，参与者将自己的思想、观点、看法及信息传播出去，这时参与者又成为教育者。这非常有利于教育者从中了解大学生的真实想法，从而使思想政治教育工作做到有的放矢，也有利于对相关问题进行较为深入的探讨，增强思想政治教育的实效性。

（五）新媒体技术的综合运用提高了大学生思想政治教育的时效性

检验思想政治教育是否有效以及效果的大小，其主要依据就是思想政治教育目的和意图的实现程度。而要想取得思想政治教育的最佳效果，内化是关键。新媒体技术的综合运用，为思想政治教育的创新和促进大学生思想政治教育的内化提供了新的契机。一是网络丰富的共享信息，为开展思想政治教育提供了充足的资源。二是网络传输的快捷性和交往的隐匿性，有助于迅速、准确地了解受教育者的思想情绪和他们所关注的热点问题，从而加强思想政治教育的针对性。三是网络主体的平等性和交往的互动性，有助于实现受教育者主动参与对话交流，有助于把教育转化为受教育者的自我教育，从而提升思想政治教育的实效性。四是网络传输的超时空性，扩大了思想政治教育的覆盖面，促进了思想政治教育的社会化。

另外，新媒体的开放性和超时空性，有助于大学生多元化观念和全球意识的养成；新媒体网络交往的自由性和平等性，有助于增强大学生的民主意识和权利意识；网络信息传输和更新的快捷性，有助于增强大学生的效率观念、竞争意识、创新意识；网络空间的匿名性，在减少外在约束机制的同时，也有助于大学生道德自主意识的提升。由此可见，综合运用新媒体技术，对于培养大学生的独立性、自主性、创造性等主体性品质，实现思想政治教育的最佳效果具有积极的促进作用。

二、新媒体给高校思想政治教育带来的新挑战

新媒体时代，信息的自由传播扰乱了信息传播的环境，容易造成媒体的失范，使得个人隐私、伦理道德、信息安全等一系列问题频频出现，这一切很容易对高校大学生的思想、道德、政治观念产生负面影响，给高校思想政治教育工作带来了极大的挑战。

随着以互联网为载体的"第四媒体"的渗透和普及，网络越来越成为各种社会思想交锋的前沿阵地。其中，网络舆情就是公众对互联网上传播的某一"焦点"或"热点"问题所表现的有一定影响力、带有倾向性的意见或言论的情况。对于高校思想政治教育工作来说，网络舆情已经成为思想政治教育工作者了解社会思想状况的"晴雨表"。因此，了解网络舆情，把握舆情动态，引领舆情方向，已经成为高校思想政治教育工作面临的新课题。新媒体技术正在时时刻刻地改变着高校大学生的生活、学习方式，这一技术的应用成为改变大学生行为模式的一大重要因素。新媒体的普及和应用给高校的思想政治教育提出了新课题，对新时期的高校思想政治教育工作提出了新的挑战。

（一）新媒体信息传播的"无屏障性"使大学生思想政治教育内容受到挑战

新媒体时代的信息传播在某种程度上可以说是一种"时间无屏障""空间无屏障""资讯无屏障"状态。在互联网上，每个人既可以是信息的发出者，也可以是信息的接收者。正是由于网络传播的这种交互性，所以网络上的信息良莠不齐、真假难辨，充斥着谎言、讹言、毫无理性的胡言等，浩如烟海的网络信息给大学生思想观念和道德认知带来深刻影响。新媒体负面影响的存在，加大了大学生思想政治教育舆论导向的难度，削弱了传统思想政治教育的功能和效果，使思想政治教育难度增加。

1. 思想政治教育主旋律受到冲击

当前高校思想政治教育的内容主要包括世界观、人生观、价值观以及社会主

义政治、道德与法制观念的教育。新媒体在拓展了大学生知识学习、知识选择空间的同时，也对高校思想政治工作的主旋律教育提出了前所未有的挑战。

在新媒体时代下，信息的传播途径日益增多，在网络中人们可以随时随地上传信息、发表看法，使用起来简单，传播速度快捷。不同地区、不同意识形态、不同年龄、不同职业、不同阅历的人可以同时在线匿名交流，这就使网上的交往环境变得相当复杂。而在现阶段针对新媒体中信息的控制和过滤技术又相对滞后，相关的法律法规尚未健全，对新媒体中信息传播内容的控制难度很大，这就导致不同思想观念、政治观点、价值观的广泛流行。

对于正处在世界观、人生观和价值观形成的重要阶段的大学生来说，还不能完全有效地对大量网络信息进行甄别处理，容易不同程度地受到西方发达国家资产阶级意识形态、价值观念和生活方式的影响，有些大学生对共产主义理想、社会主义信念、集体主义原则出现了动摇，这些现象都给大学生思想政治教育工作者敲响了警钟。

2. 违反社会道德的信息泛滥

新媒体的开放性使其所容信息庞杂多样，既有大量进步、健康、有益的信息，也有低俗、迷信甚至反动的内容。毫无疑问，这些垃圾信息形成的负面影响极不利于青年大学生的健康成长。

网络传播的门槛较低，每个人都可以成为信息的发布者，因此信息的质量良莠不齐，存在大量虚假信息，让人难辨真伪。网络信息的庞大令审查工作困难重重，一些网站为了获得高点击率而成为非法信息的传播者。垃圾信息成为伴随新媒体产生的一种营销手段，广告商未经许可所发送的大量垃圾邮件、垃圾信息，干扰了用户的正常生活。新媒体传播速度快、范围广的特征，给诈骗信息可乘之机，利用互联网实施诈骗的行为屡见不鲜。

网络谣言危害严重。在网络中，总会有一些别有用心的人凭空捏造包括文字、视频、图片等多种形式的信息谣言，妄图利用网民的亢奋情绪和巨大能量来达到某种特定的目的。在网络中，人们识别谣言的能力会大大降低，而谣言则能快速扩散，不断把人群的行为引向极端，直至造成破坏性后果。

（二）新媒体的传播特点对思想政治教育模式提出挑战

传统的大学生思想政治教育主要通过面对面的方式，与学生进行沟通交流，引导、启发学生加强思想道德学习，增加爱国之情，树立理想信念和社会责任感。这种教育方式情感互动性强，有针对性，交流的效果突出。新媒体的发展改变了大学生思想政治教育的环境，对大学生思想政治教育的过程、方法等提出了新的挑战。

1. 新媒体的发展使高校大学生思想政治教育环境趋于复杂

在信息科技不发达的情况下，学生们能够接触到的信息载体主要是报纸、电视、广播，而且政府和学校对这些载体传递的信息内容可以进行过滤，主动权掌握在思想政治工作者手中，他们坚持党性原则，坚持以社会效益为首而将不正确的观点、不恰当的信息祛除，以保证弘扬社会主义主旋律教育。在新媒体环境下，大学生受教育的空间广泛、自由，而新媒体的开放性特征使各种非主流声音，各种政治的、社会的谣言甚至危害国家安全的信息从网上到现实社会到处流传，给大学生群体造成十分消极的影响。在这种情况下，高校必须充分发挥党和政府在思想政治教育方面的领导作用，站在"培养什么人，如何培养人"这一事关社会主义事业发展的根本问题的高度，充分认识争夺互联网阵地的艰巨性和重要意义，要采取有效措施，有针对性地、以足够的主流网络信息占领网络空间，最大限度地减少非主流信息，引导大学生树立正确的世界观、人生观、价值观、道德观，增强抵制腐蚀思想的能力，确保大学生思想政治教育的实效性。

2. 新媒体的发展对高校思想政治教育的过程提出新要求

通过新媒体，大学生可以接触到各种各样的信息，包括各门类学科知识、时事报道、奇闻轶事，思想言论等。新媒体信息的传播跨越了时空的限制，通过传媒技术把世界各地的人们联系在了一起。各种不同意识形态、政治制度、文化背景下的思想观点混合在一起，极易导致世界观、人生观尚未完全成熟的大学生在面对新媒体中多元化的思想观念进行价值判断时，产生各种困惑。大学生在遇到社会上各种疑难问题时，急切希望得到能够令人信服的答案，解开他们思想上的种种疑问。但是，当学生日益通过新媒体来表达思想状况、心理需求时，就会给教育者的工作带来极大的难度。新媒体环境下，由于大多数人都通过各自的代号而非自己的真实姓名上网，教师无法知道究竟是谁在发表意见，不清楚学生正在关注什么、遇到了什么难题、思考些什么、想知道什么，因而大学生思想政治教育工作就难以做到切实地从学生的心理需求出发，有针对性地解决学生实际遇到的问题，甚至有时非但达不到理想的教育效果，还会引起学生的逆反情绪，产生负面效果。虽然当前许多高校都建立了自己的校园内部网站，开辟了思想政治教育专栏，但由于内容比较单一，形式缺乏灵活性，语言缺少生动性，缺乏对大学生实际心理需求的针对性研究，吸引力不强，而且对网站的管理与维护又相对滞后，网页更新速度慢，所以目前大学生对此类网站的访问量不大，效果欠佳。

3. 新媒体的发展使大学生思想政治教育方法面临挑战

传统的思想政治教育，使用较多的是摆事实、讲道理的教育方法。思想政治教育者通过课堂宣讲、个别谈心等面对面的方式，对受教育者动之以情，晓之以理，促使其提高思想认识、解决问题。这种方式的针对性强，反馈及时，有一定的优越性。但是，在新媒体时代，思想政治教育方法面临着新情况：一方面，讲课、谈心是一种必须在合适的地点、时间进行的教育方式，在新媒体环境下，学生受教育的空间广泛，比较自由，这种方式是否还能取得理想的教育效果？另一方面，教育的效果取决于教育者的现场发挥，教育者一般在精心准备授课的情况下，作为受教育者在现场很容易受到老师的感染，现场教育的效果也会很好，若是在新媒体环境下，脱离了现场教育的环境氛围，教育的感染力如何保证？面对新媒体信息传播的互动性、个性化、多元化、多样化等特点，创新大学生喜闻乐见的思想政治教育的方式，显得越来越紧迫。

（三）新媒体时代对高校思想政治教育工作者的权威性提出挑战

新媒体时代，大学生强烈的好奇心和对新生事物的认同感，使他们成为新媒体最早的接受者、使用推广者，而教育者却存在新媒体技术意识淡薄、网络技术水平差、缺乏接受新鲜事物的敏锐性、观念更新不够等不足之处，处于信息劣势的境地。因此，大学生思想政治教育工作者对新媒体的掌握、熟悉和运用，决定了大学生思想政治教育的发展。

1. 新媒体时代对思想政治教育工作者的信息优势地位提出了挑战

在传统大学生思想政治教育工作中，思想政治教育工作者既具有理论上的优势，又具有丰富的历史人文社会知识上的优势，加上多年知识信息的累积和对传统媒介的熟悉，具有绝对的主体掌控地位。思想政治教育者不仅"掌控"着思想政治教育的内容，而且"掌控"着思想政治教育的整个实施过程。在教育过程中，可以及时把握社会政治、经济和文化动态，并将之与思想理论教育相结合，使教育形式更加丰富，内容更加充实，同时充分展示个人的教育魅力，从而增强了思想政治教育的吸引力。

在新媒体时代，这种格局开始被打破。大学生作为使用新媒体的主力军，对各种社会现象非常敏感，他们借助新媒体可以便捷迅速地寻找和吸收自己需要的信息，完全绕过了大学生思想政治教育主体这一传播思想政治教育理念的根本媒介，久而久之，大学生思想政治教育工作者的教育主体和教育主导者的地位受到了"撼动"。受教育者和教育者的地位由隶属关系变成相互学习、相互促进的平等关系，从而改变了受教育者自身在传统教育中知识信息劣势的格局。这无疑对传统思想政治教育工作者的主体地位提出了严峻的挑战。

2. 新媒体时代对思想政治教育工作者的知识结构提出了挑战

新媒体技术的出现，对大学生思想政治教育工作者的知识结构提出了挑战。新媒体打破了知识传授单向的传输模式，信息的多向性为大学生提供了较多的选择空间，学生的自主学习能力得到加强，有时候甚至会出现教育者所接收的信息迟于或少于被教育者的现象。在新媒体所构建的平等的交互性的平台上，大学生的主体意识会被极大地调动起来，影响并改变着他们的认知方式和接受方式。由于获取信息的渠道更宽，接触不同观点的机会更多，大学生不再像以前那样被动地接受教育者的灌输和安排。他们用自己的是非观、判断力，选择自己认为正确的观点，在主动获取知识的同时，要求与教师平等对话，这既反映出教育的进步，同时也对教育者的知识掌握提出了更高的要求。思想政治工作者只有学会科学评估和研究互联网络对大学生思想政治工作所产生的全方位影响，不断加强网络知识和技能的学习，提高与学生网络沟通的能力，才能真正成为大学生健康成长的指导者和引路人。

3. 新媒体时代对思想政治教育工作者的素质提出了挑战

在思想政治教育过程中，思想政治教育工作者的素质包括思想素质、政治素质、文化素质等多方面。通过提高思想政治教育者的相关素质可以有效地提高思想政治教育工作者的人格魅力以及对受教育者的吸引力，进而使得受教育者能够心悦诚服地"追随"思想政治教育工作者的脚步，根据教育工作者传授的理念和内容形成符合社会发展的思想观念和行为方式。新媒体条件下，随着网络信息技术异乎寻常的迅猛发展，大多数思想政治教育内容和理念通过网络这个新媒介以不同的方式展现出来，极大地吸引了大学生的眼球。相比于思想政治教育工作者的谆谆教诲，大学生们则更喜欢通过网络来了解和吸收自己所需要的知识。

要通过网络引导的方式来指导大学生正确探寻所需信息，大学生思想政治教育工作者除了要具备政治、文化等基本素质之外，还要有基本的网络素质以及筛选信息的能力，这就给大学生思想政治教育工作者的素质水平提出了更高的要求。建设一支具有较高思想道德素质、政治理论水平、良好的心理品质和一定的创新能力，熟悉网络且能熟练地操作多媒体的高素质的思想政治教育工作队伍，是新媒体时代下解决大学生思想政治教育困境的必由之路。

第五节　新媒体视域下高校思想政治教育的发展趋势

新媒体作为数字化技术的衍生物，已经自然而然地影响了当下人们的生活、工作和学习，也在不知不觉中为高校的思想政治教育营造了一种必须关注的氛围——新媒体环境。就目前而言，新媒体环境给高校的思想政治教育带来的影响主要都是基于新媒体的诸多优势以及新媒体在一定程度上不以人的意志为转移的强大的辐射力而形成的。因这种辐射力前所未有，对高校思想政治教育必然会产生强劲效应，事实上也在一定程度上促进了高校思想政治教育的变革。从历史的眼光来看，为应对日益多元化的新媒体环境，高校思想政治教育工作日益呈现出以下发展趋势。

一、开放程度越来越高

新媒体环境是一个开放的环境，它所带来的信息技术等成果附属品都是面向全社会公开的。新媒体环境将每个个体的人置于其下，人作为受众，已经成为新媒体的一部分而不可避免地受到新媒体环境的影响。

随着技术的进步和形式多样化的普及，新媒体环境的开放程度也会越来越高。高校思想政治教育离不开也不可能离开新媒体这一个"大环境"而实行"象牙塔内的封闭教育"。高校思想政治教育的实施既然必须在新媒体环境中进行，教育层面的改革也必须要考虑到新媒体环境甚至必须运用新媒体技术给予支持，教育效果的检测也必须与新媒体环境相联系才能反馈出真实性。而更重要的是因为高校思想政治教育的实施过程与其中的步骤、环节都与新媒体环境密切相关，新媒体环境的开放性决定了高校思想政治教育环境也将会越来越开放，这是新媒体环境下高校思想政治教育发展的一个鲜明趋势。

新媒体环境为高校思想政治理论课教学提供了开放的教育平台，使高校思想政治教育在教育主客体上的平等性和交流互动性都在日益增强。一方面，教学主客体面对的环境是同一的，获得信息资源的渠道是平等的，体现了新媒体环境下资源共享的平等性。因此，在这个意义上，没有教师比学生有优先的对比，双方都有获得相同信息资源的权利，教师看到和得到的资料，学生也同样能看到和得到，区别只是在于双方看待问题的视角不同；大学生朝气蓬勃，有着大学生这个年龄段特有的青春气息，他们从自己的角度关注世界，获取和感受信息；教师由于阅历，看待问题的视角自然与学生不同。另一方面，在新媒体环境下，教学主客体的表达渠道是平等的。教师与学生都运用新媒体环境下的各种形式表达自己的意见、发表自己的观点，双方在沟通与交流的状态中体现为平等的对称性。一般情况下，除了设置专门的权限，教师与学生谁都没有比谁有更优先的发言权，大家的交流是开放和平等的，是一种平等的参与。正是由于这种师生双方表达渠道的畅通平等，新媒体环境下教师与学生的距离拉近了，交流机会增多了，不再局限于面对面的探讨，也不仅仅受限于传统意义上的电话询问或是纸质信件的往来，而是在越来越多的交流路径中实现互动。由于减少了交流与沟通的障碍，拓展了交往的渠道，时空限制的影响大大缩减，师生双方交流在新媒体环境下变得更为快捷，而微博等的使用也为师生的交流提供了更多能够及时互动的条件，便于双方迅速了解对方的所思所想，并给予及时的反馈。

二、思想政治教育手段日益灵活多元

教育手段日益灵活多元是高校思想政治教育在新媒体环境下发展的又一趋势。作为数字化技术的应用载体，新媒体在实践手段上是多样化的。在此背景下，新媒体技术的使用更是丰富了高校思想政治教育的表现形式，使思想政治教育手段日益呈现出多元化发展的态势；而为了适应新媒体环境所进行的思想政治教育教学改革，在某种程度上也会促进教育手段的丰富，这也是增强思想政治教育的说服力和感染力、提升教育实效性的必由之路。

目前，关于高校思想政治教育手段的探讨已经取得相应的进展，灵活性与多元化的发展趋势也日益明朗。以高校思想政治课教学为例，部分教师根据教学的需要，适当地在教学中穿插与课程内容相关的视频资料，或者即时插入学生根据自己对学习内容的理解而制作的 DV 短剧作品等，这些手段的融入与运用，相对于单一刻板的教师主讲式的口授形式，增强了教学内容的感染力和说服力，能更好地帮助教师清晰而生动地表达课堂教学内容，对课堂教学具有很好的辅助作用。网上提交与批改作业也是一些高校思想政治理论课教学中常用的举措，这不仅省去了收发作业的烦琐，教师还可以及时对学生的作业做出批注，学生也可以及时了解到自己的作业情况；另外，师生也可以通过微信实现交流，双方可以就一些感兴趣的问题进行探讨。可以说，这些教学手段的引入突破了单一的授课地点与固定学时的局限，师生双方缩小了距离，增多了交流思想、分享心得的机会，拓展了师生沟通的渠道，也逐渐创建了一种新媒体环境下新型的师生关系。

在新媒体环境下，创建教辅专区也是常用的一种手段。新媒体环境为教辅专区的创建提供了技术上的支撑。教师可以将自己的教案与课件挂在网上固定的空间（比如上传至教学公共邮箱等）并做到随时更新；也可以将课堂上没有时间讲解的案例等做成文件包，让学生在课前课后自主学习，实现有针对性的预习与复习，从而强化学生对课堂教学内容的理解和消化；还可以创建习题库，提供与课堂教学内容相关的各类题目，让学生可以根据自己的时间去调整其学习计划，不必拘于课堂有限的时间去完成，还可以检测自己的学习效果，有效地实现教学反馈；教学团队还可以利用新媒体资源与条件，就大学生关注的现实问题和理论教育中的重点、难点问题等构建实验教学模型，例如建构体验式的虚拟实验室，通过模拟场景让学生进入模拟的教学情境。当今社会，信息科技飞速发展，大学生每天接触庞杂的信息流，多元的文化观、价值观也在潜移默化地影响着他们的身心成长。价值建构实验室采取多样化的灵活方式，运用仿真技术设置模拟环境，包括对大学生成长环节以及今后人生中的一些场景的模拟，让学生在具体的体验过程中接受教育，提升素质，在多重的可能性中自己做出选择，形成自己的价值判断，树立正确的世界观、人生观和价值观。这种实验教学手段以具体而鲜活的体验向学生呈现教学内容，尤其通过对实验结果数据的分析，可以检测课堂教学的实际效果，获得真实的教学反馈资料，实现课堂教育和日常教育的延伸功能，对于跟踪研究思想政治教育的长远效果大有裨益。高校思想政治教育工作者还可以利用新媒体环境创建类似于"论坛中心""心灵家园"等互动社区，把大学生的关注点引导到特定的方向和问题上来，提高大学生的思想认知和心理健康水平。

利用新媒体环境创建各种游戏也是高校思想政治教育改革中的一种新尝试。教育者根据教学内容的需要，与技术公司一起研发教育题材的游戏，比如励志游戏、红色主题游戏等。在游戏的设计上秉承寓教于乐的理念，格调健康向上，在游戏中植入核心价值观，使学生在游戏中潜移默化地提高思想意识。另外，教育工作者可以根据学生对游戏的使用效果进行跟踪分析，从而对新一轮的游戏研发提供了宝贵的建设性意见，以促进良性循环的形成。

总之，就目前而言，新媒体教育手段的丰富在一定程度上打破了高校思想政治教育的单一刻板，以生动多元的表现形式增强了高校思想政治教育的感染力和说服力，从而提升了思想政治教育的实效性。但是，随着新媒体环境的开放程度愈来愈高，高校思想政治教育的难度也会越来越大，对教育手段更新的要求也会越来越高。所以，关于教育手段的探讨将会永远持续下去，这就必然带来教育手段的日益灵活和多元化。

三、新媒体环境对教育工作者的新媒介素养要求将会越来越高

新媒体素养是高校思想政治教育工作者在新媒体环境下所必须具备的综合素质。与传统媒体主导时代的高校思想政治教育相比，新媒体环境下，高校思想政治教育工作难度加大，任务艰巨，如何在错综复杂的新媒体环境下，落实好高校思想政治教育工作，使之更具感染力和说服力，真正实现育人功能，是新媒体环境下高校教育工作者时刻都要面对的议题。随着新媒体技术的深入普及，对教育工作者的综合素质要求也会越来越高。新媒介素养大致包含两个方面，一是技术层面的媒介素养；二是建立在人文素养基础之上的，对于媒体产品与媒体信息的评估选择层面的媒介素养。

新媒体是基于数字化技术主导的一种延伸，在信息技术迅猛发展的时代有着广泛的使用空间。数字化是以计算机技术为依托的技术处理过程，新媒体又是在数字化技术背景下出现的新的媒体形式。新媒体也只能在数字化技术背景下才能实现其多种多样的功能，为人们的学习和生活提供广阔的使用空间。新媒体有别于传统媒体的新特点给高校思想政治教育带来了突出的变化。媒介素养是新媒体素养中的一个基本方面。身处新媒体环境下的高校思想政治教育工作者，必须掌握一些基本的操作技术来应对这种环境给高校思想政治教育带来的变化。

新媒体的传播形式多样、迅速快捷在一定程度上影响了高校思想政治教育教学，增强了高校思想政治教育教学的难度。在新媒体背景下，学生获得信息的渠道多种多样，而某些不健康的文化思潮对正处于人生成长关键期的大学生们是不利的。在新媒体环境下，如何真正发挥思想政治教育的主渠道作用，为培养高素质人才做出更大贡献，是当前高校思想政治教育工作者面临的一个严峻任务。要解决好这一现实的问题，就必须关注新媒体环境下教育者的人文素养。如果说媒介素养是一个硬件层面的要求，新媒体环境下的媒介素养就是一个软性的综合层面的要求。媒介素养虽然是对师生的双向要求，但更主要的针对群体是高校思想政治教育工作者。新媒体素养所包含的内容十分广博，其中深厚的人文知识底蕴是必要的前提。高校思想政治教育是一项系统工程，对于教育者知识积累的要求非常高。新媒体环境下，简单的说教式早已不能适应教育的需要，不仅在形式上过于陈旧落伍，在深度上也显得过于肤浅。而新媒体环境下的信息流量巨大，每天面对庞杂的信息，如何甄别真假，进行正确的选择，这需要具有丰富的知识储备作为依托，只有"底子厚，视野宽"，才能具有拒绝消极负面信息的能力，选择恰当的教育素材，在教育中给予学生正确的引导。可以说，新媒体环境下，教育工作者良好的人文素养也是保证高校思想政治教育实效性的重要条件之一。

道德法律层面的素养也是新媒体素养中的重要内容。在新媒体日益开放的环境下，人的主动性、自由参与度日渐彰显，可以说，新媒体环境为实现人的某种主观诉求提供了现实的路径。新媒体环境虽是开放性的，但是在某种程度上对个体而言又是隐匿的。所以，新媒体时代的自由应该是有限度的，需要人的道德自律与法律约束层面的主观意识。面对新媒体时代，越来越需要清醒理智，谨言慎行。例如在网上发言，要负责任地说话，面对不同意见的争论时，更要以理服人，

第二章 新媒体视域下的高校思想政治教育

注意文明用语，更不能僭越法律，这样才能营造健康的新媒体氛围。高校思想政治教育是系统的育人工程，这一工程的具体实施要靠师生双方，但是对教育工作者的要求更高。就目前情况来看，教育者在这方面的素养还有提升的空间。而随着新媒体环境的愈加开放，人的主观自由感在新媒体平台上也随之增强，在这种场景中，思想政治教育工作者的道德法律素养是高校思想政治教育有效实施的重要保障，直接关系到新媒体环境下高校思想政治教育的实效性。

总之，高校思想政治教育的主力军是教育工作者，他们既是教育理念的实施者，也是教育手段的践行者。在新媒体环境下，教育者的良好素养是高校思想政治教育工作与时俱进的必然要求，也是实现教育目的的有力保障。

第三章　新媒体视域下高校思想政治教育的理论指导

在新媒体时代的大背景下，高校思想政治教育不仅仅是知识传授和意识形态的灌输，更是一个深刻的引导与塑造过程。本章主要介绍新媒体视域下高校思想政治教育的理论指导，包括三个方面的内容：马克思主义理论的指导、国外关于价值观教育的经验借鉴和高校思想政治教育对心理学的借鉴。

第一节　马克思主义理论的指导

马克思主义基本理论是我国各方面事业发展的可靠指导。大学生思想政治教育必须重视马克思主义学说。大学生思想政治教育归根结底就是人的教育，就是要培养出全面发展的人才。对马克思关于人的全面发展学说进行研究和借鉴，有益于更好地开展大学生思想政治教育。

一、马克思关于人的全面发展学说的内涵

社会的问题根本上是人的问题，社会的发展根本上是人的发展，人类的全面发展才可以带动社会的发展。马克思的人学理论提出，教育是一种提高社会生产的办法，同时也是促进人的全面发展的唯一途径。在当今高校的思想道德教育中，马克思的人学理论不仅是促进人的全面发展的重要内容，同时对于大学生的思想政治教育有着十分重要的推动作用。

马克思的人学理论具有丰富的理论内涵，充分对马克思关于人的全面发展学说进行学习和研究，对推动社会主义初级阶段的发展具有重要战略意义。对于人的全面发展学说，马克思提出了三个层面的内涵。

(一)人的全面发展是人的能力的全面发展

社会发展的本质是人的发展,人的发展逐步向全面发展进行是一个必然的历史演变过程。社会是人的生活场所,人在社会中生存一定会与人、与社会产生各种联系。社会发展必然会引起社会分工,社会分工的发展就需要通过人的全面发展进行。为了实现人的全面发展,就要求人在体力和智力、能力和志趣、道德精神和审美情趣方面进行全方位发展,以此实现各项的统一,比如生存与发展、精神物质劳动与生活享受、体力与智力。在人的全面发展学说中,马克思认为人作为一个完整的主体,将会以一种综合的形式,把自身多方面进行全方位和谐和发展。人的全面发展一定是在科技的高度发展和大工业生产的前提下形成的。革命属性和先进属性是大工业的显著特点,它的生产活动对劳动者的要求有着本质的转变,同时具备几种技术或能力的劳动者会替代片面发展的只掌握一种技术或能力的劳动者,以这种方式促进大工业大发展,同时促进只掌握一种技术或能力的劳动者进行学习,发挥自己的内在潜能,以人的全面发展推动社会的全面发展。所以全面发展的主体是社会全体成员,而最终的发展结果将转化为社会成员的权利。

按照马克思人学理论的指导,可以将人的全面发展理解为能力的全面发展,全面发展的能力不仅涵盖智力与体力,更重要的是内在和外在的人能发展一切的能力。马克思指出,全面发展自身的能力就是要作为全人类的职责所在和重大的使命:将人类被赋予的一切能力通过劳动加以开发,最终将人的潜在可能性最大限度地开发与落实,使人成为全面的人,推动社会向前发展。

马克思在关于人的全面发展的理论中提到的能力可以概括为以下两大类。第一类是显性的能力,这种能力主要是从人的外在条件体现的,比如人的德行、智力和体力等等;而第二类则是隐性的能力,这种能力不能从外部直接看出,是一种运用自身的知识和技能去解决问题的内在能力,如思维能力、判断能力、逻辑能力等。不论是显性能力还是隐性能力都是人的全面发展的重要内容,想要成为完整的人就要充分激发自己的全部潜能,全面发展各方面的能力。并且,这些能力不是相互独立的,它们之间有着错综复杂的关系,相互依托、共同作用。例如,人的智力与理解能力、思维能力等有一定的联系;人的体力、意志力等都包含着一定的自然力;人的社交能力需要依靠思维能力、逻辑能力、表达能力等。

人的全面发展需要一系列具体条件才可以开展。思想政治教育是实现人的全面发展的必然途径，既可以提高人本身就具有的能力，又可以引导和激发人的内在能力。在马克思关于人的全面发展学说的理论指导下，人能够充分认识自然，认识社会，作为主人翁推动历史前进和社会发展。

（二）人的全面发展是人的个性的全面发展

人的个性指一个人在思想、性格、品质等方面的独特性，表现在一个人的行为方式、情感方式等方面。人们在生活中体现出的外在能力、性格特质、心理倾向等都属于个性，根据不同的个体，这种个性是不同的，具有独特性和差异性。个性的最高表现形式为人的创造能力，它的本质是主体对现实的超越。

个性发展是马克思主义关于人的全面发展理论的核心内容。马克思在研究中十分注重人的发展的研究，因为人的存在才有人类历史的存在。马克思主义提到的个人发展指人的全面、自由、和谐发展；他所指的个人是社会中的人，而不是单独存在的个体。人的个性发展是一种本质发展，因为人的个性是人的本质体现。发展个性，就是人的内在构成要素的协调发展，同时也是各种心理要素的完善。因为每个个体具有特殊性，所以人的全面发展要尊重这种个体差异性，根据不同个体的个性、心理、兴趣等进行不同发展。

1. 人的个性首先体现在个体的独特性

人存在个体差异，如果无视这种独特性进行无差别的教育，则会影响人的自由发展，这对人的全面发展是不利的。采用无差别的固定发展模式会限制人自由发展的空间，会影响人的个性发展和创造力的发展。马克思提倡的全面发展是一种尊重个体、注重个性的发展方法。马克思认为在确定人的全面发展的大目标后，要进行尊重个体个性的发展方式，虽然最终目标是每个人实现全面发展，但在实现目标的路径上应该根据个体差异而进行。因为，马克思认为，人的个性是推动社会发展的重要动力，不可忽视。

2. 个性发展体现在个体的自主性发展

自主性发展建立在人的全面发展基础上，指人按照自己的意愿进行个性化发展。以马克思的思想观点作为基础，可以认为独立、自主、自由是一个连续的发展过程，只有个体达到独立才能形成个体的自主，只有个体自主才能达成个体自由，而只有在自由这一个基础条件下才会形成个性。真正意义上的全面发展是以尊重个体为基础的，保证个体的独立性，进行有个体差异的多样化发展，而不是固定模式的单调发展。只有充分地发挥出个体的差异性，才可能激发出个体的全部潜能。为了使人们的个性得以彰显，就要为每个个体在社会中提供空间，并为个体提供充足的发展时间。因为想要促进全人类的全面发展，就要尊重每个个体的个性，让他们的独特个性有机会得以充分展示，只有这样，才能充分激发个体的活力和生命力，才可能实现个体内在潜能的发展，从而实现全面发展。

3. 个性发展是人的主体性水平的全面提高和发展

人的主体性是人的个体体现出的特殊属性。主体性是人在实践活动中所表现出来的能力、作用、地位，也就是人的目的性、自主性、能动性、创造性等特性。人的主体性的全面发展一方面指使其特殊性充分发挥，另一方面指人成为自然、社会以及自身的主体。按照马克思的理论，可以理解为通过发展人的主体性，人会成为社会的主人，成为自然的主人，进而成为自身的主人，一个完整的自由的人。

4. 个性发展是人的价值全面实现

这里提到的价值指两个方面，一方面是人对全社会体现的价值，另一方面是社会对全人类体现的价值。对于人自身而言，其不仅是价值的客体，还是价值的主体，是主客体价值所在。在社会大环境下，人不只是价值的受众群体，也能创造价值。人的价值一般表现在个人价值和社会价值两个方面，两者相辅相成、紧密联系，个体通过社会实现自我价值，在这个过程中也体现了个体的社会价值。个体是具有差异性的，所以个体的价值也各不相同，人的价值不可能被模式化，也不可能由外界进行设计和打造。人的价值是在尊重个体个性的前提下，表现出来的一种形态。

在过去很长一段时间内，教育者在对学生进行思想政治教育的时候，往往把重点全部放在人的社会价值上，人的自我价值却被忽略了。虽然社会价值是人的价值的主要体现，人的自我价值也是通过社会得以表现的，但随着社会的不断发展和进步，不难发现人的自我价值在推动社会发展中也占据着重要地位、起到重要的作用。按照目前的社会发展来看，人的全面发展，人的自我价值实现，将会成为推进社会发展的重要力量。所以，学校在进行思想政治教育时要尊重学生的个性，要为他们实现自我价值提供时间和空间，让他们的个性得以展现，帮助他们实现全面发展。人的个性发展是符合社会价值的，是一种人性化的自由化的发展。

人的全面发展的性质决定了人的任何状态都是历史性和暂时性的，并没有哪个具体的状态意味着发展达到了最终程度，它永远是一个阶段性的状态。全面发展并不会到达某一个阶段就停止，它没有一个具体的最终形态，这种发展是人的一生都在进行的。所以，不能让学生认为毕业就代表着发展的终结，毕业只是一个阶段的结束，马上就应该开启下一个阶段。能力的发展是没有终结的，全面发展是一个长期的过程。目前还存在很多对全面发展的不正确认识，比如对教育目标进行过度设计、对自身价值体现的忽视、对文凭等证书的过度看重等。我们应该让学生理解，全面发展是一项终身事业，是需要不断努力、循序渐进地去实现的目标。

（三）人的全面发展是人的需要的全面发展

按照马克思的思想理论，人是追求全面发展的，但总会有一些社会因素对其进行干扰，让人们不能自由地全面发展。在过去很长一段时间内，人们的需要总被社会压抑，想要促进人的发展，就要建立使人能够解放的社会形态，社会的发展方向要以人的解放作为指导，力争建立符合人性发展的社会。

人的需要是想要获得客观事物的心理倾向，是根据内外部客观环境做出的反应，它源于自然性要求和社会性要求，同时它还可以从内部推进人的全面活动。人在开展全面活动时，可能形成多层次的需要体系。例如，挖掘出个体的潜在能力并最大限度地发挥；个体精神世界更加全面而深刻；道德观念和自我意识的相对全面性。马克思提出，人的需要就是人本性的反映，这说明个体按照意愿开展活动以获取自己的需要，是个体的权利，同时这种发展可以促进人的全面发展。人的需要具有丰富性和普遍性，发展这种人的需要是人全面发展的条件，只有满足人的需要才可能实现人的全面发展。人的需要不是模式化、固定化的，而是根据人的独特性有不同的需要，个体通过对这种独特性的需要进行探索和发展，最终实现人的全面发展。而且，需要是持续的，会不断有新的需要产生，不停地探索和追求就是发展的过程，所以需要的发展促进人的全面发展。

二、人的全面发展学说对大学生思想政治教育的理论指导

（一）要求学生思想政治教育以大学生全方位协调发展为宗旨

要实现人的全面发展就要进行全面且良好的教育。以马克思关于人的全面发展学说为理论基础，联系当今大学生的学习生活状态，高校进行思想政治教育必须具有时代性，教育目标要以大学生的全面发展为重点，提高大学生的整体素质，为他们今后的全面发展提供基础。具体表现在以下三个方面。

1. 人的身心的全面发展

根据当今社会状况以及大学生的生活思想状态，进行符合大学生全面发展规律的思想道德教育，要注意尊重学生的个性，采用多种渠道和方式，打开思路、拓宽视野，全方位地促进大学生身心健康成长。现在是一个竞争激烈的时代，不论是学校还是社会都充满了各种竞争，很多学生无法自己调整好心态，导致一些心理问题的出现。这时，就需要高校进行适当的心理疏导来帮助学生面对和解决自己面临的问题。教育者要开展思想政治教育，让学生们可以正确地认识自己、认识他人，能够在激烈的竞争中保持良好的心态，帮助他们进行心理疏导，引导他们进行自我疏导和自我调节，面对挫折和挑战要保持积极向上的乐观态度，帮助他们全面发展，形成健全的人格。

2. 人的活动能力的全面发展

人的活动能力包括认识能力和实践能力。为了发展认识能力，应该鼓励学生深入实际，调查研究，获得丰富的材料；还要勇于思考，善于思考，透过现象看到本质。为了发展实践能力，应该鼓励学生积极参加实践活动，丰富自己的认识，要杜绝认识先于实践的唯心理论。要调动学生发展自我的积极性，根据个体个性激发他们的内在潜能，全面发展学生的活动能力。

3. 个体和社会的协调统一与全面发展

协调发展是人的全面发展的重要内容，也是人的全面发展的前提。人的协调发展指人与社会、自然、自身之间建立和谐关系，进行协调性的发展。高校进行思想政治教育，应该同时注意这几种关系，让学生能够与社会、自然、自身进行协调发展。

教育者在对大学生进行思想政治教育的时候，要注重实践，不能单纯地授以

书面的理论内容，要根据不同学生的不同情况进行合适的教育。走进学生的生活，全面了解学生的学习和生活，在了解学生面临的具体困难后，再与其进行沟通和交流，帮助他们构建健康向上的心理状态，帮助学生正确地对待社会，对待他人，对待自己，帮助他们全面发展。对校内的困难学生要给予特别重视，帮助他们完成学业，帮助他们形成正确的认识，让他们可以以健康良好的心态和状态进行学习和生活，为他们今后的发展打下基础。

在对大学生进行教育的时候，要重点培养他们的自立意识、竞争意识、效率意识、民主法制意识，求知精神、科学精神、服务精神、开拓创新精神等，要引导学生以全面发展为目标要求自己。

同时还要培养学生的自觉主动性，让学生可以自主学习、自主发展，使学生可以自我协调地发展。当今大学生存在着信仰缺失的问题，导致他们没有人生方向和奋斗目标。教育者应该对他们的心理模式以及内心需要进行探索和分析，挖掘学生的内在潜能，激发他们的活动动力。按照马克思人学理论的思想，培养学生健康向上的世界观、人生观和价值观，让他们找到人生理想和前进的方向，建立良好的意志品质和道德理念，促进学生健康成长、全面发展。

（二）要求大学生思想政治教育充分尊重发展的差异性

马克思的人学理论关注人的全面发展，但也没有忽视人的独特性，他提倡在尊重人的个性的基础上进行全面发展，只有这样才能激发出人的潜能，实现全面发展的目标。

随着时代的发展，除了科学技术的进步之外，人的理念和观点也发生了转变，人的主体性成为推动社会进步的核心，人们的主体意识不断增强。主体性是人的本质属性，忽视或者压抑人的主体性是违背发展规律的行为。在当今社会，人的主体性发展渐渐地不再受到压制，人们的主体性得到解放，开始更为全面地发展。

在当今社会，高校开展思想政治教育不再像传统的教育模式那样，填鸭式地向学生灌输知识和理论，忽略学生的主体性，将学生作为一种载体和工具进行教育。而是将学生作为教育活动的主体，尊重学生，根据学生的个性特质进行适当的教育。学生的主体性发展对其全面发展有着重要作用。如果不考虑学生的主体性，学生在接受教育时会失去动力和热情，也不会主动进行思考和研究，这样不会有好的教育效果，也无法提高学生的能力。

进行思想政治教育的目的之一就是培养适应社会的人才，而现在这个时代需要具有创新精神的人才，这样的人才只有在尊重个体的主体性的基础上才能培养出来，因为创新精神需要强大的内在动力支持。个性是主体性的独特表现，创新精神和创新意识是个性发展的一种表现形式，不能只强调这种表现形式而忽略个体这个整体。如果只强调个性中的一个方面，会导致学生的个性发展出现片面性，不利于学生的全面发展。为了全面发展学生的个性，高校应该进行教育制度改革，要通过正确引导、调动学生的主观能动性，激发他们的内在潜能，以此促进学生的个性自由、全面发展。这需要高校通过各种方式方法进行多样化的教育，尽可能地满足学生的个性需要。

全面发展和个性发展应该同时进行，他们的发展方向和目标是一致的，全面发展是个性发展的基础，个性发展是全面发展的条件。因为内部原因和外部原因，每个学生都存在独特的个性，他们的外在条件、心理特征、兴趣爱好和人生理想都不相同。学校应该在尊重学生的个性的基础上进行思想政治教育，要重视学生独特的个性，个性得到发展才能更好地激发其内在潜能。学校应该树立一个基本的育人目标，包括德、智、体、美、劳各个方面的内容，然后以此为基准，根据学生的个性进行不同的教育，采用最适宜的方法，选用最合适的内容。教育者要充分了解学生的个性，还要对学生的个性发展加以重视，也要对学生的全面发展使用适配的方法加以引导。要想学生们具备创造精神，那必须在尊重个性的基础上开展教育。

（三）要求平等对待所有学生

人的全面发展是人类彻底解放的条件，只有实现社会全体成员的全面发展，才能实现人类的彻底解放；只有实现人类的彻底解放，才能实现社会的彻底解放。人的自由全面发展学说提出人的发展受生产力和生产关系的制约，因此我们在开展教育的时候应该充分利用现在的生产力和生产关系。人的发展是不能独立存在的，而是由与他有直接或间接关系的人的发展决定的，这种联系是具有连续性的，可以随着时间向下流传。后辈在继承前辈的生产力和生产关系的基础上不断发展，这种发展是一个长期的、循序渐进的过程，受到所处时代和与自己产生联系的人的影响。

教育与人的发展一样具有时代性和区域性。根据马克思的人学理论，高校进行主体教育必须关心每个层次学生的不同需要，按照学生的发展规律开展教育。要用平等的目光看待每一个学生，尊重学生的个性，促进每个学生的全面发展，不能将目光只放在优秀学生身上，而是要关怀全体学生并帮助他们进步。要根据不同学生的不同个性和特点进行教育，做到走进学生的生活，因材施教。同时为了达到更好的教育效果，高校应该开展丰富多彩的教育活动，不能让教育过于单调枯燥，教育形式要尽量多元化。比如同时开展家庭教育、学校教育和社会教育等。只有这样才能使高校主题教育是行之有效的，是能真正帮助学生全面发展的。有效教育的目的是全体学生的全面发展，激发每一个学生的内在潜能，更好地完善自己。

第二节 国外关于价值观教育的经验借鉴

价值观教育是思想政治教育的一部分，国外虽然没有"思想政治教育"这个说法，但是价值观教育和思想政治教育都属于意识形态的一部分，它们具有共通性。认真总结国外关于价值观教育的有益经验，能够为我国大学生思想政治教育提供借鉴。

一、各国关于价值观教育的基本做法

（一）美国

1. 社会教育、学校教育、家庭教育是美国开展价值观教育的途径

教育是兴国之本。美国非常重视在教育中植入主流价值观的内容，且成效显著。美国开展价值观教育的途径主要是社会教育、学校教育与家庭教育等。

（1）美国的社会教育主要通过政党和政治活动、社会团体参与以及情景的创设等途径渗透进行。进入近代社会，政党成为价值观教育的主要发起人和推动力量。政党向群众传输价值理念的方式有很多，比如重大事件讲话、就职演讲等等。这些演说无不贯穿着政治鼓动、爱国宣传和价值灌输。社会团体是价值观教育的积极践行者。

（2）通过社会团体来进行宣传。美国拥有很多的社会团体，这些团体经常开展各种带有服务、志愿性质的劳动活动，起到了弘扬、传播社会主流价值观的积极作用。

（3）通过物质文化与精神文化成就的展示和宣传，来加强价值观教育。比如，修建了林肯纪念馆、航空航天博物馆、国会图书馆等等，在面向对外开放的同时，促使其发展成典型基地和教材范例，将美国价值观念得以宣扬。

美国的学校教育主要通过课程设置、教育者的示范等途径和方式进行。价值观与思想道德教育的课程设置主要有"历史科""公民科""人文科""社会科"等。通过这些课程的开设学习，将爱国主义、民族精神和个体的社会信仰、道德品质有机结合，使学生在潜移默化中形成对社会的责任感、使命感。同时，美国还通过教材直接灌输或间接渗透主流价值观。另外，美国政府还通过教育者的示范作用来传播价值观念。教师的思想政治状况、言行被美国视为影响学生价值观的重要因素。

美国对家庭教育历来是非常重视的，尤其是在价值观培育方面。父母是孩子的第一任老师，在言传身教中将自己的价值观念、思想理念传输给孩子，从而潜移默化地影响他们的价值取向。为了加强家庭教育，美国采用法律手段督促家长担负起管教子女、建构价值观的责任。所以，在美国，父母重视培养孩子的教养、磨练孩子的意志以及培育孩子独立自主的精神。

2. 宗教和大众传媒是美国价值观传播的手段

美国是一个高度宗教化的国家，宗教对美国社会生活的影响无处不在，对民众的思想、情感和行动产生了很大的影响。在美国，宗教是道德价值观的源泉，是社会核心价值的组成部分。长期以来，美国人借宗教形式来表达对祖国的热爱，将上帝视为"美国精神"的化身，以此来增强民族认同感与凝聚力。基于此，美国十分注重利用宗教来培养公民的国家意识、民族精神与道德责任感。

大众传媒也是美国社会主流价值观的传递者与维护者。高度发达的大众传媒是现代社会人们获取信息的重要途径。毫不夸张地说，大众传媒已经成为形成政治信念的一种强大力量，也是传播美国主流价值观的重要渠道。所以，美国热衷于运用大众传媒的引导与教化功能来传递主流价值观。例如，"美国之音"等这些传媒，它们每年都会得到美国政府数十亿美元的投资额，"美国之音"的重要任务之一就是向世界宣扬美国的主流价值观。

3. 政策与法律权威是美国价值观普及的保障

如果社会想要他们的主流价值观被接受和广泛认同，那一定就要让国家的法律法规和相关政策把主流价值观的要求展现出来。在当今世界，最发达的国家无疑是美国了，他们都非常注重在制度的制定中彰显社会主流价值观，善于运用国家政策与法律来推动主流价值观的建设。

良好的政策制定是社会主流价值观建设的保障。美国善于结合自身社会发展的需要来制定一系列国家政策，以保证社会主流价值观的贯彻执行。

科学严谨的法治是社会主流价值观建设的保障。在美国，注重将主流价值观转化为法律规定，利用法律手段推动主流价值观的普及。美国《宪法》修正案规定："任何一州都不得制定或实施限制公民的特权或豁免权的任何法律；非经正当法律程序，不得剥夺任何人的生命、自由和财产；在州管辖范围内，也不得拒绝给予人以平等的法律保护。"足见，美国人崇尚自由、坚持正义、追求秩序、珍视人权的特性，这既是对"宪法精神"的普遍宣扬，又是受到宪法和法律保护的保障。美国人尊重宪法、法律的权威性与至上性，崇尚法治精神，普遍认同依法行事，无条件地服从法律的支配，形成了"以法治国"的核心价值理念。因此，在具体的司法实践中，美国各级政府都努力培养"法治官员"、打造"法治政府"。而这个过程实质上就是践行社会主流价值观的过程。

（二）英国

英国是一个具有悠久基督教信仰传统的国家。英国主流价值观的形成与自身的民族特点息息相关，既有历史因素，又有诸多现实原因。英国主流价值观的主要内容是自由、法治、多元、兼容等。英国主流价值观的传播主要通过以下几种途径和方法。

1. 学校教育、家庭教育与社会教育的有机结合

学校教育是英国主流价值观建设的主要阵地。英国学校价值观教育一般由"显性的正式课程教学和隐性的学校生活渗透实施"组成，其价值观传递是通过健康教育课、公民课、宗教课还有其他国家课程进行的，充分发挥各学科知识"文以载道"的功能，将各种核心价值理念整合、渗透到各门国家课程的教学之中；还包括借助于教师榜样示范、精神关怀、课外活动、心理咨询、生涯指导和学

风气等相关的隐性课程,以一种间接迂回的方式来进行价值观灌输。要想对学生的道德养成、全身心发展产生重大影响,我们可以借助这些正式课程和隐性课程来渗透价值观。具体来讲,英国学校价值观教育的课程内容主要包括塑造公民自尊心、自信心、独立性与责任感;培育公民多元文化意识、共享价值观;养成健康、文明的行为习惯与生活方式;增强公民权责意识、社会参与意识;培养和谐的人际关系、团结协作精神等。英国学校价值观教育中普遍采用的方法,主要有描述性方法和指导性方法。

家庭教育是英国主流价值观培育的重要环节。父母培养教育子女成为讲文明懂礼貌的独立自主的社会人,一般是通过"绅士教育"和"生存教育"。一般而言,英国的家庭在教育中的作用主要表现在:家长为孩子的学习和生活提供一个温馨的家庭环境;家长为孩子提供大量有益的实践机会以促进他们健康成长;家长帮助学校达到教育目标等,其最终目的是使孩子在身体、智力、语言、道德、文化、精神、情感等方面得到全面发展。

社会教育是英国主流价值观建设的重要途径。英国主要是借助社会实践等活动的形式对公民,特别是学生,来展开价值观的灌输。这些活动形式多样,比如参与社区服务、参与选举、主题实践等,对英国青少年认同社会的主流价值观,提供了有效的帮助。与此同时,英国的学校还开展了另一种实践活动,它带有志愿服务性质。例如,定期安排学生到养老院做义工、去残疾儿童学校照顾残疾人、帮助移民子弟补习外语等。

2. 政党和非政府组织的倡导参与

随着社会的发展,政党已逐步代替宗教力量而变成建设社会主流价值观的核心力量。英国政党借助鲜明的政治主张、健全的纲领和执政理念引领着社会的主流价值观。近年来,英国政党根据社会发展的实际,适时调整自己的纲领,使之契合并体现社会主流价值观。

在全球化进程的渗透和扩张背景下,非政府组织也逐渐变成建设社会主流价值观的关键力量。非政府组织之所以能够成为和市场、政府相独立、相平行的"第三部门",主要是因为通过以公益服务为主题、以自愿参与为特点和以民间慈善为宗旨,建立了相对独立的运作体系。这些组织凭借其自身的独特优势,自觉传播其核心价值理念,逐渐得到主流话语的认可、重视。英国非政府组织是建设社会主流价值观的主要担当者。在建设社会主流价值观上，英国政府非常注重与非政府组织的合作交流，主动推动非政府组织积极参与社区的服务工作，比如居民协会、各种社团等非政府组织，同时这也成为传播和弘扬社会主流价值观的重要根基。就英国当前的形势而言，有很多慈善组织和社区民间组织通过社区提供公益性的服务，其内容涵盖了众多领域，如卫生健康、社会福利、扶贫救济、环境保护与生态改善、促进人权等。事实证明，这些组织在落实"英国主流价值观"、教化人心、增强社会凝聚力等方面发挥着重要功能，已经成为社会核心价值观建设的积极力量。

3. 宗教和大众传媒的思想教化

以宗教形式塑造主流价值观。长期以来，宗教是英国塑造主流价值观的强有力手段。宗教所提供的道德伦理标准、精神支撑，一直是英国的社会主流价值观。基督教在英国的宗教世界中居于主流地位，他的教义在很多层面表述了人的价值观和人的美德，基督教伦理原则以《新约书》为基础，对英国人的道德生活产生了很大影响。同时英国也非常重视公民的宗教教育，几乎所有的英国学校都开设了宗教课程，这样也可看出宗教教育是作为道德教育的一种有效方式。英国当前的宗教教育不只是灌输基督教教旨与原则，而是将宗教理念和现实生活联系起来，培养学生的人生观、价值观、道德信念与精神追求，促使学生学会辨别现实生活的道德问题和正确评价价值观相关的问题，进一步培养他们判断能力、宽容精神、合理的价值观和负责的行为。

以大众传媒宣扬、传播主流价值观。在宣扬、传播社会主流价值观的过程中，传播媒介交流了受者和传者的思想理念，它就如一座桥梁。在现代社会，大众传媒被视为"第四种重要的社会化力量"，引导、教育与铸造人们价值观的形成。在英国，政府借助强大的宣传力量，通过大众传媒弘扬自己的价值理念和执政理念，使其为政治宣传服务，潜移默化地教化民众。比如，英国通过立法要求电视节目内容、广播内容等符合英国主流社会的价值观和意识形态，成立通信管理局（OFCOM）来加强对媒体的监管，并对新闻从业人员提出了一些具体要求。

（三）新加坡

新加坡是一个由多元种族、多元宗教、多元文化与语言构成的国家，是"亚洲四小龙"之一。新加坡之所以能够成为世界上众多微型国家中的成功典范，可以说与人民行动党和政府积极构建国家"共同价值观"密不可分。"共同价值观"是一个统一的整体，内涵丰富，强调了国家、社会、家庭对个人的优先地位，强调了和谐宽容、协商共识的精神，是维系人民行动党长期执政的精神支柱，也是凝聚人民群众的强大精神武器。新加坡成功推行了共同价值观，实现了政府清廉、社会和谐。新加坡是采用何种途径和方法推动共同价值观建设的呢？

1. 新加坡政府和领导人倡导并践行共同价值观

新加坡政府和领导人主动倡导、自觉践行共同价值观。新加坡政府专门成立了"国家意识委员会"，在国民中开展各种爱国主义教育，向国民灌输国家意识，激发国民的爱国情怀。新加坡国会发布的《共同价值观白皮书》，赋予了共同价值观建设的政治地位。同时，政府领导人也经常公开发表讲话，号召国民要确立共同价值观。足见新加坡领导人对共同价值观建设的高度重视。

另外，新加坡的成功也得益于其拥有一支廉洁高效的公务员队伍。新加坡公务员是建设和传播共同价值观最直接、最重要的参与者和执行者。鉴于此，为了提升公务员的政治素养与道德水准，新加坡于1958年建立了公务员政治学习中心，1971年建立了公务员进修学院。力图通过对公务员的教育和培训，在新加坡形成一种廉洁的政治文化。在新加坡，公务员任职时必须填写宣誓书，宣誓尽忠职守，保守国家机密，绝不贪污、绝不违法。如果违反职责义务，愿意接受最严厉的惩罚。这样，新加坡便造就了一批高素质的公务员队伍，为共同价值观的建设提供了可靠的人员保障。

2. 学校、家庭、社会共同参与的德育教育构成共同价值观建设的合力

新加坡非常注重开展共同价值观教育，主要是通过学校课程进行。他们的学校都设有专业的德育教育课程，贯穿于小学、中学和大学。这些德育教育课程，其内容的安排和课程的设置适合于各年龄段的学生生理、心理特点，有利于加强学生对社会的认同感，也有益于帮助学生对社会有更好的了解，以此来推进他们共同价值观的教育。例如，小学进行共同价值观教育使用的教材是《好公民》，这本教材体现了对传统道德观念的传承，其道德观念影响了学生各方面的教育，如种族和谐、生活准则、热爱祖国、道德责任等；中学进行共同价值观教育则遵循教育部颁布的《公民与道德教育大纲》，为了加强德育课教学，新加坡要求各

学校一定要开设道德教育室,在学生升学考试上德育课的分数一定计入总成绩中;大学进行共同价值观教育不仅通过通识课程渗透,而且还会在专业课程的教学中开展,以便大学生更加注重承担责任,培养大学生看世界的眼光。

新加坡家庭注重共同价值观的渗透教育。新加坡推行共同价值观的首要做法是选择从每一个家庭入手,倡导"家庭为根"的价值理念,家庭价值观教育注重"爱、敬、孝、忠、和""五德"的弘扬,使每一个国民接受家庭价值观进而接受共同价值观,这是进行共同价值观推广的有效方法。因此,新加坡非常重视家庭教育环境的创设。此外,新加坡家庭同时还提倡保留部分传统习俗。比如岁时节日、婚丧嫁娶等传统习俗,对新年除夕里家庭性质的聚会特别重视,因为这能够维持家庭的和谐幸福,传播家庭价值观、增强家庭凝聚力。

新加坡强调在社会运动、社会实践活动中塑造共同价值观。据新加坡有关部门统计,新加坡每年都会开展多种形式的社会运动,如"禁烟运动""忠诚周运动""尊老爱幼运动"等,这种社会运动大多是围绕着新加坡社会主流价值观开展的,深化了广大民众对共同价值观的理解与认同,为广大民众践行共同价值观奠定了良好的基础。同时还注重在社会实践活动中培育共同价值观。

3. 严明完备的法治为共同价值观建设提供法律保障

新加坡完备的立法与严格的执法为构建和传播共同价值观提供了有力的法治保障。在新加坡,人民行动党和政府十分注重法治建设,通过立法、执法与制度来规范人们遵守共同的行为规范,以法促德,进而形成良好而文明的社会秩序与社会风尚。

其一,完备的法律体系。新加坡现行法律已达500余种,从政府权力、商业往来、交通规则到公民生活各个方面都有相当完备的法律法规。例如,对随地吐痰、随地大小便、乱丢烟头杂物、在地铁上吃东西、上厕所不冲水、乱穿马路、从楼上扔垃圾等一点一滴的生活细节,新加坡都一一做了详细的立法规定。如在路上乱丢弃垃圾和随地吐痰,将被罚款1000新元;违反规定吸烟时被发现将处以罚款500新元等。新加坡立法之多,法律调整范围之广泛,世所罕见。

另外,政府还出台了一系列法律法规来倡导共同价值观,形成一种良好的社会风气。例如,分配组屋时,对于二世、三世同堂的家庭给予优先安排,政府也会拨出专款资助他们购买组屋;规定凡国家机关工作人员、国有企业工作人员在婚姻以外拥有情人或发生两性关系都属违法行为；规定夫妻在孩子未满3周岁以前，不能提出离婚；等等。显而易见，新加坡不再是一个落后、脏、乱的殖民地，而成为一个市容整洁美丽的国家，在这个国家里，人民有礼守法、官吏廉洁高效、社会运行井然有序，这与新加坡采取法治保障的方式来开展共同价值观建设是分不开的。

（四）韩国

韩国在短短几十年里缔造了令世界瞩目的"汉江奇迹"，成为"亚洲四小龙"之一，其重要原因之一就在于韩国传统文化的属性与韩国人所固有的民族性和价值观，为经济的迅速腾飞注入了无限的生机与活力。韩国主要通过以下方式来建构其社会核心价值理念。

1.立足儒家文化传统，广纳现代文明

韩国在培育主流价值观时十分注重传统道德文化的传承，积极挖掘其中的合理价值理念，并以开放的姿态吸收现代文明成果。韩国人的行为方式、生活方式和思维方式已经被儒家思想所影响渗透。儒家文化尊崇的是"忠信、孝悌、礼义、廉耻"，迄今为止，韩国的社会共同道德依旧是儒家文化，"朱子家礼"依旧是韩国家庭伦理的行为基础规范。因此西方的一些学者给予韩国"儒教国家的活化石"的尊称。

韩国以儒家文化传统作为基础的同时，不断深挖儒教文化的精华，促使儒教文化和韩国现代文明相结合。实际上也是在吸取法治、正义、人权和民主的现代价值观，培养韩国人的民族精神和爱国主义。所以，韩国在现实社会实践中，他们的价值教育观旨在用传统礼仪、民族精神和西方尊重个性、崇尚科学和追求民主的价值观培养有风度、有国籍的世界公民。同时，韩国也注重倡导、宣传自己的主流价值观。

2.建立学校、家庭、社会三位一体的联合教育格局

韩国为继承传统、传承儒教，已经把儒家文化的道德伦理正式纳入学校教育当中。"正经的生活之道"作为韩国的小学道德伦理教育科目，它的内容涵盖了个人生活、社会生活与国家生活方面的道德、价值观教育。初中的"道德"科目和高中的"国民伦理"科目，是中学道德伦理教育的主要科目。在这当中，初

中的道德教育包含了与各种礼节和人际关系相关方面的内容；而高中的伦理教育包含了国家伦理、社会伦理、个人伦理等相关内容。此外，大学设置的"国民伦理"科目的主要内容有"实学思想""近代化与开化思想""韩国传统思想的源流"，它主要是为了培养学生具有自主自立的意识，进而与汲取现代科学技术相契合，为国家发展作出贡献奠定基石。

人们最早接受教育的场所便是家庭，因此韩国家庭伦理教育的重点就是"孝道"，包括孩子要诚实守信、心存感恩、孝敬老人等。在韩国想要立足于社会那就必须要尽孝道。所以，对孩子"孝道"的熏染是韩国家庭极其关注的一环，尊重长辈、赡养父母是教育孩子应尽的道德义务。

韩国还大力推广以传统的"礼仪"教育为主要内容的社会教育，为此举办了"清洁教育、亲切教育、秩序教育"等相关的社会性教育活动，这也使得全民养成了讲礼貌、讲文明、守秩序、不占座、不插队、不乱扔垃圾的习惯，塑造民众良好的道德品质。另外，韩国社会道德教育的方法灵活多样，比如，直接灌输法、隐性教育法和实践教育法等。直接灌输法指通过开设有关道德伦理课进行直接教育；隐性教育法是利用本国丰富的历史文化资源进行隐性教育，比如开展平昌孝石文化节、水原华城文化节、大藏经千年世界文化庆典等文化活动，以促进全民对传统文化的了解和对国家的热爱；实践教育法则是通过开展社会实践活动进行道德教育，如组织学生参观历史博物馆、祭奠抗日英雄纪念碑、访问历史名流的故居遗址等进行爱国主义的洗礼与教育。

3. 媒体和法律制度是韩国主流价值观建设的重要手段

以媒体宣扬、传播社会主流价值观。韩国大多数媒体都具有强烈的社会责任感，因而在建设社会主流观上发挥了重大作用。在韩国，主流媒体十分注重对孝道、仁爱、诚信、爱国、正义等优秀传统文化的弘扬和宣传，对于那些暴力、色情等消极信息就极少报道了。此外，韩国还通过一系列法律如《韩国公职人员道德法》《公职人员伦理法》等，建立了公务员财产登记申报制度，包括总统在内。从1993年开始，韩国执行了金融资产全部归所有权人的真实姓名所有的"金融实名制"。韩国公务员金融实名制、财产登记申报制、有关法律法规的实施，促进了政府公职人员的廉洁自律，提升了官德修养。

二、国外培育和践行主流价值观的启示

纵观美国、英国、新加坡、韩国构建主流价值观的措施，因为各国的价值理念、党情和国情不同，所以形成的价值观也各具特点，尽管如此，也有很多共通的先进经验。伴随着如今的世界经济全球化发展，我国正处于快速转型期，民众的社会价值观也变得多样化，逐渐显现出诚信缺失、道德滑坡、信仰危机等现象，这对社会的稳定发展产生了直接的影响。基于此情，建设我国当代的社会主流价值观已成为重中之重。上述这些国家在建设社会主流价值观上，一些方法也并不是十全十美，仍存在不足之处。因此，可以借鉴其成功的经验，来帮助我们推动我国当代社会主流价值观的建设。

（一）立足中国文化传统，汲取先进文明成果

从上述几个国家的做法中我们可知，任何国家主流价值观的建立都离不开吸收传统文化的精华与世界文明的共同成果。中国也不例外。在5000多年文明发展进程中，中华民族创造了光辉灿烂的文化。中华传统文化是社会主义主流价值观的重要思想资源，社会主义主流价值观根植于中华优秀传统文化之沃土。因此，培育和践行社会主义主流价值观，离不开对历史文化传统的继承与发展。我们还应理性地看到，中华传统文化是建立在小农经济基础之上的，具有一定的历史局限性。鉴于此，社会主义主流价值观建设应对中华优秀传统文化价值观有扬弃地加以继承。习近平总书记指出："对历史文化特别是先人传承下来的道德规范，要坚持古为今用、推陈出新，有鉴别地加以对待，有扬弃地予以继承。"[1] 当前，我们要大力倡导与弘扬忠义、诚信、知礼、和谐、爱国、自强等传统价值理念，结合时代要求加以延伸阐发，并赋予其新的时代内涵与特征，使之与现代社会相协调，致力于建设与中华优秀传统文化相承接的社会主义主流价值观。

从世界文化发展的角度看，培育和践行社会主义主流价值观，应该注意吸收先进文明成果，包括资本主义的一切科学技术与思想文化成果。人类文明的共同成果与价值共识是人类宝贵的精神财富。所以，社会主义主流价值观应建立在人类文明优秀成果的基础之上，方能增强中华文化国际影响力。假如不汲取人类文

---

[1] 总书记在这里说文化传承发展. 曲阜孔府和孔子研究院[EB/OL]. 人民日报客户端.[2023-8-30]. https://www.chinanews.com.cn/gn/2023/08-30/10069493.shtml.

明优秀成果,社会主义主流价值观就会失去吸引力。不过,汲取其他国家优秀的传统文化成果,并非机械套用,而是要和国家的历史、文化和国情相结合,并对其局限性进行大胆超越。因此,在借鉴国外事物的时候,我们应做到取其精华、去伪存真、洋为中用,再为我所用。

(二)多管齐下,搭建主流价值观建设的平台

就国外而言,无论是民间组织、政府还是学校、家庭、社会,他们都通过各种契机来宣传和传播本土的价值理念和生活方式。各级政府和民间机构为了建立一个本土文化的平台,不吝斥巨资建博物馆、图书馆、科技馆、纪念馆以及赞助庆典等活动,致力于社会核心价值观的传播和弘扬。我国搭建社会主义主流价值观平台有明显的优势,那是因为中国是一个人民当家作主的国家。所以我国能借助多种途径来搭建多样的平台,比如社会、媒体、家庭、学校等,从而有效开展社会主义主流价值观的建设。

其一,构建学校、家庭与社会三位一体教育网络,形成教育合力。学校教育是培育和践行社会主义主流价值观的主渠道。我们要创新中小学德育课与高校思想政治理论课的教育教学,使社会主义主流价值观真正走进课堂。同时,德育的实施还需要整个社会的协同"发力"。社会是青少年成长的大环境,对其影响是潜移默化的。而家庭是孩子成长的第一站,父母是孩子的第一任老师。因此,我们要想使社会、学校和家庭成为共同育人的合作力量,就应该指导家庭和社会等各个因素积极主动配合学校教育。

其二,使大众传媒发挥其舆论传播的作用。在现代社会中,社会主义主流价值观的传播,主要是以大众传媒为主要载体。党和政府应加强发挥大众传媒的舆论作用,媒体要把日常主题宣传、形势宣传、典型宣传和社会主义主流价值观的要求相结合,并对社会进行积极引导,使社会主旋律和正能量得以弘扬、传播,努力营造积极向上的主流意识形态。

其三,利用各种时机与场合,建造传播社会主流价值观的平台。我们要进一步挖掘各种重要节庆日、纪念日蕴藏的教育资源,因势利导地开展各类教育活动,着力推进公共博物馆、纪念馆、文化馆、科技馆、美术馆与爱国主义教育基地等社会公共文化设施的建设,并向社会免费开放,积极发展红色旅游,加快形成培育和践行社会主义主流价值观的生活情景与社会氛围。

（三）坚持党和政府的主导与社会组织的结合

在现代国家，党和政府对社会主流价值观建设具有决定性影响。我国当前在经济全球化与市场经济的冲击下，人们的价值观出现了多元化、多样化的特征。鉴于此，党和政府应发挥主导作用，做社会主义主流价值观建设的倡导者与践行者。党员干部，尤其是领导者，是社会主义主流价值观建设的引领者，要以身作则、率先垂范，为民、务实、清廉，以人格力量感召群众，自觉做社会主义主流价值观践行的楷模，切实发挥其引领带动作用。加之我们党有人数众多的党员，要充分利用这些优势，将社会主义主流价值观培育和践行的政策与要求，通过广大党员的积极实践进行示范，发挥党员对主流价值观的榜样示范作用，从而影响社会的方方面面，促使广大民众主动践行社会主义主流价值观。在新的历史时期，我们更需要积极发挥广大党员的独特优势，使其作为社会主义道德的示范者、诚信风尚的引领者，逐步深化社会主义主流价值观建设，运用文化凝聚社会力量，带领全国各族人民以文化建设新成就推动社会主义事业不断向前发展。

同时，社会组织也是社会主流价值观建设的重要力量。目前，世界上大多数国家都存在着较为庞大的民间组织，它们所从事的社会服务、慈善活动及其他公益事业，塑造了平等、信任、合作的关系，自觉、能动地传播了各自的组织核心思想，成为社会主流价值观建设的重要承担者。因此，我国党和政府也应更加重视社会组织的发展，使其成为社会主流价值观建设的重要力量。在具体社会实践中，要注重加强对社会组织的培育和扶持。可借鉴外国政府对社会组织监管与服务的做法，比如，通过立法、分类或集中管理、税收优惠、财政直接拨款、购买公共服务等手段，促使各司其职、依法监管、分级负责的社会管理体制得以建立，进一步加强对全社会的调控、引导与管理。同时，还要推进行业协会商会与行政机关脱钩，优化社会组织发展环境以及加强社会组织自身建设等，促进社会组织的健康成长，使其成为社会主义主流价值观的倡导者、推动者与践行者。

（四）着眼于社会实践，建设社会主流价值观

从上述几个国家建设社会主流价值观的经验中得知，丰富多彩的实践活动是培育和践行社会主流价值观的重要基础。因此，我们必须注重发挥社会实践对个体的养成作用。社会实践兼具学校教育和社会教育双重属性，兼具品德塑造和技

能教育多样功能。所以，在新的历史条件下，我们要积极开展培养社会主义主流价值观的实践活动。

首先，深入开展道德实践活动。我们应顺应社会期待，大力宣传先进典型、评选表彰道德模范，不断激发人民群众投身道德建设的积极性与主动性。坚持知行合一，丰富渠道载体，搭建多重平台，把精神文明建设、志愿服务等活动与人们的学习活动相结合，并完善相关激励机制，推动形成好人好报的良好社会风气。同时，还应将清廉的价值理念和开设道德实践活动相融合，形成社会人民鄙弃贪腐、崇尚廉洁的价值取向，致力于打造一个高效廉洁的政府，建设一个崇尚廉洁的社会。其次，扎实推进形式多样的学雷锋实践活动。最后，广泛开展"讲文明、树新风"活动。开展爱国歌曲大家唱、主题展览、全民阅读、知识竞赛等活动，提升公民文明素质与社会文明程度。以公共场所、窗口单位、旅游团组为突破口，普及礼仪知识、倡导文明言行，着力推进"净化美化家园、共创生态文明"重点工程，创建优良公共秩序。深入开展志愿服务活动，如推进残疾人志愿服务、社区志愿服务、大型活动志愿服务以及关爱农村空巢老人、留守妇女儿童等活动，大力弘扬奉献他人、友爱互助的精神，形成讲文明、知荣辱、扬正气的良好社会风尚。

（五）建章立制，构建主流价值观建设的保障

现代国家在社会主流价值观建设的过程中，非常注重运用其较为完善的制度、机制与法制等保障主流价值观得到广大民众的认可与接受。当代中国社会主义主流价值观建设，也亟须在具体的制度设计中充分体现社会主流价值观要求。因此，我们要完善中国特色社会主义制度、健全培育和践行主流价值观的基本机制以及建设社会主义法治国家等来推进社会主义主流价值观的培育和践行。

第一，完善中国特色社会主义制度。中国特色社会主义制度是建设社会主义主流价值观的制度保障。同时，还应突出制度优势，提升人民对社会主义制度的价值认同。

第二，健全培育和践行主流价值观的基本机制。建构社会主义主流价值观，既要加强思想教育，更要建立健全相关的基本机制，使其成为规约人们思想行为、塑造人们美好心灵的强大力量。可通过健全社会教育机制、规范舆论引导机制、构建制度保障机制、构建实践养成机制、加强道德建设机制、建立文化发展机制

以及增强组织领导机制等,将社会主义主流价值观通过体制机制的途径而走向社会现实。这样,才能把培育和践行社会主义主流价值观的工作纳入规范化、制度化、经常化的轨道。人民群众才能真心认同社会主义主流价值观,积极参与社会实践,并自觉践行社会主义主流价值观。

第三,建设社会主义法治国家。社会主义法治建设是培育和践行主流价值观的有力保障。建设社会主义法治国家既需要掌权者提升自身法治观念、弘扬法治精神、培育法治文化,并厉行法治、严格执法、公正司法,维护社会公平和正义;也需要广大民众从内心深处服从法律的权威,培育对法治的信仰。

第三节　高校思想政治教育对心理学的借鉴

大学生思想政治教育是高等教育学科建设中的重大课题。思想政治教育活动是自阶级产生以来就存在的活动,发展至今已经有着几千年的历史,但作为一个独立学科的发展却只有不到40年的时间。教育学科的推进应吸收、参考、借鉴其他相关学科的知识成果,尤其是一些邻近学科。也就是教育学科的推进要以吸收、参考、借鉴其他相关学科的知识成果为先要条件。以下主要研究大学生思想政治教育对心理学的借鉴。

一、借鉴心理学理论知识

思想政治教育在对心理学的相关理论知识借鉴的过程中,吸收借鉴可以利用的,没有采取完全的照搬照抄,而是在思想政治教育的视野下,对那些能够符合思想政治教育学科丰富和发展要求的心理学理论知识予以借鉴。

思想政治教育想要对自身的知识背景进行适当的拓展,完全可以通过借鉴心理学的认知心理的理论知识、情绪心理的理论知识、动机心理的理论知识、群体心理的理论知识、意志和行为的理论知识、学习基本过程的理论知识等,进行进一步实现理论知识在借鉴过程中的理论创新和理论基础构建。

(一)思想政治教育对认知心理的理论知识借鉴

认知是一种关于心理方面的活动,具体包括感觉、知觉、注意、记忆、表象、想象、思维等过程。这些内容细分来看，可以归结为两大类，分别是感性认识和理性认识，其中感性认识包括感觉、知觉、注意、表象等，而理性认识包括思维、想象等。

认知过程是一个有秩序、有规律可循的过程，并不是杂乱无章、毫无规律可循的过程。关于认知心理的理论知识，皮亚杰在对人进行了从小到大的观察与实验之后，把认知发展分为四个阶段，分别是感知运动阶段、前运算阶段、具体运算阶段和形式运算阶段。他认为，年龄阶段不同，相伴随的认知发展水平也是参差不齐，高低不一，因而在对人进行相关的教育时，也要考虑到这个点，在教育过程中必须保持与人的认知发展相一致，针对不同的阶段相对地实施不同的教育，有针对性的教育可以使教育的效果达到最佳状态。思想政治教育对于认知理论知识的借鉴主要包括三个方面：（1）思想政治教育对认知过程的研究要予以重视，把认知过程作为基础来对思想政治教育过程进行相关的设计。（2）思想政治教育要通过对认知心理理论知识的相关研究来对认知心理因素做出充分调动，通过对注意规律、重视感性认识的积累、培养思维能力等方式的合理运用，使得思想政治教育的效果有所提高。（3）思想政治教育在重视认知图式的建构和改造的同时，对于认知策略的学习和训练也不能忽略，应予以重视。

（二）思想政治教育对动机心理的理论知识借鉴

有关心理学家认为，动机是一种内在的条件，它可以使有机体开始进行目的明确的运动，即可以使有机体时间或长或短地开始某项行动。换而言之，动机就是一种带有目的性的行动。

动机又可以分为内在动机和外在动机，通常来说，动机受内在驱力和外在刺激的影响。思想政治教育对动机心理的理论知识的借鉴主要包括两个方面：（1）思想政治教育对动机心理研究的重视，不仅对动机分为内在动机和外在动机表现得十分关注，而且对动机受到内在驱力和外在刺激的相关影响也是极为重视的。（2）思想政治教育对于利用内在动机、辅助利用外在动机来实施动机激励法以达到思想政治教育的预期效果也是特别重视，对激发学生学习动机和需要的教学切入点进行相关方面的寻找，利用需要的相关途径使学生的学习动机被激发，利用合理诱因激活学生已有的学习动机，对学生需要和动机进行预测和引导。

（三）思想政治教育对群体心理的理论知识借鉴

人是群居动物，所以生活方式也是以群居为主，一般来说，人是不可能离开社会而单独存在的。就个体心理和群体心理而言，它们之间有着很大差异，存在很大区别。

社会心理学主要的研究内容就是群体心理，社会心理学被看成一门就人们如何看待他人、如何影响他人、如何互相关联的种种问题进行科学研究的学科。一般认为，社会心理学通过对群体心理的研究，发现人在群体中特别容易受到其他人的影响，从而产生从众心理和服从心理。

受害者的情感距离、权威的接近性与合法性、权威的机构性和群体影响的释放效应都会引起从众和服从。这些认识和看法，对于思想政治教育对群体从众心理和服从心理的理论知识的借鉴极为有益和必要。这就要求思想政治教育在对主体的研究中，（1）要对群体中个体产生的一般心理的特点和原因进行相关的研究。（2）要对群体的一般心理特征及其发展趋势进行相关方面的分析。（3）要对前面两者进行具体的分析之后，再对群体的动力规律进行把握，对于从众心理和服从心理进行正确引导，使得群体凝聚力有所增强，促进群体规范建设以便于开展思想政治教育工作。

（四）思想政治教育对意志和行为的理论知识借鉴

意志可以针对行为进行相应的指引和支撑，可以说，很多行为都是通过某种特殊的意志体现出来的。意志被认为是个体自觉地对目的进行确定之后，根据目的来进行相关的支配、调节自己的行动，并在进行的过程中克服出现的各种挫折和困难，最终使得预定的目的得以实现的心理过程。

与此相对应，行为被理解为是在受到环境的影响和刺激下内在心理变化的外在表现。良好的意志具有自觉性、果断性、坚韧性和自制性。而人类与动物是有一定区别的，人类的一切行为是在意识的支配下进行的行为，良好的意志与高尚的行为之间有着不可分割的联系，存在着内在的必然联系，所以，意志对于一个人的影响很大。只有意志坚定的人才会在革命年代有慷慨赴难、舍生取义的行为，才会在和平年代有舍己为公、舍己为人的行为，如果一个人的意志不够坚定，那么他必会屈服于所面临的困境。

思想政治教育在对心理学的理论知识进行借鉴的时候，对意志和行为理论知识的借鉴主要有意志锻炼法和行为训练法，思想政治教育通过意志锻炼法和行为训练法，来培养优良的意志品质、塑造良好的行为、矫正不良的行为。

（五）思想政治教育对学习基本过程的理论知识借鉴

学习就是一个不断观察的过程，它是行为具体变化的过程。从心理学的视野看，这对于思想政治教育对教育对象的学习接受问题的考察，颇具借鉴意义。

1. 思想政治教育可借鉴条件反射理论的思想和方法

经典的"条件反射论"专家伊万·巴甫洛夫发现：条件反射的形成不只是内部原因，而是需要结合外部诱因的反复刺激。思想政治教育可以根据这个理论，通过寻找可以取得良好的思想政治教育刺激的方法以使思想政治教育的实效性有相对性进一步提高。

2. 思想政治教育可借鉴鼓励提高学习效率的理论知识和思想方法

鼓励可以使行为方式的出现频率有一定程度的提高，在学习方面，要想使学习取得一定的可见效果，就需要有更多的鼓励，适当的鼓励可以进一步增加学习效果，而惩罚则相反，盲目地惩罚只会降低学习的效果。

思想政治教育应该对鼓励与学习效果的正相关关系有一个充分的认识，从而把它进一步合理运用到思想政治教育的过程中。

3. 思想政治教育可借鉴在观察中学习的理论知识

对于在观察中学习的相关理论，特别需要注意的一点是榜样作用，榜样作用起到示范性的作用。思想政治教育要取得良好的效果，除了思想政治工作者应该自身以身作则、树立良好的榜样作用之外，还需要有适当的社会中的先进典型作为榜样。

二、借鉴心理学的研究内容和研究成果

（一）思想政治教育对心理学研究内容的借鉴

人的心理现象及其规律的科学是心理学主要的研究范围。它的研究内容主要围绕人自身的一切来进行，具体包括人的行为、学习和记忆、感觉、知觉和注意、语言、思维和推理、认知发展、社会性发展、智力、人格、情绪、动机等。

思想政治教育在对心理学相关的理论知识进行借鉴的时候,是有针对性地运用的,并不是借鉴所有的内容来运用,而是有针对性地借鉴那些可以使思想政治教育内容更丰富的方面。

思想政治教育对心理学研究内容的借鉴,主要包括个体意志行为、认知心理、情绪情感心理以及群体心理四个方面的研究内容。

1. 思想政治教育对个体意志行为相关内容的借鉴

对于思想政治教育的过程而言,它既是教育者对受教育者实施相关教育的过程,又是受教育者通过自我教育把外化的认识内化为个体行为的一个过程。从这个意义上来说,思想政治教育需要对心理学研究的意志与行为的内容进行相关的借鉴。(1)通过思想政治教育来对受教育者的意志进行一定的锤炼。(2)通过思想政治教育来对受教育者的良好行为进行相关的塑造,从而肩负起矫正病态社会心理与不良行为的重任。

2. 思想政治教育对情绪情感心理的相关知识的借鉴

情绪情感是人类对客观现实的一种反映形式,从一定意义上来说,它对认识有着双面性的作用,可能在有催化作用的同时也可能伴有阻碍作用。

思想政治教育就是需要对情绪情感理论进行借鉴,对思想政治教育过程中的情绪情感心理进行深入研究,使得情绪情感在思想政治教育过程中的作用得到充分发挥,从而使思想政治教育的实效性得到进一步提高。

3. 思想政治教育对群体心理的相关知识的借鉴

个体由于会受到来自群体心理的影响,因此,个体在群体中的心理状态也是各有不同的。思想政治教育要想在这方面取得良好的效果,就必须对有关群体心理的相关知识进行借鉴,以对思想政治教育对象群体的心理规律做进一步研究。

（二）思想政治教育对心理学研究成果的借鉴

思想政治教育对心理学研究成果的借鉴主要包括意志行为心理学方法、认知心理学方法、情绪情感心理学方法、群体人际互动理论。

心理学研究意志行为、认知心理、情绪情感和群体心理的研究成果分别是意志行为心理学方法、认知心理学方法、情绪情感心理学方法和群体人际互动理论。

1. 思想政治教育对意志行为心理学方法的借鉴

通常来说,良好的意志都是在经过后天锻炼、坚持不懈的努力之后而形成的,并不是天生就具有的，这就要求思想政治教育对意志行为心理学的方法进行有关方面的借鉴，通过意志锤炼法、良好行为训练法、不良行为矫正法和社会实践法来提高思想政治教育的实效性。

2. 思想政治教育对认知心理学方法的借鉴

人脑在对客观事物进行认知时，所体现出的对现象和本质的一个反映过程就是认知，受教育者学习思想政治教育理论也属于一种认知的过程。为了使这个过程变得更加科学、高效，思想政治教育急需借鉴动机激励法、注意规律法、问题解决思维训练法等相关的认知心理方法。

3. 思想政治教育对情绪情感心理学方法的借鉴

人是一种既有情绪又有情感的动物，对于这种情绪情感要予以一定的重视，因为其在思想政治教育的认知功能中发挥的作用不可小觑，它既可能起到一定的积极的推动作用，也可能起到一定的消极的阻碍作用，所以思想政治教育在进行借鉴的时候，需要融入与情绪情感相关的以境生情法、以情生情法、寓教于乐法和以需以理动情法来推动思想政治教育进程。

4. 思想政治教育对群体人际互动理论的借鉴

人都是社会的人，应该以群体的形式进行生存，没有离开群体独自生存的人，但是处在集体中的人又与个体的人在言行举止上有所区别，思想政治教育就是需要向群体互动理论进行借鉴，使得良性互动秩序得以建立、对群体互动教学方法进行相关的创新、运用人际关系规律对教育双方的关系进行一定程度的优化，从而高效地进行思想政治教育。

三、借鉴心理学研究方法

每门学科都会有自己比较独特的研究方法。对于思想政治教育，其独特的研究方法有很多种，比如实验法、观察法、文献法、总结经验法和社会调查法。每一门独立的学科与其他学科的研究方法相比，都会有一些不同之处，所以，就需要学科间研究方法的互相借鉴。

横向研究法、纵向研究法、心理测验法和心理咨询法是思想政治教育对于心理学研究方法的主要借鉴。

（一）思想政治教育对横向研究法的借鉴

在心理学的相关领域中，运用比较广泛的一种方法就是横向研究法。横向研究法被认为是对某一个特定点上的几个不同组，通常是不同的年龄组，进行适当的比较，目的是了解不同年龄阶段在发展和成熟方面的差异的研究方法。

任何一种研究方法，都会存在一定的利与弊，横向研究法也不例外地存在一些不足的方面，比如其他变量的影响作用会混淆到年龄因素的作用中，这些因素在进行研究的时候，难以避免。而这就要求思想政治教育在对心理学研究方法进行借鉴的时候取其精华、去其糟粕。

思想政治教育可以借鉴横向研究法来对不同年龄段的人的世界观、人生观、价值观、思想观、道德观和伦理观以及影响他们形成的因素进行相关方面的研究，从而进一步提高思想政治教育的针对性。

（二）思想政治教育对纵向研究法的借鉴

纵向研究法，根据其字面意思可以知道，它是与横向研究法相对应的一种方法。纵向研究是对某一年龄组的被试者进行持续多年的研究。

从一定程度上来说，在进行纵向研究的时候可以避免出现横向研究所存在的弊端，尽管如此，纵向研究也会有自己的弊端存在，比如在时间上，耗时比较长。

思想政治教育在进行借鉴的时候，可以适当地借鉴纵向研究来对同组年龄的人在不同年龄段的人生观、世界观、价值观、思想观、道德观和伦理观以及影响他们发生变化的因素进行相关的研究，从而做到有的放矢，有效地使思想政治教育的科学性得到进一步提高。

（三）思想政治教育对心理测验法的借鉴

心理测验法通常包括的主要内容有智力测验、个性测验、态度测验、人际关系测验、特殊能力测验等。从其相关的概念上来说，心理测验法是用一套预先经过标准化处理的量表来对被试者的某种心理素质进行相关的测量的一种方法。

思想政治教育研究的是人的思想品德形成的规律和思想政治教育过程的规律，而这两个规律，究其原因，都涉及人的心理现象和心理过程。思想政治教育对心理学的心理测验法的借鉴主要体现在两个方面：（1）通过对人们进行相关的心理测验，从整体上对人的思想品德的形成和发展过程进行相关的了解。（2）通过心理测验法来对个体进行适当的了解，以使思想政治教育过程更加具有科学性和有效性。

（四）思想政治教育对心理咨询法的借鉴

思想政治教育就是教育者通过施教的形式使受教育者达到一定社会和阶级所需要的思想品德的过程。心理学研究的主要内容就是关于人的心理现象及其相应的规律，而人的心理现象及其规律不是那么容易探知的，单单根据外部的表象很难看出来，所以就需要进一步地用心理咨询法来达到这个目的。心理咨询是心理学专家实施影响从而使咨询对象与咨询对象自我影响、自我调节相统一的一个过程。

思想政治教育对心理咨询法的借鉴主要体现在：思想政治教育与心理咨询都是人作用于人的一个过程，思想政治教育具有强烈的社会性和阶级性，而心理咨询则具有强烈的个体性，相比于思想政治教育而言，它更加强调人与人之间的心灵交流，从而产生的影响也会更加深远。

思想政治教育应当对于心理咨询这种心灵交流的方式进行适当的借鉴，通过从内到外、循序渐进的方法使得思想政治教育达到预期的效果。

第四章 新媒体视域下高校思想政治教育内容结构优化

本章主要对新媒体视域下高校思想政治教育内容结构优化进行探究，包括四部分内容：新媒体视域下高校思想政治教育内容结构优化依据、新媒体视域下高校思想政治教育内容结构优化的原则、新媒体视域下高校思想政治教育内容结构优化的要求和新媒体视域下高校思想政治教育内容结构优化设计。

第一节 新媒体视域下高校思想政治教育内容结构优化依据

思想政治教育内容是在思想政治教育活动中，教育者为了达到其根本目的采取某种措施，对受教育者进行社会道德规范、思想政治观念的传递。就思想政治教育的内容结构而言，道德教育、政治教育、心理教育及思想教育形成了思想政治教育内容的体系和体系结构，当然这个观点是学界广泛认同的。各个内容在思想政治教育内容结构关系中，发挥了不同的作用并占据了不同的地位，方向、信念、原则等政治教育处于核心地位，世界观、方法论等思想教育发挥先导作用，健全人格、心理素质等心理教育作为基础，道德认知、行为规范等道德教育则是重心所在。还有部分学者以此为基础又添加了法纪教育，他们指出："政治教育是导向性内容、思想教育是根本性的内容、心理教育是前提性内容、道德教育是基础性内容、法纪教育是保障性的内容，形成五位一体的稳定又合理的结构，进而在最大程度上发挥思想政治教育的整体功能。"[①] 实施的效果也因内容结果的情况而不尽相同。

思想政治教育的内容结构应做到优化创新、与时俱进，这是高校思想政治教

---

① 周湘莲. 思想政治教育的内容与相互关系 [J]. 社会主义研究，2004（2）：112.

育在新媒体时代下需要完成的新挑战与新要求。这是以马克思主义系统结构理论为首要论据。世间万物都是互相作用、互相影响和互相联系的一个完整体系，这个观点是马克思主义系统观提出的。"当我们深思熟虑地考察自然界或者人类历史或我们自己的精神活动的时候，首先呈现在我们眼前的，是一幅由种种联系和相互作用无穷无尽地交织起来的画面，其中没有任何东西是不动的和不变的，而是一切都在运动、变化、生成和消逝。"[1] 同样，马克思和恩格斯还提出了另一重要理论，物质结构不仅可以无限大还可以无限小，具有不同的层次性，这就是物质结构层次理论。在新媒体时代背景下，高校思想政治教育可从系统结构理论得出以下两条启发：一是要想发挥高校思想政治教育内容体系的整体作用，就要以发展和联系的视角去思考其每个部分的内容，去思考研究所需的结合方法；同样要以社会存在的发展为前提，使内容结构不断优化，进而推进科学发展。二是根据物质结构的层次理论，要想高校思想政治教育的内容结构体系得以建立，就要对其内容科学地设置不同层次。

除此之外，能使高校思想政治教育内容结构不断优化的理论依据有很多，比如马克思主义关于人的全面发展学说、人的本质学说、社会存在与社会意识的关系原理等等。

第二节 新媒体视域下高校思想政治教育内容结构优化的原则

高校思想政治教育内容结构优化的原则是以行事说话为依据。在新媒体时代背景下，其内容结构的优化要坚持以下六个原则。

一、整体与局部统一的原则

思想政治教育的整体结构是使思想政治教育各个要素之间互相作用、互相关联，因为思想政治教育是由很多要素构成的一个非常复杂的动态系统。到目前为止，关于基本结构的说法学界给出了以下要素论：教育环境、教育者和受教育者是"三要素论"，环体、介体、主体和客体是"四要素论"，目标、内容、方式、

---

[1] 马克思，恩格斯. 马克思恩格斯选集第 3 卷第 3 版 [M]. 北京：人民出版社，2012.

主体和客体是"五要素论"。其实，不管是几要素，他们都有一个相同之处，即整体系统是由各要素间的相互作用和相互联系而构成，但这个整体系统却又被分为评估结构、方法结构、内容结构、过程结构、主体结构、客体结构、价值结构和目标结构等子系统。毋庸置疑，整体是整体与局部关系中的核心因素，然而，整体优化和局部优化具有不均衡性和不同步性，并非是完全一致的。所以，要以整体优化为前提，以整体性原理为依据，我们要遵循整体与局部统一的原则。在新媒体时代背景下，我们对于高校思想政治教育的内容结构优化，既要做到整合优化内容结构的各子系统，如道德教育、政治思想教育、心理教育、法制教育等，还要实现教育价值，把每个不断完善的子系统内容置于整个教育系统中。

二、层次性和针对性相统一的原则

教育内容其实有很多弊病，例如泛统一规范化、泛知识化和泛政治化等，不利于教育价值的实现，这是在高校思想政治教育工作中实践得出的。在对高校思想政治的教育改革历程中，我们强调思想政治教育内容体系有动态的特点，是历史的产物，它的针对性和层次性也有体现，从高校思想政治的教育方式、教育目标、教育对象和教育内容就可看出，思想政治工作教育内容应和教育目标一样展现层次性的特点。其一，思想政治教育内容必须遵循先进性和广泛性相融合的原则，这是由群体的不同所决定的；其二，思想政治教育内容必须遵循历时性和共时性相融合的原则，要依据同一主体的阶段性，及时调整优化符合时代的教学内容。

三、提高要素质量和理顺要素关系相统一的原则

在新媒体时代下，要丰富思想政治教育内容的各要素内涵，对于思想政治教育内容结构不可舍本逐末地进行优化，如果教育内容各要素能够排列组合，那它的功能就能更好地发挥，这体现了教育内容各要素在体系结构中应有对应地位和排列顺序。倘若教育内容各要素间主次不分、地位不清晰，那教育内容结构就不再适用；然而主次明确、地位清晰，却对一些教育内容不重视，致使内容结构很片面、体系不完整，这也造成了结构不再适用。再者，如果只发挥政治教育的关键作用，限制了视野，那会导致思想政治教育内容过于单一，毫无实效性。

四、延续性和时代性相结合的原则

随着科学技术和时代的发展以及社会文明的进步,思想政治教育的内容结构需做到创新发展、与时俱进,这也提高了人的素质发展要求。"倡导富强、民主、文明、和谐,倡导自由、平等、公正、法治,倡导爱国、敬业、诚信、友善"是党在十八大上提出的社会主义核心价值观,它是历史继承和时代发展统一的体现,是马克思主义价值观基本特质和精神的体现,还展示了现实的针对性和理论的延续性,深刻凝练了核心价值体系。此外,社会国际国内环境、师资队伍、受教育者身心发展阶段等因素的影响,制约着高校思想政治教育内容结构的优化,尽管如此,它也能经得起时间的检验,但如果优化调整存在问题,那就会影响到一代人甚至是几代人的成长发展,所以受教育者一定不是试验品,我们不能亦步亦趋、夸大其词,而是要有谨慎的态度。

五、时效性和可读性相结合的原则

新媒体时代下,为提高大学生的思想认知,高校思想政治教育者一定要收集、整理学生关注的各种问题并为其答疑解惑,进而挖掘教育内涵,当然这些问题也能作为教育内容的范例。与此同时,高校思想政治教育之所以失去它本身的意义和必要性,其内容也未被大学生所关注,是因为它的话语结构有了很多的变化,如泛政治化的语言。新媒体时代下,了解大学生特点、校园特点以及地域特点,探寻高校思想政治教育话语变化的内容,拓宽思想政治教育内容的范围,发展具体且多样的表达方式,增强语言风格的生动性和接地气性,这些都能使大学生思想政治教育内容的可读性得到加强。

六、规划传播与有效控制相结合的原则

根据传播学的观点,基于历史条件的影响和社会经济政治的发展,我们要制约和调节传播的内容,思想政治教育也有特定的表达方式和内容,是一种特殊的教育传播活动,合理的传播内容能提高、优化传播的效果。思想政治教育可以推进社会文明进步和维护社会秩序,因为它其实是运用引导、束缚人们的方式来进行的教育传播活动,有特定的社会约束力。第一,这是维持社会稳定发展的重

要举措。思想政治教育内容受上层建筑制约、由社会经济基础决定，它是社会意识形态领域和上层建筑中至关重要的一环，有鲜明的阶级性和政治性特点。整个社会进行有序运转的前提，就是要求人的社会交往必须按照特定的行为规则，去调整社会综合体各个方面的关系。所以，高校思想政治教育既要引导大学生的言行举止，也要丰富他们的理论知识，比如运用符合社会发展的道德规范、思想观念和政治观念。第二，中国特色社会主义市场经济体制得以确立的内在要求也在于此。"经济建设这一手我们搞得相当有成绩，形势喜人，这是我们国家的成功。但风气如果坏下去，经济搞成功又有什么意义？会在另一方面变质，反过来影响整个经济变质，发展下去形成贪污、盗窃和贿赂横行的世界。"[①] 第三，新媒体时代引发了许多文化需求，基于此文化产品和文化服务到处可见，比如电影、互联网信息、各类书刊、手机短信、新闻报道等，其在传递信息、提供娱乐的同时，也可宣扬社会政治观念，从而影响全社会的物质、精神结构。各类新媒体技术的确为大学生们自主选择、接受和宣传信息带来了益处，但在调节、控制和引导舆论上也出现了社会、政府、党和学校难以把控的现象，典型的有思想政治教育权威部门的话语控制权被打破，所以优化和创新高校思想政治教育内容迫在眉睫。

第三节　新媒体视域下高校思想政治教育内容结构优化的要求

在新媒体时代下，优化和创新高校思想政治教育内容结构要以传统继承为支撑，融合社会时代的特点，并非否定过去、丢弃地基、独树一帜，这样才能注入新鲜的教育内容血液。新媒体对高校思想政治教育产生了巨大影响，所以我们在创新优化教育内容结构的时候，要依据整体要求的准则来进行。思想政治教育内容结构优化的本质原则是实现其任务和目标，明确"优"是方向的表现，有一个特定的变化过程，"化"是定量的表现。故而我们应处理好思想政治教育内容的层次结构和要素结构的关系，做到"三贴近"，即贴近社会现实、贴近学生实际、

① 文钊，梁周敏，李欣，等.《邓小平文选》第3卷导读[M].北京：时事出版社，1993：79-80.

贴近专业要求，这不仅是教育内容层次结构序列性的表现，还是教育内容要素结构完整性的表现，是新媒体时代下，优化创新高校思想政治教育的内容结构的必然选择。

一、内容结构的层次方面

（一）在横向结构方面，坚持主导性和全面性相结合

多层次、多向度、多类型是新媒体时代高校思想政治教育内容有机整体的特征。横向结构层次的内涵是高校思想政治教育内容在同一层次中，各个部分互相影响和所延伸的各种关系。社会与人的全面发展所展现出的整体联系是思想政治教育内容的全面性的体现。政治教育在整体联系中发挥着主导作用，它既决定思想政治教育的方向与性质，还支配着思想政治教育的其他相关内容，由于政治教育可以达到社会阶级或集团的一些政治目标，所以在高校思想政治教育中务必坚定政治教育的先导作用。与此同时，思想政治教育内容的类型主要包括道德教育、心理教育、思想教育、政治教育和法纪教育，主要是因为一些阶级和社会对其他社会成员提出了诸多要求，有思想层面、政治层面、心理层面等，从而使人的素质具有整体性、丰富性、多样性和全面性。所以，要以思想政治教育内容的横向联系为前提基础，以社会主流意识形态为指引，来构建其内容体系，还应从各种关系上明确受教育者的思想要求、道德要求、心理要求等，这些关系包括人与自然、人与社会、人与自己和人与他人的关系，进而使类型贴近的教育内容得以整合，使教育内容单一及重复的现象得以制止，使教育内容的系统整体性得以加强。

（二）在纵向结构方面，坚持层次性和针对性相结合

层次是系统要素相结合的等级序列，是表征系统内部结构中存在的等级差异的范围。思想政治教育有三个层次，这主要是依据教育对象的心理层次、角色层次和接受水平与能力所划分的，其中心理教育、道德教育的教育内容是基础层次，思想教育的教育内容是较高层次，政治教育的教育内容是高层次，它们是从低到高层层递进的关系，是互相作用、互相影响的有机整体，所以我们看到的教育内容序列是由低层次递进到高层次的，教育内容是从浅入深、从低到高的螺旋上升的过程。

二、在内容选择上，要体现理论性与实践性的结合

高校思想政治教育内容和现实所需有很大差距，其内容结构比较晦涩，语言表述比较生硬，说明当前内容的实践性与理论性没有做到很好的结合。教育内容由于受到文化和政治经济大环境的熏染，其内容影响力受到了削弱，主要是内容因经典产生的权威性，僵化了层次结构。基于此，倘若经典理论无法展现新活力，无法表述出大众耳熟能详的语言，也就不能被社会群众认可，更不能被外化。所以，要想思想政治教育深入人心，就要理论和实践相结合，把握时代变化的脉搏，了解物质世界的特征和规律，做到与时俱进的内容要求，调整青年学生和时代的一致步调，采取新颖的、有针对性的多层次方式，达到学生积极内化和欣然接受的效果。如此来看，做好以下两点可以推动内容的更好选择。

（一）要做到"三贴近"

第一，贴近社会现实。目前我国思想政治教育内容结构体系落后于国内外形势的变化和发展，落后于社会的经济发展，内容的滞后性是大学生思想政治教育最明显的问题。对于思想政治教育内容结构体系而言，为解决这一突出问题，我们需研讨出适配于现实思想政治教育的内容。唯有如此，在我国社会主义现代化进程中，大学生才能用一系列正确的观念对待社会中的一些问题，比如政治观、世界观、价值观、人生观、道德观等，才能用聪明才智解决社会问题，也使社会现实得到了关注。

第二，贴近专业要求。高校思想政治教育之所以处于弱势地位，是因为传统思想政治教育的泛知识化把思想政治教育和专业技能、专业理论等智力教育同等对待了。新媒体时代传播了大量信息，在这当中有许多和大学生所学专业密切相关，这也有利于大学生的专业学习。所以，在新媒体时代，要想通过思想政治教育提高大学生的专业学习能力和专业素质，就要使思想政治教育的内容密切贴近大学生专业理论、专业技能，还要加强思想政治教育和专业教育的联系；而且道德是客观存在于社会生活中的，也是社会和谐发展的根基，还是人聪明完善的根本，在为社会培养人才时，专业教育的前提是培养有道德的人，这样才能提高大学生的综合素质，使他们全面发展。

第三，贴近学生实际。首要的是结合学生的学习。由实践表明，人们最关心

的和最能被吸引注意力的是与之密切相关的所处现实环境、社会时代及现实实践活动的实际利益。在新媒体时代下，高校学生能多方面全方位地获取信息，那我们的高校思想政治内容，在学习马克思主义理论以及党的路线、方针、政策、纲领等相关内容的同时，还要有诸如一切对身心人格健康有益的知识、习俗习气、道德文化、人文精神、科学精神、民主和法制意识、社会热点、生活方式等内容，这样被动接受的大学生变成了主动接受者和选择者，否则所有远离实际的教育内容，都会让高校学生产生冷漠的态度和逆反的心理。我们要最大限度地学习吸收最新的理论研究成果，并加以探究和使用，要积极适应社会时代的发展，还要不断拓宽教育内容的视野，并加以深究新情况、解决新问题，这都是思想政治教育顽强生命力得以提升的要求。例如，用新添加的人与自然协调共存的世界观、媒体素养、创新教育思想、全球意识、生态道德等教育内容，来教育引导大学生，从而使大学生获得更有效的帮助和指引。

（二）要与学生生活相结合

大学生之所以在一些成长的经历中得到蜕变，是因为他们处在成人的重要时期，其实是"半社会人"。在这个时代中，大学生年轻无极限，张扬是他们个性特点的代名词。然而由于大学生在这一时期面对的困难逐渐增多，因此需要他们处理和思考的问题也在增加，同时还会面对许多选择。他们面临诸多现实问题，比如如何化解压力、如何与人交往、如何科学设计生涯规划以解决各种矛盾、以适应虚拟社会的复杂环境和现实社会、以积极参与竞争。如果不能很好地处理这些问题，就可能会影响以后得发展。思想政治教育内容不仅要着眼于学生未来可持续发展能力的培养，还要着眼于学生现实生活能力的锻炼。在实践活动中，培养学生团队协作和积极参与的精神，引导学生共同生活并提高生存能力，做到关心、尊重他人；在日常生活中，坚持以生为本的理念，为学生遇到的疑难困惑提供帮助，以更好地解决实际问题；教导学生维护人类尊严，关注全面发展的问题，完善他们的道德品质；在人类面临的问题中，提倡学生进行深入研究，倡导人文关怀，加强全球化意识；与此同时，对学生全球服务理念和国际意识观念的培养也是必不可少的，使他们具备国际竞争与合作交流的专业知识和能力。要实现思想政治教育的实效性，使学生能最大程度地接受、认可和内化高校思想政治教育内容，就一定要在学生的不同生活区域，多方面全领域地紧密关注他们。

第四节　新媒体视域下高校思想政治教育内容结构优化设计

在新媒体时代下，高校思想政治教育内容结构新问题逐渐暴露，我们必须积极地调整解决这些问题，以原则、理论和要求为引领，使内容结构得以优化。

一、政治层面：以政治教育为核心

正如前文所述，无论高校思想政治教育有多么丰富的内容，但在这一体系中，发挥支配与决定作用、处于主导地位的始终是政治教育。它围绕各个方面进行教育，比如政治方向、信念、理想、观点、立场等。以政治教育为主导，就必须始终以理想信念教育为思想政治教育的核心内容。如今国际国内形势极其复杂，加强学生对社会的责任感、对国家的归属感，引导学生树立正确的价值观和政治观；强化学生的社会主义教育、集体主义教育和爱国主义教育，是我国高校思想政治教育工作所面对的首要任务。党的基本路线、基本理论、原则、纲领是我们面对许多政治问题时必须要遵循的，这类政治问题有坚持什么样的指导思想、依靠谁来领导、走什么道路等。道路由前途决定，标定着前进的方向。使学生坚定道路自信，在我国高校思想政治教育中，就要采取引导的方式，学生的实践基础要丰富、政治视野要开阔、知识理论底气要浓厚；创造美好生活的必由之路、实现社会主义现代化的必然选择，就是要自觉认识中国特色社会主义道路。国家的前途命运、社会的发展规律以及大学生自身的社会责任，这些都需要他们有清晰的认知，可以开展一系列有效的政治教育活动加强大学生的正确认识，进而明确中国共产党领导的中国特色社会主义道路，实现中华民族伟大复兴的共同理想和坚定信念。此外，大学生追求更高更长远的目标也是需要主动指导的，大学生中的先进分子，要对马克思主义有坚定的信念，对共产主义有远大的理想。

二、思想道德层面：自觉树立社会主义核心价值观

对世界观和方法论层面的教育就是思想教育，它旨在解决主客观的问题。而对行为规范层面的教育则是道德教育，它旨在提高人们的道德品质和道德判断能力，培养人们浓厚的道德情感，养成良好的道德行为。随着改革开放和经济全球

化、就业方式、组织形式、分配方式、利益关系及社会经济成分呈现多样化的特征，与此同时，人们的思想活动也在发生着变化，主要表现得更加具有独立自主性、差异化和多样化，于社会而言，思想也日益活跃，进而促使各种各样的思潮出现、观念交织，这都深刻地影响着大学生的思想。在新媒体时代，各高校必须坚持社会主义核心价值观的指引、坚持从实际情况出发的方针开展思想政治教育，从而使正确的道德观、价值观、世界观和人生观，引导大学生的生活和学习，推进大学生工作的开展。

核心价值体系的精髓是核心价值观，这也是每个国家、民族、社会和人民群众所坚守、追求、信奉的共同的基本规范与价值观念。对于西方资本主义社会来说，他们遵循的核心价值观是博爱、平等和自由，而我国封建社会遵循的则是仁、义、礼、智、信。每个国家的核心价值体系各不相同，有其独特性。例如韩国是爱国精神，日本是国民精神，新加坡是共同价值观念，美国是乐观精神、多元精神、创新精神。我国社会主义核心价值观从提出、到推进、再到践行的进程，是伴随着党发展和建设社会主义历程的。党的七大提出的"将中国建设成为一个独立、自由、民主、统一和富强的新国家"[①]核心价值观是发展目标之一。改革开放至今，总结和发展全民族全社会共同的社会主义核心价值观，贯穿于中国特色社会主义事业的整个过程，并且我党一直在奋力推动。

三、文化层面：弘扬中国传统文化，融入世界文化

新媒体时代，可以称之为信息膨胀时代。由于新媒体的高速发展，导致以往过去的社会道德和人伦关系，面临着巨大的威胁。随着文化多样性的发展，社会文化在不同程度上发生了变化，尤其西方文化不仅挑战着各国传统文化的生存与发展，更冲击着思想政治工作的文化根基。马克思曾说："人们自己创造自己的历史，但是他们并不是随心所欲地创造，并不是在他们自己选定的条件下创造，而是在直接碰到的、既定的、从过去继承下来的条件下创造。"[②]所以，在新媒体时代，我国的思想道德教育优良传统一定要继承并大力弘扬，对世界的思想道德教育优

---

① 中共中央党史研究室，中央档案馆. 中国共产党第七次全国代表大会档案文献选编 1[M]. 北京：中共党史出版社，2022：287.
② 中共中央马克思恩格斯列宁斯大林著作编译局译. 马克思恩格斯选集 第 1 卷 [M]. 北京：人民出版社，1966：603.

秀成果一定要汲取并合理借鉴,这是思想政治教育内容结构得以优化创新的必由之路。要想使我国大学生树立人文精神,尤其是民族精神,继承的内容就要结合时代的内涵,产生时代价值,借鉴的国外思想道德教育内容就要促进中华民族文化发展,体现中华民族文化特色。

(一)继承和弘扬中华民族优良思想道德教育传统

1. 生态道德教育

民族精神的有无是基于民族文化,因为文化是维系一个民族的精神纽带。以中华民族文化为根基,构建我国的思想政治教育内容,深深地扎根到民族文化的肥沃土壤中,从而体现浓厚的民族性。中国古代贤哲自然而然地使用层次和结构概念,认为"道""阴阳""天""地""人"是一个有机整体,强调的是"天人合一"。它的核心是两两相通,即"自然"和"人为"相通、"天道"和"人道"相通,"天人合一"也已经成为中国世代悠久的哲学命题了。战国时期,孟子和子思提出了人与天相通,即人的天赋和人的秉性能做到尽心知性便可知天,从而达到"上与天地同流",而庄子提出了"天地与我并生,万物与我为一",虽然人的思想观念和主观意志各异,导致天人"合一"、天人"统一"遭到破坏,但是人与天始终是合一的。人应该要消除天人之间的差异,做到与天合一。在此之后,中国历代的哲学家、思想家对"天人合一"的思想在不同角度上进行了完善和发展,并不断探寻天人相通,实现天与人的一致、协调、和谐。如今我们要努力强化生态道德教育,这正是受"天人合一"自然观的启发。

基于横向比较、纵向扬弃的观点,生态道德教育是一种全新的德育范式和德育观,它对人起着教导作用,人对环境的自然行为和人对人的社会行为都要受到伦理道德的评判;在自然中,要摆正人的位置,这就要求正确看待人与自然的关系,如短期关系、长期关系、利益关系,要求恰当处理各种利益关系,如个人与社会、个人与集体、个人与他人。所以,生态道德教育对人们享用自然、热爱自然、享用生活、热爱生活起到了很好的指导和教育作用,使生态道德教育的道德视野更为宽广。此外,在现代社会中,衡量一个国家和民族文明程度的主要指标就是看其是否拥有优良的生态道德意识,这也是衡量个人素质全面发展的关键标准,当然社会公德的主要内容仍是生态道德教育。

新媒体时代的生态道德教育作为一种新型的道德教育活动，意思是以人与自然、人与社会和人与人的道德观为前提，教育者要不断指导受教育者形成正确的生存观、发展观、自然观和人生观，并在社会领域梳理好各种关系，如人与社会、人与集体、人与人的关系，这样就会形成与社会需要、集体需要相符的人的行为，就会创造出人赖以生存且敬重的人文生态环境，从而推动社会的稳定发展；在人文生态和自然生态环境中，要想养成受教育者的保护环境、珍惜资源、文明和谐的道德素质及文明习惯，就要在自然领域中，创造出人与自然互利互惠、和睦共处的自然生态环境，这需要制止、限制人对自然的盲目行为，需要拓展道德规范和原则，从而推进人与自然和谐共处，在此过程中受教育者也能成为理性的生态人，可以协调人与自然、人与社会和人与人的关系。

2. 人伦自觉意识的培养

将儒家伦理道德思想作为中华传统道德的主体，再结合道、法、墨和佛家等各家有关思想进行人伦自觉意识的培养。中华传统道德历经了数千年的更新、丰富和演变，逐步拥有了一套较为完善的伦理道德思想体系，这套体系内容较为完整，包含了诸多层面，如行为方式、道德精神、价值观念、情感信念等。尽管儒学的文化体系十分庞大，有自然科学、伦理道德、经济、政治、教育、军事等，但最核心、最有代表性、最关键的内容还是伦理道德。它包含两个层面：伦理规范（以礼为基础）、德性原则（以仁为基础），这两个层面实质是两个不同的属性范围，礼体现的是外在戒律性，是一种社会规范，而仁则体现的是内在目的性，是一种行为品行和生活意义。纵观古今，董仲舒作为集先秦儒家之大成者提出了"五常德"，即仁、义、礼、智、信；宋代则是"八德"，涉及忠、孝、礼、义、悌、信、廉、耻；到了近现代，蔡元培、孙中山等提出了不同于宋代的新"八德"，即忠、孝、仁、爱、信、义、和、平，而国民政府在此基础上还添加了"四维"，即礼、义、廉、耻，叫作"四维八德"。在新媒体时代，我们要构建高校思想政治教育内容就应对这些思想不断学习，并加以挖掘、研究。将中华传统道德作为根基，培养人伦自觉意识。

所谓"人伦自觉"便是个体对人伦关系的清晰认识和规范自觉。个体要把这种认识和自觉等同于受道德规范和法律影响的身体自觉和互动上，而不可单纯地归于认识和自觉水平。具体来说，"人伦自觉"要尊重他人、关爱他人、面向他人、理解他人、承认他人、回应他人，表现出对他人的义务与责任，使他人和社群融合为一体，进而让我们朝着社会认同的动态范畴走去[①]。在新媒体时代，虚拟社会存在的形式有其独有的特征，虽然源于现实社会，却能从现实社会中延伸拓展出来，它也是基于网络技术和数字技术的。个人的生活方式、生活理念和世界观伴随着新媒体时代的到来而产生了巨大的变化，也对人与人之间的关系产生了改变。在现实与虚拟的社会人际关系中，教导和引领大学生用人伦自觉的观念回应复杂的人际社会关系已迫在眉睫。高校思想政治教育的每个环节都体现了道德伦理教育，比如处理个人与学校、与他人、与社会、与国家和自己的关系，因此道德伦理教育也协调着人与人的关系。如今加强大学生的人伦教育、提高"人伦自觉"能力和意识，需要调动两个方面的积极性，分别是大学生和高校思想政治教育工作者。想要构建高校思想政治教育内容，必须对中国传统道德的内核合理地吸收，对民族共同价值观进行有效的塑造，将传统思想道德资源不断地激活，并且在时代精神注入的同时，使大学生的道德责任能力和规则意识得到提高，使大学生文明诚信上网的意识和能力符合新媒体时代的要求。

3. 和谐心灵教育

在整个系统内，各个要素不会互相冲突与争斗，而是顺其自然、井然有序地运行，这便是"和谐"的内涵。那么心灵和谐，所包含的是情感与人的价值观念、人自身的思维、人与其自身等方面的和谐。人是社会的主体，有他自身存在的独立性质，在人类社会系统里，虽然人与外界交往时会和物质世界产生冲突，这种冲突体现在人与自身、他人、社会、自然之间的关系中，但是在这一动态过程中，锻炼了人的内心和才智，从而使人变得更具独立人格意义。因此，打开了新媒体时代高校思想政治教育内容结构的思路。

于人个体而言，在人的内心思想中，人的心灵和谐是由各种价值观念所形成的无法割裂的有机整体；于社会系统而言，在社会制度框架的范围内，心灵和谐可以有容纳他人和社会的心灵落脚之处，在价值取向多元化的大环境下，对自身的选择和价值观能及时作出调整，而且以信心满满的心态去服务社会、稳定发展，不受世俗的羁绊。人一生最美好的事就是追求现实生活的美好向往，这是精神中

[①] 赵爱玲. 人伦自觉：新媒体时代高校德育提质增效的目标指向[J]. 唐都学刊，2011（11）：33.

个人意识的高度升华，只有内心世界更和谐了，才能进行更为持久的抑制。内心和谐不仅是人所特有的品质，使人自由、静心；而且还是人所特有的智慧，使人心理健全、知荣明辱，同时让人学会自由自在的生活，达到人与社会、自然为一体，实现必然王国到自由王国的发展。和谐的人拥有一种灵性的安宁，能够全面发展。在多样化的人生道路面临选择时，心灵和谐可以帮助我们坚定又自信地走向正确道路。人的态度和行为是由理念所决定的，只有心灵和谐的人，在服务社会、发展事业、经营人生时才能保持创造、欣赏和乐观的态度。在社会主义和谐社会建立的过程中，教育工作者需要以心灵和谐的责任和意识，使其在人与人之间、人与社会和人与自然的关系调节中发挥应有的作用。当前社会存在许多不稳定因素，比如文化多元化与文化不自觉、利益多重化与崇尚财富的心理、价值多样化与信仰根基动摇，因此要坚持求真、求实、求美、求善，坚持以充实现实的理念实现人的意识变革，唯有如此，方可培育人的心灵和谐。

（二）赋予中华民族的文化底蕴，优化教育内容结构

构建高校思想政治教育内容就应体现明显的开放特征，对于世界思想道德发展，它是时代精神与民族精神相结合的表现。时代精神实际上是民族精神发展到一定时代的综合表现，而我们所谈及的民族精神则是与时代潮流相契合的民族精神。在新媒体时代，高校思想政治教育内容在对待国外教育资源时，一定要秉承着科学、正确的态度，将其作为一项参考物，并且在对待人类社会创造的文明成果时，一定要足够勇敢、果断，将其吸收和借鉴。

国外的"思想政治教育"是在"国民精神教育""公民权利和义务教育""历史教育""宗教教育""道德教育"的影响下开展的，其实他们并没有明确提出这一概念。这种教育实践活动在人类社会中是司空见惯的，世界上很多国家都在进行思想政治教育，在这当中许多思想道德果实是非常值得我们参考借鉴的。比如科尔伯格、皮亚杰所提倡的道德发展理论，即知、情、意、信、行的品德过程结构，古希腊所提出的品德要素结构思想，即节制、勇敢、智慧、正义这四主德，在我国优化高校思想政治教育的内容结构中，这些都可以借鉴吸收。思想政治教育的主要内容可以包含：道德社会化、政治社会化、法制教育、公民教育、宗教教育、共同价值观教育、国民精神教育、爱国主义教育等，这是我们在研究国外一些国家的思想政治教育时所发现的。在当代世界各国的思想教育中，加强爱国主义教

育自然而然就成了主旋律。虽然美国是一个移民国家，但是它以爱国主义教育构建了浓厚的"美利坚民族意识"。美国通过一些具有象征物的总统画像、国歌、国旗来加强"美国的意识"，这种现象在美国中小学是到处可见的。美国将斥巨资建设的航天博物馆、白宫、华盛顿纪念堂、国会大厦等作为青少年思想政治教育的基地。在1967年，新加坡中小学已经开始培养学生的公民、效忠、爱国意识，"公民课"已成为学生的必学课。新加坡采取共同价值观的讨论形式，促使印度人、马来人、华人都变成"新加坡人"。俄罗斯自始至终坚持爱国主义，尽管在舍弃社会主义核心价值观和共产主义之后人们的信仰出现"真空"的局面，但他们依旧高举这面旗帜。虽然没有了统一的大纲，但也毫不影响各个学校对爱国主义的教育。莫斯科学校在1873年通过建立博物馆、雕像、战争遗物的方式来加强学生的爱国主义教育，如"二战博物馆"、斯大林像雕像、英雄朱可夫将军雕像、烈士卓娅遗像等。在美国，其"思想工作"发挥着"思想旗帜"和"社会水泥"的作用，爱国主义、宗教凝聚、法律规范、政策调节、教育推动、社会监督、道德感召等，是其"思想工作"的主要内容和基本途径。[①] 新加坡政府在1990年发布了《共同价值观白皮书》，其中提出了"国家至上，社会为先；家庭为根，社会为本；关怀扶持，同舟共济；求同存异，协调共识；种族和谐，宗教宽容"的五大价值观，可以使各种族都能接受。

在经济信息全球化和我国对外开放发展的进程中，思想政治教育越来越具有民族性和阶级性，其价值观内涵也越来越多地体现全人类性、时代性，我们要大胆地学习和合理地借鉴外国思想道德一些方面的成果，比如共同道德情操、共同道德意识、共同审美意识、人类共同心理诉求等。只有具有人文关怀的、具有博大胸怀的思想政治教育，才能被广大学生认可、接受。

四、技术层面：加强媒体素养教育

在新媒体时代，高校思想政治教育内容结构的优化，必须依托思想政治教育内容的持续更新和内容结构的升级。高校思想政治教育的内容体现着人的发展和社会发展的需要，时代发展、社会进步、技术水平提高使得教育内容不得不与时俱进、发展创新。

---

① 熊建生.论思想政治教育内容建构的依据[J].学校党建与思想教育，2009（3）：9.

在马歇尔·麦克卢汉所著的《理解媒介》中可以看出：媒介文化已经把每个人囊括当中，因为文化和传播凝聚成一个动力学的过程。在现代文化的塑造和人们价值观念的形成中，新媒体发挥着强大的作用，对人们的生存方式产生辐射性的影响。在网民中，大学生是数量最庞大的那个群体，但他们不能正确地理解网上的信息，很容易被负面信息所误导，这是因为大学生辨别网络信息真伪的能力很弱，还受很多其他因素的影响，比如阅读能力、心理发展水平偏差、知识结构不完善、情感特征局限、社会阅历等。生活在新媒体文化所制造的景观之中，我们必须学会生存，注重在思想政治教育进程中持续不断地倡导新媒体素养教育，使媒体素养观念和意识入脑入心，这是新媒体时代推进高校思想政治教育提质增效的一项重要战略举措。

媒体素养教育，就是指导受教育者正确理解传媒及其信息，建设性地享用媒体传播资源，培养他们具有健康的媒介解读和批判能力，使其能够在多元的媒体环境中，充分合理利用媒体资源完善自我、参与社会发展。因此，媒体素养不仅是一种知识体系，而且是一种技能、一种思维方法，是现代公民必备的基本素质。在内容结构上，积极整合资源，在当代大学生中实施媒体素养教育工程。努力提升当代大学生的媒体素养及面对媒体尤其是新媒体的各种信息时的理解能力、选择能力、评价能力、表达能力、创造能力以及批判和鉴别能力。新媒体时代，网络、手机的互动性、随意性等特点使信息传播变得十分迅速、方便的同时，对广大网民和手机用户的理性思维能力、完善的知识结构提出了更高的要求。在高校思想政治教育内容结构中大力实施媒体素养教育工程，将有助于提升大学生对纷繁复杂的网络信息的准确理解、正确选择、合理评价的能力。通过对大学生进行新媒体道德规范教育，引导他们在遵纪守法、符合道德规范的要求下使用新媒体，增强其法纪观念，提高其道德素质，努力培养他们成为在一定范围内有创新性的"舆论领袖"和正面信息的传播者，从而逐步形成"线上"和"线下"思想道德文明建设的合力和良性循环机制。

第五章 新媒体视域下高校思想政治教育理论课教学创新

本章主要介绍新媒体视域下高校思想政治教育理论课教学创新，包括三个方面的内容：新媒体视域下高校思想政治理论课的特点和要求、新媒体视域下高校思想政治理论课教学范式转换和新媒体与高校思想政治理论课的深度融合。

第一节 新媒体视域下高校思想政治理论课的特点和要求

近些年来，党和国家对思想政治理论课建设给予了高度的重视和大力的支持，并通过各项实施意见的颁布，促进思想政治理论课的合力不断加强，效果不断提升。2019年3月18日，在学校思想政治理论课的教师座谈会上，习近平总书记强调："我们办中国特色社会主义教育，就是要理直气壮地开好思想政治理论课。"[1] 思想政治理论课又被叫作"不可替代"课程、"关键课程"，这是国家层面对思想政治理论课精准定位的重要表现。站在新时代的特定坐标中，思想政治理论课呈现出了新的特点，新时代对于思想政治教育工作也提出很多新要求，要求在新思维、新理念、新方法等层面上都能有所突破。教学质量是思想政治理论课的生命线，教学质量的高低，直接影响着高校能否真正发挥好立德树人的根本意义。

一、教学目标注重思想引领

新时代孕育新思想，新思想引领新青年。因此，新时代的思想政治理论课要

---

[1] 李艺轩. 办中国特色社会主义教育 就是要理直气壮开好思政课[EB/OL].（2019-03-20）[2023-09-17]. http://www.china21edu.com/HTML/AT/ATS/17/2019/3-20/541681.shtml.

更加重视思想引领。思想政治工作是高校的生命线,思想政治理论课是高校教学工作的重中之重。2019年8月,中共中央办公厅、国务院办公厅印发的《关于深化新时代学校思想政治理论课改革创新的若干意见》中明确提出:"在大中小学循序渐进、螺旋上升地开设思想政治理论课,引导学生立德成人、立志成才。"与中小学阶段思想政治理论课相比,高校的思想政治理论课与其是一脉相承的,但同时在教学目标、教学内容等方面又充分考虑了青年大学生的个性特点和阶段性适应问题。

(一)新时代思想武装头脑

新的历史方位,产生新的历史使命。实现"两个一百年"奋斗目标、实现中华民族伟大复兴的中国梦被视为我国当今社会最鲜明的时代主题。2019年8月,由中共中央办公厅,国务院办公厅印发的《关于深化新时代学校思想政治理论课改革创新的若干意见》中第一条基本原则便是"坚持党对思政课建设的全面领导,把加强和改进思政课建设摆在突出位置"[1]。新时代加强坚持党对思想政治理论课建设的全面领导,也是加强党对意识形态工作的领导权的具体要求。这就要求在思想政治理论课这一高校意识形态教育的主阵地,坚定不移地以习近平新时代中国特色社会主义思想引领教学。

在新时代社会背景下,我国青年应全方位认识并领略习近平新时代中国特色社会主义思想的伟大理论意义。在具体教学环节,思想政治理论课教师更是要结合具体案例,帮助大学生学深,悟透,使新时代思想能够入脑入心,让真理的光芒照亮青年大学生的成长道路。

(二)政治信仰扎根心田

2014年5月4日,习近平总书记在北京大学师生座谈会上指出:"青年的价值取向决定了未来整个社会的价值取向,而青年又处在价值观形成和确立的时期,抓好这一时期的价值观养成十分重要。这就像穿衣服扣扣子一样,如果第一粒扣

---

[1] 中共中央办公厅 国务院办公厅印发《关于深化新时代学校思想政治理论课改革创新的若干意见》[EB/OL].(2019-08-14)[2023-09-17]. https://www.gov.cn/zhengce/2019-08/14/content_5421252.htm.

子扣错了，剩余的扣子都会扣错。人生的扣子从一开始就要扣好。"[①]新时代，引导学生树立远大理想、系好人生的第一颗扣子是思想政治理论课教师的历史责任；强化思想引领目标是思想政治理论课教师的根本任务。思想政治理论课教师要"因事而化、因时而进、因势而新"，用朴素的话语解读新时代思想、阐述中华民族伟大复兴的中国梦、讲述最精彩的中国故事；用学生听得懂的语言和喜欢的方式传播思想和意识形态，引导青年大学生将政治信仰扎根在心田。青年大学生唯有坚定理想信念和政治信仰，才能避免在行为上与党和人民的期望相背离，才不会与国家和社会的发展背道而驰。

培养大学生坚定政治信仰，就需要思想政治理论课教师积极引导大学生关心国情，主动关注社会现实，具有较强的时政敏感性和理论与实践的转化能力；面对国际的反动与恶意舆论，能够理直气壮地驳斥；理性认知社会问题，深刻领悟新时代思想和精神实质，成为一名听党话、跟党走的有用人才。

（三）社会主义核心价值观教育贯穿始终

培育社会主义核心价值观自信，是青年大学生践行社会主义核心价值观的重要前提，是青年大学生在青春年华书写美好人生篇章的扎实基础。2019年8月，中共中央办公厅、国务院办公厅印发的《关于深化新时代学校思想政治理论课改革创新的若干意见》中指出，要"全面推动习近平新时代中国特色社会主义思想进教材进课堂进学生头脑，把社会主义核心价值观贯穿国民教育全过程"[②]。在价值多样的时代环境下，大学生所处的思想环境也非常复杂，充满诱惑。培育大学生社会主义核心价值观自信，思想政治理论课教师任重而道远。

具体来说，思想政治理论课教师要引导青年大学生通过对中华民族不断发展、壮大历史的学习，能深刻领会中国之所以选择中国特色社会主义道路的历史必然性；通过对中共党史的回顾，能深刻理解坚持中国共产党领导的正义性；通过对当今中国发展现状和国际形势的剖析与思考，更加坚信中国特色社会主义理论的

[①] 青年要自觉践行社会主义核心价值观[EB/OL].（2014-05-04）[2023-09-17].http://politics.people.com.cn/n/2014/0505/c1001-24973097.html.
[②] 中共中央办公厅 国务院办公厅印发《关于深化新时代学校思想政治理论课改革创新的若干意见》[EB/OL].（2019-08-14）[2023-09-17]. https://www.gov.cn/zhengce/2019-08/14/content_5421252.htm.

蓬勃活力和真理正义性，更加坚信中华民族实现伟大复兴中国梦的科学性。思想政治理论课教师要深刻领悟新时代思想，时刻关注大学生的思想动态与变化趋向，善于发现大学生成长过程中遇到的困惑，引导学生学习社会主义核心价值观的基本内容和重要内涵，要知行合一，引导大学生能运用所学的理论知识解决自身遇到的困惑和难题，培养形成健全高尚的道德品格和积极乐观的阳光心态。

从课程属性与教学任务来说，思想政治理论课不仅要进行一般的理论灌输，而且要实现立德树人的根本使命。价值观教育目标与知识性课程属性，同样重要，缺一不可。"通过深化改革，突破'你教我学'的传统教学模式，引导学生对问题用主人翁的态度思考，讲授时层层剥笋，不牵强不刻意，遵循学生认知规律，从而使'课堂活起来，学生真受益'。"①

二、课程内容注重与时俱进

思想政治理论课是一门对教育实时性、时代性、现实感要求极高的课程，作为高校马克思主义理论教育和思想政治教育的首要渠道和主阵地，在学生的价值观培育和观察、分析社会问题的综合能力的培养方面发挥着不可替代的作用，其教学内容的具体设置和教学过程的实施方式，直接影响着课程教学目标的实现效果。

新媒体时代，青年大学生拥有更丰富的信息获取途径，有更多样的信息需求和精神需求。他们的知识储备更丰富，理性思维更活跃，价值选择更多样。思想政治理论课要实现精神引领，就必须在内容设置和授课方式上下功夫，在保证理论知识的及时更新，提高思想理论的深度以及增强课程的思想黏性方面，坚持更多的自觉。这不仅是提高思想政治理论课教学实效的需要，同时也是促进大学生个人成长发展的需要。唯有能真正走入大学生的内心、触及灵魂的思想，才能获得教育引导的成功。

（一）教师的思想应与时俱进

传统的思想政治理论课，较多是处于"老师照本宣科，学生心不在焉"的枯

---

① 高德毅，宗爱东. 从思政课程到课程思政：从战略高度构建高校思想政治教育课程体系[J]. 中国高等教育，2017，（01）：43-46.

燥状态。这样的思想政治理论课必定难以吸引学生，甚至让人产生对思想政治的抵触情绪。而今，思想政治理论课的重要性不言而喻，它关乎青年大学生世界观、人生观、价值观的塑造与培养，因此，必须提升思想政治工作的实效。而做好高校思想政治工作，要求在内容上因时而进、因势而新，在方法上因事而化。这就要求思想政治理论课教师应坚持与时俱进，坚持拥有关注社会变化的自觉性；对于社会现象和社会热点问题，应主动去关注，做到了解变化，适应变化，甚至能创造变化。

（二）课程的内容应及时更新

高校要加快构建思想政治理论课教材体系，推出更多高水平教材。思想政治理论课是一门极其强调时代性的课程，它要求教材的内容上能充分反映人类认知规律的不断深入，能充分体现我们党的最新理论成果和实践成就。因此，在教学的过程中，教师应根据新时代、新环境、新变化、新问题，不断更新并提炼教学内容，不断提升内容的理论高度，增强课程理论的思想性，以知启德、以学弘道，以透彻的学理分析说服学生。

（三）教材的思想性和理论性应不断提高

习近平总书记强调，要"在大中小学循序渐进、螺旋上升地开设思想政治理论课"①，而高校开设的思想政治理论课是最高学段的思想政治理论课。因此，在教学实践过程中，教师的知识面不能只是停留在学生已有认知的层次，而应在充分了解中学思想政治理论课的内容和目标，并能深刻把握青年大学生认知规律的基础上，重视知识的深度和理论的厚度，体现出知识的理论水平和结构体系；应努力将理论知识讲得透彻，讲得生动，富有感染力，让学生在聆听的过程中能充分感受到思想理论的穿透力和牵引力，在政治认知、理论思考，价值情感等方面都能得到进一步的深化和升华。

目前，思想政治理论课教材因受教材篇幅和体例等因素的限制，很多内容的呈现只能是简明扼要的、纲要式的。教师不仅要准确把握教材的内容逻辑，同时，

---

① 习近平主持召开学校思想政治理论课教师座谈会强调 用新时代中国特色社会主义思想铸魂育人 贯彻党的教育方针落实立德树人根本任务[EB/OL].（2019-03-18）[2023-09-17]. http://news.youth.cn/sz/201903/t20190318_11900093.htm.

在具体的教学环节中,应充分展现教材相关知识点和关键点的深度。这就要求思想政治理论课教师在具体的教学过程中,能围绕知识点,结合学生的专业特点进行深度拓展,引导学生用更广阔的视角看待社会现象和社会热点问题,给学生以更深刻的学理分析、更前沿的知识传授、更深层的价值引导,进而实现价值引导与知识教育的深层融合。

(四)课程的授课方式应更加灵活

当下,社会形态、经济结构和传播方式的变化,导致了人们特别是学生在思想状况、思维模式、认知方式等方面发生根本性的改变。因此,思想政治理论课也必须主动拥抱这种变化。在教学过程中,教师要放下身段,坚持理论贴合实际。无论是阐述时代理论,还是分析社会现象和解读中国实践,都应该是鲜活而富有感染力的。从授课方式和教学设计来说,也应从课堂内延伸到课堂外,从书本内拓展到书本外,抽象的理论知识,唯有与实际紧密结合,才能得以更鲜活地表达、更生动地阐述,才能从抽象走向具体,真正实现感染和引导的效果。"贴近学生实际,增强教学针对性,主要是从他们关心关切的问题入手,通过辨别分析,甚至和他们产生思想上的碰撞,引发他们的思考,引导他们形成正确的认识。"[①] 唯有如此,才能化被动为主动,教学相长。只有用学生习惯的语言、接地气的话语来阐述,用学生习惯的方式来表达,运用时下新潮的多媒体进行多样化表述,理论才能走进他们的内心世界,让他们牢牢把握住。

很多学生认为当前大学生思想政治教育活动存在的关键问题是理论脱离实践,未举行或很少举行相关实践活动。落实在具体的教学活动中,那就是带领学生开展广泛、深入的社会调查活动。教师不仅要具有解读理论知识的能力,更要有分析热点事件逻辑和把握思维价值导向的能力。唯有如此,我们才可以防止原本生动的理论从现实中被抽离,才可以防止教育教学中概念之间和理论之间的枯燥学习。

令人欣喜的是,这些年思想政治理论课有了显著的变化,不论是形式还是内容,都有了创新、改变,变得更加贴近青年学生了,甚至一些高校的思想政治理论课还成了喜闻乐见的网红课。但是值得注意的是,当下高校教师在注重课程改

---

① 孙蚌珠.理论为本 内容为王 因材施教——提升思想政治理论课教学质量的思考[J].思想理论教育导刊,2017(9):5.

革、推崇思维创新的同时，务必要遵循青少年的成长规律和认知规律。也就是说，思想政治理论课程所进行的一系列创新和改革，都必须以教育效果作为导向，以此为前提，再根据学生的个性化特点，例如结合学生所学的专业，引申出更为丰富的教学内容，设计出更加多样的形式，如此方能历久弥新。

三、教学过程注重互动反馈

在学校思想政治理论课的教师座谈会上，习近平总书记强调："推动思想政治理论课改革创新，要不断增强思政课的思想性、理论性和亲和力、针对性。"[1] 就这些年的教育教学实践而言，中国传统的思想政治理论课正逐步向更加丰富、生动和更有吸引力的方向发展。但是也要看到，照本宣科、囿于书本和课堂的现象仍然存在，在推进思想政治理论课堂教学创新方面，我们仍有很大的努力空间。具体来说，如何提升思想政治理论课的亲和力，增强教学过程中的互动与反馈效果呢？

何为亲和力？顾名思义，就是亲近、和谐、有力量。对高校思想政治教育来说，亲和力便是教育主体能够立足国情民情，科学设置思想政治理论课的内容体系和话语体系，丰富课程形式，改进互动交流平台，使教育过程的传方和受方之间能够形成亲近的、和谐的、彼此认同的关系和能力。它所突出强调的是教育过程双方的相互作用和良性互动。增强思想政治理论课"亲和性"的意识已经得到了广泛的重视，但是如何实现才是问题的关键。

（一）着眼于心理期待，趋于心灵的亲近感

就高校思想政治教育而言，教育的直接目的便是促使受教育者对教育者所传播的价值观实现认同。亲和性程度越高，教育双方的价值认同度、接受度和支持度也就越高。

受教育者对于教育过程和教育内容是有需求和期待的，教育亲和性的实现应以平等的师生关系和对教育对象心理期待的满足为前提。这种心理期待，不仅包含了对教学内容的期待，也包含了对教学形式的期待。晦涩难懂的内容、生硬的

---

[1] 习近平主持召开学校思想政治理论课教师座谈会强调 用新时代中国特色社会主义思想铸魂育人 贯彻党的教育方针落实立德树人根本任务[EB/OL].（2019-03-18）[2023-09-17]. http://news.youth.cn/sz/201903/t20190318_11900093.htm.

价值观灌输，不仅难以达到预期的效果，反而还会使受教育者因为思想政治教育这种单调和刻板的教育方式而心生叛逆和反感，降低思想政治教育的吸引力。相比之下，结合学生的认知水平和专业特点，通过通俗易懂的话语去阐述和表达教材中深刻的思想，借助现实生活的鲜活案例去阐释教材内容中的深刻道理，更容易获得教育对象的接受和认可。

新时代的思想政治理论课，从指导思想上来说，必须始终坚持以习近平新时代中国特色社会主义思想为指导，方可保证思想政治理论课的时代性。从教学设计上来说，思想政治理论课，既要有内容的灌输，也要有思想的启发；既要保证政治性，也要保证学理性。教学内容的说服力、教学方法的吸引力、教育主体的感染力，三种力量的合力方可提升思想政治理论课的亲和力。对教育者和受教育者来说，教学过程是完成思想传播的关键环节。如果教学过程没有吸引力，学生很难主动去接受其传播的信息和思想，精神上的契合与共鸣就更无从谈起，即只有"亲其师"，方能"信其道"。因此，唯有不断深化高校思想政治教育的"供给侧结构性改革"，根据时代变化与发展，不断优化教学内容，创新教学方法，以严谨的学理分析、透彻的思想理论以及富有力量的真理吸引学生，才可以满足大学生的精神需求和心理需求，实现价值认同。

（二）立足于精神需求，构建和谐的语境

话语体系是教育体系的基础和关键要素。高校"立德树人"根本任务的实现，是需要通过教育者借助话语体系进行传播、表达和沟通的。顺畅的话语表达平台、良好的话语沟通体系是育德化人的重要载体。

从思想政治教育的目标和效果来看，要求大学生通过理论学习和实践调查，对复杂的思想文化交融能有清醒的认识，对相互交织的社会矛盾能有理性地思考，对当前尖锐复杂的意识形态斗争能有清晰的判断。但是理性的判断和深入的思考是建立在对民族历史有深刻的理解基础之上的。习近平总书记指出："把思政小课堂同社会大课堂结合起来，教育引导学生立鸿鹄志，做奋斗者。"[1] 因此，在高校思想政治教育中，不仅需要引导大学生了解在历史的每个阶段国家所处的境遇和

---

[1] 习近平主持召开学校思想政治理论课教师座谈会强调 用新时代中国特色社会主义思想铸魂育人 贯彻党的教育方针落实立德树人根本任务 [EB/OL].（2019-03-18）[2023-09-17]. http://news.youth.cn/sz/201903/t20190318_11900093.htm.

民族所取得的历史成就；同时，需要引导大学生对国家的历史方位、历史使命和战略部署等有着精准地掌握。这就需要在开展思想政治理论课教学过程中，不断拓宽教学空间，引导青年大学生积极参与国情民情调研，关注时代，关注社会，关注国家，提升青年大学生与国家、与民族的亲和性，方可激发青年大学生投身改革浪潮的热情。

对于"拔节孕穗期"的青年学生来说，他们最需要的是思想上能吸收丰富的营养，而这离不开教育者的精心引导和栽培。有生命力的话语表达，往往能增强师生之间的共情，在增加思想政治教育话语内容的力度和温度的同时，增强了大学生对于所传播信息的认同感和亲切感。在思想政治教育实施者和接受者的个体微观话语环境中，关注话语传播双方的学科背景、知识结构、认知水平、专业特点、未来规划等，建立具有科学性、完整性、针对性的话语内容体系，借助和谐和合理的话语表达方式，有利于实现话语信息的精准和有效传播，真正提升思想政治教育的成效。唯有遵循青年大学生思想变化发展规律、符合话语结构规则、能满足精神意识需求的话语体系，方可在大学生的思想认识和意识领域中深深扎根，并潜移默化地对大学生的世界观、人生观，价值观形成影响，也便是在思想政治工作领域中获取了话语权，从而引导青年大学生真正将马克思主义世界观内化于心、外化于行。

（三）消解信息噪音，激发沟通的力量

马克思主义认为，一切都取决于它所处的历史环境。任何一个事物的发展都与其所处的环境有千丝万缕的联系和深刻的交互作用。新时代的思想政治教育工作更应遵循此规律。青年大学生的健康成长，离不开整个社会的大生态。清朗、融洽的思想政治教育语境，需要良好的社会、政治、经济、文化生态为保障，需要和谐、积极、健康的校园氛围为土壤，方可孕育出具有生命力、感染力、亲和力的话语。

思想政治理论课强调内容的优化与形式的多样化，强调改革创新，强调时代性，但意识形态的教育与灌输，培养青年大学生坚持马克思主义科学的世界观和方法论仍然是思想政治理论课教学的重要任务。灌输的内容要科学，方法要多样，避免形式化走过场，教学过程要注重互动，反馈环节要关注学生的问题诉求。在教学和互动过程中，既要有思维的广度和理性的深度，也要注意现实的温度；要关注了解学生的知识需求和情感诉求是否得到满足，用启发式和创新性的教学方法将枯燥的政治理论形象化、具体化，仍然是思想政治理论课的不懈追求。

四、师资队伍建设强调德才兼备

2019年8月，中共中央办公厅、国务院办公厅印发的《关于深化新时代学校思想政治理论课改革创新的若干意见》要求建设一支"政治强、情怀深、思维新、视野广、自律严、人格正"的思想政治理论课教师队伍[①]。对于思想政治理论课程的教育教学和平台建设过程中，教师依旧是提高思想政治教育效果和教育教学质量的主导力量，依旧扮演着关键性的主角角色。在高校思想政治理论课程中，教师团队的素质和质量，直接关乎青年大学生的人才培养质量，关乎中华民族伟大复兴中国梦的实现。

（一）坚持优良的师德师风

立德树人是高校的立身之本。教育大计、教师为本，教师在高校推行立德树人的教育根本任务中，不仅是责任主体而且还是实施主体。确保教师自觉践行高校"立德树人"根本任务的关键所在就是要加强教师的德风建设，同时它也是提高教师队伍素质的重要保障和本质要求。

高校党委应坚持不懈地抓好思想政治工作队伍建设，提升思想政治理论课教师的政治素养，配齐建强思想政治理论课专职教师队伍，持之以恒地加强师德师风建设，要求教师人格要正，身正为范，积极传递正能量，要用高尚的人格去感染和影响学生，方可真正赢得学生的尊重，从而提升思想政治理论课教师话语的影响力。

（二）提升教师的政治素养

高校之所以能够落实立德树人的根本任务，就是因为把思想政治理论课作为了主要课程，而政治性是思想政治理论课的本质属性。同时，思想政治理论课教

[①] 中共中央办公厅 国务院办公厅印发《关于深化新时代学校思想政治理论课改革创新的若干意见》[EB/OL].（2019-08-14）[2023-09-17]. https://www.gov.cn/zhengce/2019-08/14/content_5421252.htm.

师也承担着塑造灵魂、塑造生命、培养人的历史使命。习近平总书记强调:"思政课作用不可替代,思政课教师队伍责任重大。"①在这一重要论述中,国家层面将思想政治理论课程与思想政治理论课教师的角色意义提升到了前所未有的高度。因此,思想政治理论课教师能否拥有坚定的、较高的政治站位便显得尤为重要。思想政治理论课教师不仅是青年大学生理想信念的播种者,同时也是理想信念的坚守者。思想政治理论课的政治性应贯穿在思想政治教育的全过程。思想政治理论课教师应不断探索青年大学生的成长规律,理直气壮谈政治,谈信仰,谈家国情怀,谈社会责任。

(三)拥有坚定的教育信仰

习近平总书记强调:"传道者自己首先要明道、信道。高校教师要坚持教育者先受教育,努力成为先进思想文化的传播者、党执政的坚定支持者,更好担起学生健康成长指导者和引路人的责任。"②思想政治理论课教师所面对的群体是一个个鲜活的个体,对思想极其活跃的青年大学生来说,思想的碰撞从未停息。如何让青年大学生深刻领悟思想政治理论课的理论知识和核心思想,做到"知行合一",这既是思想政治理论课的起点,也是最后的落脚点。欲让他人"知行合一",首先要自己有深刻的认知并做到"知行合一"。

具体来说,在教学过程中,首先思想政治理论课的教师要运用扎实的马克思主义理论及充足的中国实践成果去授业解惑,去解答学生在世界观、人生观和价值观方面存在的困惑。其次,思想政治理论课教师要把握正确政治方向,为培养中国特色社会主义事业的接班人筑牢思想基础,提供价值引领。再次,当前国际国内形势深刻变化,不同思想文化交流交融交锋,社会思潮多元多样多变,树立正确的教育信仰是教师坚守职业操守、发扬职业道德的思想保障。教师需要在职业实践中不断增强对教育内涵的理解,深化对教育职业的感情,提升个人情操和道德境界,进而形成对教育事业的信念升华,这就是教育信仰。教师要积极弘扬

---

① 习近平主持召开学校思想政治理论课教师座谈会强调 用新时代中国特色社会主义思想铸魂育人 贯彻党的教育方针落实立德树人根本任务[EB/OL].(2019-03-18)[2023-09-17]. http://news.youth.cn/sz/201903/t20190318_11900093.htm.
② 习近平在全国高校思想政治工作会议上强调:把思想政治工作贯穿教育教学全过程 开创我国高等教育事业发展新局面[EB/OL].(2016-12-09)[2023-09-17].http://dangjian.people.com.cn/n1/2016/1209/c117092-28936962.html.

社会主义核心价值观，时刻铭记立德树人的根本使命，真正成为大学生成长路上的人生导师，引导青年大学生为中国梦贡献自己的智慧与力量。

（四）培育高尚的教育情操

高尚的教育情操，是指教师在教育工作中所体现出的良好的道德品质和综合素质。教师是否拥有高尚的教育情操，不仅影响着高校的声誉、教师的个人形象和教师的威信，更直接影响着青年大学生价值观的塑造和行为习惯的养成。"亲其师，信其道"，教师唯有自身先具备高尚的道德情操，方可获得学生的信任与尊重。因此，高校教师应时刻铭记立德树人的责任感和使命感，注重培育自身高尚的道德情操和崇高的职业理想，关心和爱护学生，在不断提升的个人修养中促进道德追求和高尚教育情操的实现。

（五）形成科学的教育规范

所谓教师的教育规范，是指教师在日常教学和专业态度上体现出的反映教师职业信仰和道德情操的行为。教师对待教育的态度和个人修养，直接影响着教师的教育行为。教师的教育行为，不仅直接影响着教育效果，而且对学生的价值观和对未来的职业选择都产生潜移默化的影响。首先，教师的示范性应该是贯穿于教师教育全过程的，是教师教育行为的核心特点，同时也是高校立德树人使命的最本质要求。其次，高校应坚持听课制度，针对教学行为中存在的问题进行针对性、指导性和规范性的制度约束。最后，应加强教师对职业道德行为的学习，引导教师自觉履行工作职责，提升思想政治站位，恪守教师职业道德，防止道德失范行为的发生；并鼓励教师逐步从制约约束向自觉提升转变，做到思想与行为的一致性。

高校思想政治理论课教师队伍任务艰巨、使命光荣，其教育质量直接影响着青年大学生能否坚持"四个自信"，关乎中华民族下一代接班人能否真正担当起时代的使命。"打铁还需自身硬"，高校思想政治理论课教师必须做到有过硬的政治素质、灵活精湛的业务能力和高超的育人水平。由教育部颁发的《新时代高校教师职业行为十项准则》包含了：坚定政治方向，自觉爱国守法，传播优秀文化，潜心教书育人，关心爱护学生，坚持言行雅正，遵守学术规范，秉持公平诚信，坚守廉洁自律，积极奉献社会。因此，作为高校思想政治理论课教师，应深刻把握思想政治理论课程的特殊属性，并时刻以职业行为准则来约束自己，铭记科学的教育规范，并以身作则。

第二节 新媒体视域下高校思想政治理论课教学范式转换

新媒体时代，思想政治教育在教育语境、教学方法、话语表达等方面，都发生了巨大的改变。这个巨大的改变，对一向要求凸显时代性的思想政治理论课教学来说，已然提出新的要求。传统的思想政治教育话语体系和教学范式已表现出了明显的滞后性和不适应，已经远远无法满足教学对象的需求。高校思想政治理论课为了守好这块教育阵地，要因势而谋、应势而动，同时需要不断创新思维，探索新媒体融入和推动思想政治工作的有效路径，增强思想政治工作的时代性和感召力，提升思想政治理论课教学的实效性。

一、语境的转换

所谓语境，指的是语言的环境，具体来说，既包括了语言要素，也包括了非语言要素。语境的概念最早由英国人类学家B.Malinowski（勃洛尼斯拉夫·马林诺夫斯基）提出，他将语境区分成两类：一是"情景语境"，一是"文化语境"，即"语言性语境"和"非语言性语境"。从语用学的角度来看，王建平先生给语境作了如下的界定："语境是人们在语言交际中理解和运用语言所依赖的各种表现为言辞的上下文或不表现为言辞的主观因素。"[1] 思想政治教育是使人真正成其为人的过程。通过各种载体和形式多样的活动在人的思想中渗透，并逐步形成正确的世界观、人生观、价值观。新媒体时代，思想政治教育的语境发生了很大的变化。

（一）信息传播技术的快速发展推动了思想政治教育的信息化

随着新媒体在各个领域的不断融合，教育也呈现出明显的信息化趋向。尤其是大数据技术的发展，深刻改变了思想政治教育的环境，极大地推动了思想政治教育的信息化水平。

---

[1] 张朝慧，邵广宁. 试论母语环境对二语词汇习得的影响[J]. 首都医科大学学报：社会科学版，2010（1）：3.

一是新传播技术打破了传统的思想政治教育时空。教育者和受教育者之间可以突破时间和空间的限制，进行实时的互动与交流；思想政治理论课教师可以依托互联网平台，学习到世界各地先进的教学经验，参与各类主题的学术交流活动；学生也可以通过慕课、"智慧树"、网易公开课等平台，聆听到来自世界各地、五彩缤纷的精彩课程。

二是大数据为高校思想政治教育的探索与研究提供了丰富的资源。尤其是大学生在日常生活中使用网络时留下的痕迹，真实地表达了他们的信息需求类型和内心情感诉求。通过这些痕迹，思想政治教育者可以时刻关注到大学生的思想动态，了解到他们所关注的新闻事件和社会热点。大数据通过对这些数据进行挖掘和分析，可以为思想政治教育研究者探索大学生的成长规律、分析大学生的精神需求提供真实、可信的研究素材。

三是针对当前思想政治教育者普遍使用的线上线下相结合的教育模式，利用大数据的数据分析结果，可以促进有效信息的供给，提高课堂教学效率，提高思想政治教育的有效性和针对性。

（二）全媒体的自由开放弱化了主流意识形态的传播力

在高校，思想政治理论课是主流意识形态传播和建设的重要阵地。尤其在严峻的意识形态领域斗争形势下，如何顺应时代变化，遵循信息传播规律，做好主流意识形态的传播工作，是维护国家主流意识形态的主导地位和维护国家安全稳定的必然要求。然而，所有的国家主流意识形态传播都需要借助权威的力量，方可维持其传播秩序，确保传播效果。

而新媒体时代的到来，给主流意识形态的传播带来了挑战。一条信息一旦被投放到网络上，瞬间引起"众声喧哗"已经成为舆论常态。全媒体的开放、自由、平等，使"人人都有麦克风"，这在为公众提供了情绪释放与利益诉求平台的同时，也为意识形态的监管和主流意识形态的传播增加了难度。传统媒介环境中以主流媒体为中心的传播格局发生了巨大的改变，主流意识形态的传播话语权被弱化，影响力被稀释，戏谑化、娱乐化的话语表达特点使得要求严谨、规范的主流意识形态话语传播的舆论环境更为复杂。

全媒体的自由开放，使主流意识形态的传播力被弱化。这就要求思想政治教育者明确当前思想政治理论课所处的媒体环境和舆论环境特点，直面困境，守正创新，努力适应传播生态新格局。具体来说，可以通过网络公众人物、网红思想政治理论课教师、学生意见领袖等，用好网络话语权；充分发挥大数据、云计算等信息传播技术，对受众即受教育对象进行阶段性和动态性的分析，对传播效果做好精准评估，从而提高传播的实效性。

（三）学生要求平等的话语权，课堂的权威性受到挑战

新媒体时代，高校思想政治教育的语境更加开放，这对思想政治教育传统的模式形成了冲击与挑战。"高校思政课教师的传统权威性——制度性权威和知识性权威日渐式微。传统的制度性权威已不能适应制度的变革和社会的发展，新媒体时代加速了传统制度性权威的消亡；信息通信技术的发展消解了教师传统的知识性权威，后喻文化时代加剧了教师传统知识性权威的消解。"[1] 有权威性，才有话语权，才有影响力。因此，我国亟须通过国家的力量构建主流价值观念传播的权威性语境。

在思想政治教育工作中，教师是关键，新时代对思想政治理论课教师的知识结构、历史思维、国际视野都提出了极大的考验。没有吸引力和感召力的思想政治理论课，难以实现思想政治教育的基本目标。因此，将思想政治理论课打造成为学生服务、受学生追捧的课程，必须处理好教师主导性和学生主体性的关系，促进"教"与"学"过程中的平等对话与双向互动。

传统思想政治理论课的教学话语模式中，教师往往采取的是机械化和强制性的理论灌输方式来完成教学，实现话语信息的传递。这在一定程度上对大学生的思维形成了压制。而新媒体时代，教师的中心主体地位被打破，教师在思想政治教育中占据主导地位，学生才是思想政治教育真正的主体。学生在信息和知识的探索中具有自主权，对课堂的期待值也更高，因此极其渴望一个平等的教学语境。新时代，坚持平等性的理念是完成高校思想政治教学话语模式转型的基本前提，也是促进青年大学生自由而全面发展的必要条件。

同时，教师也要注重对学生媒介素养的教育与提升。清朗的传播环境，有利于使主流声音更有效地传播。学生作为网络受众的主体人群，他们的媒介素养如

---

[1] 高良坚.新媒体语境下思政课教师课堂教学权威性之建构——基于制度性权威与知识性权威[J].学校党建与思想教育：下，2016（9）：4.

何，也影响着网络媒介环境的建设和主流意识形态的传播效果。思想政治理论课教师对于网络上传播的各类歪曲、不良信息，应及时给学生以引导。

二、内容的转换

目前，仍有很多思想政治理论课教师对新媒体的使用停留在初级阶段。将教材中的理论框架原封不动地"复制"到了PPT上，长篇大论地照念PPT，只考虑知识内容的输出过程，忽略了教学过程中的"输出方式"和受教育对象的"输入效果"，使很多大学生觉得思想政治理论课堂是枯燥乏味、不走心的，甚至产生了反感情绪，导致思想政治教育效果不佳。由此可以看出，教材体系向教学体系的转换效果直接影响着思想政治理论课教学中教师供给侧和学生需求侧的平衡，影响了教学效果。

马克思主义以哲学语境的角度，指出"体系"是一个整体，由许多相关事物以及一些意识相互关联而成，也是对一个整体或系统内部逻辑特征的囊括。而教材体系是指某一学科教科书内凝练出的、具有逻辑性的知识框架结构和内容，主要规定了教师应该"教什么内容"。教材体系应具备思想性、逻辑性、科学性、权威性等特征。而教学体系，指的是教师为了完成教学任务，在教学过程中以教材为基本思路，各教学要素依据一定的逻辑形成的整体。具体来说，包括教学内容、过程、方法，教学效果的评估、反馈与总结等。也就是说，教学体系所规定的是教师应该"如何去教"。

由此看出，教材体系是教学体系的前提和基础，具有规范化和引导性的意义。对于某一个学科来说，它的教材体系是相对稳定的，有一定的标准和规范的；而教学体系则是动态的，具有多样化的特征。教师的知识结构不同，受教育对象不同，教学体系的实施过程也会呈现出差异性。教师备课的过程，就是将教材体系转换为教学体系的前期过程。教学的过程，就是体系转换的过程。那么如何转换呢？具体来说，要做好以下几方面。

（一）了解学生的需求，尊重学生的个性

教师在将教材体系向教学体系转换的过程中，应充分尊重受教育对象的个体化特征，例如学生的专业、兴趣、喜好等。从供给侧看，教师可以选择有较高

关注度的案例，激发学生参与互动的积极性；用大学生身边的励志故事，鼓励大学生用积极的人生态度面对生活中的困难，树立崇高的使命感和责任感；在现实生活中寻找真实的、打动人心的故事，用触动人心的话语对主流价值观进行传播。

大学生在各个社交平台的数据痕迹、手机的软件和硬件能够反映出青少年的心理诉求与行为趋势。通过对这些痕迹的深入挖掘和分析，可以帮助教师更好地观察学生的思想动态，了解学生的学习生活状况。从需求侧来看，应时刻关注学生的思想动态和内心诉求，了解学生的信息需求，有助于提供精准的帮扶和指导。

（二）提升内容的黏合性，增强课程的吸引力

提升思想政治理论课教学内容的黏合性，可以从多方面来努力。例如，思想政治理论课教师可以通过世情国情和地域文化知识的融入，提升学生的文化自信和民族文化自豪感；通过大数据，对学生的群体特征和个体特征进行差异性分析，结合学生的个性、兴趣、性格、成长经历、知识水平、能力结构、职业生涯规划等设计出适合群体性的教学内容以及具有针对性的教育方案，促进学生对理论的深层次认知，提升他们的职业素养。

很多思想政治理论课的理论都是非常抽象和枯燥的。在教学过程中，将抽象、晦涩的知识点用真实的案例和浅显易懂的语言进行解读，用案例发展的逻辑性来阐述理论间的逻辑关系，用现代的故事去阐释经典理论的真理性和指导性，有助于学生更好地掌握理论知识。

教学的过程，不仅是思想传播、价值观灌输、提升认知水平的过程，也是情感介入的过程。师生之间建立良好的感情基础，有利于提升学生对教师的信任度和对所传播信息的接受度，进而促进教育目标的实现。

（三）提高学生的参与度，关注学生的获得感

对理论知识的解读与运用，是教材体系向教学体系转换的关键内容；能否调动学生参与案例探讨的积极性，是转换效果实现的关键途径；能否提升学生对主流价值观的认同度，实现育人目标，是评估转换效果的关键要素。"舆论的威力不在于语法的高深和句式的威严，而在于能否通过具体而生动的诠释，平等地化

为大众感同身受的语言和心态,真实地化为大众耳濡目染的身边的样板和范式。"①就思想政治教育的效果而言,唯有让学生在思想上和情感上得到了满足,才能获得他们深刻的信任和主动、持久的关注。具体来说,思想政治理论课教师可以运用教材内容中的马克思主义理论来分析社会热点问题,以及大学生关注度较高的社会问题,让学生在参与讨论和互动中能切身感受到思想政治教育原理的理论高度和思想厚度,领悟其实践性和说服力,并提升学生运用马克思主义理论指导实践的能力。但是,这也对教师扎实的理论功底和宽阔的知识视野提出了较高的要求。

(四)确保教学话语的针对性和时代性

教学话语若要深入人心,产生影响力,就必须具有针对性。它是建立在对大学生的思想特点和精神需求有了充分认知的前提下,能够满足大学生的合理需求,能为大学生提供有针对性的人文关怀和心理建设辅导,能为学生的思想困惑提供具有启发性和实践性的经验,以此增强大学生在思想政治理论课上的获得感和满足感。

高校思想政治理论课因其具有特殊的意识形态教育属性,从而对其教学话语的时代性也有着更高的要求。它要求思想政治理论课教师在教学过程中,探索新时代青年大学生成长发展规律,运用党的最新理论成果,构建符合新时代语境的育人话语体系,实现从深层次唤起学生情感共鸣和价值认同。教育话语唯有与大时代相融,才能赋予思想政治教育理论性、现实性和实践性。新时代的思想政治话语必须解读中国国情,展现中国成就,体现中国特色,增强大学生的民族自信。

三、表达的转换

新媒体技术的飞速发展,不仅促使人们的日常生活和生活方式发生了巨大的改变,同时也对我国教育理念和教育模式的改革产生了深远的影响。为了提升思想政治教育成效,思想政治教育者必须不断开拓创新,探索新的教学方式和表达方式。

---

① 郝坤安,郝琦.高校思想政治理论课参与式教学模式探析[J].教书育人:高教论坛,2017(12):3.

（一）打破传统思维定式，创新媒体传播方式

从本质上来说，思想政治工作是做人的工作。思想政治理论课教师在教学过程中使用新媒体时，不仅要发挥新媒体的工具性，更要作用于学生的思想和思维，使青年大学生的世界观、人生观、价值观与育人目标趋同，探索新媒体传播的特点和规律，努力在知识和思想的传播方法上能有所突破，培养和发挥创造性思维，方可真正增强思想政治教育的吸引力和影响力。

思想政治理论课是最富时代性的一门课程。在思想政治教育实施过程中，及时准确地将党的新理论、新成果、新思想融入思想政治教育过程，使党的创新理论真正入脑入心，是保持高校思想政治工作生命力的关键。灵活运用新媒体语言和表达方式，激发网上网下课程融合模式中的创新活力与改革动能，依托网络平台将理论知识转化为形象生动的情境，构建"情境体验"教学模式，在体验中实现理论知识的"内化于心"。

（二）营造良好舆论氛围，优化思想政治舆论环境

因网络媒体自身的特性，网络上经常存在虚假、片面的信息。青年大学生如果没有良好的媒介素养，极容易受到这些虚假信息的误导。因此，在遇到信息噪音时，思想政治教育者、媒介把关人如果不能及时给予回应，并将真实、准确、权威的信息发布出去，那么歪曲的信息就会在整个舆论环境推波助澜，肆意泛滥，并对思想政治教育的舆论环境形成极大的威胁，进而影响到高校和社会的稳定。这对思想政治理论课教师的媒介素养和应对能力提出了挑战。

因此，探索新媒体在信息互动过程中的传播机制，提高思想政治理论课教师的媒介素养，是应对舆情事件的必然要求。实时监测舆情动态，建立舆情联动机制；依托学生关注度较高的传播平台、传播渠道和学生群体中的"意见领袖"，将真实的信息和正能量传播出去；整合高校线上线下资源，构建校园融媒立体性话语平台，突出思想政治教育、主流价值观和思想舆论的引导意义，传播社会正能量，为思想政治教育营造良好的舆论氛围。

（三）着眼于思想问题，精准灌溉，注重启发

思想问题是对一个人最深层的灵魂的拷问。一个人是否有坚定的政治立场、崇高的理想信念、正确的道德观念和健康的心理状态等，都可以着眼于他的思想

问题去解决。在学校思想政治理论课的教师座谈会上，习近平总书记指出坚持"八个统一"来改革创新思想政治理论课，在这当中有个首要内容是："要坚持灌输性和启发性相统一，注重启发性教育，引导学生发现问题、分析问题、思考问题，在不断启发中让学生水到渠成得出结论。"①

在《怎么办？》这本书里，列宁指出："'灌输论'认为工人阶级群众自身不可能自发地产生科学社会主义的思想，这种思想必须从外部灌输进去。②"这里的"灌输"，不是被狭隘、歪曲理解的"思想控制论"，而是先进文化在思想上的引导作用。在当前复杂的国际形势和国内改革进一步深化的背景下，仍处于"拔节孕穗期"的青年大学生因其缺乏社会经验，价值观尚未完全形成，极易受到错误思潮的影响，使他们在面对海量繁杂的信息时精神状态更加迷茫。因此，思想政治教育者仍然有责任将科学的理论、科学思想和价值"精准灌输"给学生，将新思想的灌输与理性思维的建构启发统一起来，方可提升教育效果。

思想性是高校思想政治教育理论课最主要的魅力。习近平总书记提出，要"坚持政治性和学理性相统一，以透彻的学理分析回应学生，以彻底的思想理论说服学生，用真理的强大力量引导学生"③。因此，思想政治理论课教师不能只是简单地解读理论和政策，更要结合案例，在实践层面和思想认知层面提升学生的理论指导实践能力、分析研判和趋势预测的能力等。

第三节 新媒体与高校思想政治理论课的深度融合

随着现代信息技术的快速发展，尤其是移动互联网技术，大数据、云计算等在信息传播领域的广泛运用，网络空间已然成为思想文化交流、个人言论表达的重要集散地和社会舆论的放大器。当前的青年大学生基本是"00后"，他们是在

---

① 习近平主持召开学校思想政治理论课教师座谈会强调 用新时代中国特色社会主义思想铸魂育人 贯彻党的教育方针落实立德树人根本任务 [EB/OL].（2019-03-18）[2023-09-17]. http://news.youth.cn/sz/201903/t20190318_11900093.htm.
② 中共中央马克思恩格斯列宁斯大林著作编译局.列宁选集 第1卷[M].北京：人民出版社，2012：317.
③ 习近平主持召开学校思想政治理论课教师座谈会强调 用新时代中国特色社会主义思想铸魂育人 贯彻党的教育方针落实立德树人根本任务 [EB/OL].（2019-03-18）[2023-09-17]. http://news.youth.cn/sz/201903/t20190318_11900093.htm.

网络媒体的快速发展以及日益复杂的网络舆论环境中成长起来的一代,他们的日常学习、生活、思维方式等都受到了网络的影响,尤其是新媒体的广泛运用,对大学生的思想认识、价值观塑造、社会关系认知等方面形成了非常深刻的影响。因此,深入探索与推动新媒体与思想政治理论课的深度融合具有重要的现实意义。

一、新媒体与思想政治理论课深度融合的可能性

近些年来,高校依托新媒体在师生互动方式、教学方式改革和思想引领等方面进行了深入的探索,在提高课堂互动质量、拓宽教学思路、增强学生的课程获得感方面发挥了非常显性的作用。

(一)新媒体手段为师生互动方式提供了更畅通的渠道

从一定意义上来说,网络媒介环境是各种社会思潮、意识形态和思想观念的汇聚地,既有可能是国家层面主流思想的发声地,也可能是大众思想的舆论场,还可能是网民个人的社会交往场域。网络不仅是青年大学生获取信息、进行社交活动、交流思想的最主要的媒介工具,同时也是高校思想政治教师了解、关注青年大学生思想动态、言行特点、利益诉求以及心理健康的重要平台。深入学生的社交场域是掌握网络思想政治阵地主导权的前提和基本路径,深入进去,方可真正了解学生的思想,方可把准学生的思想脉搏。因此,面对新媒介环境,高校应该清醒地意识到,它不是"万能钥匙",但也不是"洪水猛兽",只要积极应对,充分发挥新媒体在思想政治理论课中的积极意义,就能引导青年大学生充分发挥好新媒体在正能量传播方面的积极功效。

(二)新媒体技术为教学方式赢得了更广泛的空间

从现实的技术手段来说,新媒体技术和新媒体传播信息的实时可得性,使青年大学生在获取信息或与这个世界进行交流时完全突破了时空的限制。冲破了壁垒后,他们与这个世界的交往方式变得更加开放和主动,他们主观上愿意去积极地拥抱新媒体,并充分地发挥新媒体在日常学习、生活中的积极功用。

传统的思想政治教育,方式是传统的,方法是单一的,互动性不强,导致课堂教学的针对性和有效性减弱,而新媒体则满足了教师转变传统的教学方法、拓宽教学空间和渠道的愿望和需求。依托新媒体技术,及时了解大学生的精神需求,

根据大学生的实际情况，用他们青睐的、感兴趣的方式呈现更加生动、丰富的教学内容，实现远程教学和在线交流，这不仅体现了高等教育"以人为本"的教育理念，同时也彰显出青年大学生在思想政治教育中的真正主体地位。

（三）新媒体环境为精神引导开拓了更多样的思维

新媒体技术本身具有的"交互性"在新媒体环境下可以进行平等的教育对话，构建广泛的交流语境。在这种强烈交互性的媒介场景中，师生通过对话与互动，不仅能激发青年大学生的能动性和创造性，同时还可以实现自由的话语表达。这大大彰显了教育活动中"以人为本"的理念和师生拥有平等对话权利的民主性。这是前所未有的时代。与传统的单向语言输出和价值输出相比，多样化的互动教学和紧贴社会性的实践活动，更能赢得青年大学生的信任与支持，这是获得思想认同、实现价值引领的前提和基础。很多大学生认为，思想政治理论课不是单纯的说教，而是可以引导他们适应社会、解决人生困惑、实现人生价值的课程，是真正触及心灵的课程。因此，新媒体环境促使思想政治教育者对课程的目标定位、教育目标的实现有着重大意义。

二、新媒体与思想政治理论课深度融合的现实困境

在思想政治理论课的教育教学中，新媒体的使用从一定程度上可视为"科学技术是第一生产力"在该教学中的重要表现，它在很多方面发挥着推动作用，例如提高思想政治理论课的社会效益、提高教学效率、丰富教学渠道等，这也表明创造精神发展的最有力杠杆就是技术的进步。但是在社会实践中，新媒体的使用同样也出现了许多急需解决的问题。

（一）线上与线下相脱节的问题

毋庸置疑，当下有这样一个事实：一些高校的思想政治教育理论课与学生"真心喜爱"的理想课程存在很大差距。教师通过监督课堂学习的形式发现，大多数的大学生一般很少积极参与，基于此如果不采取一些强制性的后台登记统计举措，尽管教育教学资源可以实现网授，也难以激起学生主动性的学习。例如PC端的课程网站，它的本质属性是课内教育教学的延伸，但是在空间和时间上，这种学习和课堂学习显然是区分开的，这样反而占据了学生的时间和增添了学生

的负担，尤其是对学习任务繁重的学生。此外，即使设置了课程网站的后台登记，因为学生能同时浏览其他网站，所以无法使学生独立自主学习的真实性得到保证。再者例如网站提供的课程视频，因为课程视频内容的扩散性和教学内容的无异议性，所以导致教师无法即兴发挥以致教学内容极具刻板；还因为一些教师镜头感不是很好，所以造成教师在现实和视频中迥然不同的现象。一些国内有名的大学也提供了MOOC思想政治理论课程，在视频镜头前，即便是国家级名师或者著名的学者，也无法自我释放，就像戴着镣铐在跳舞。由此可见，思想政治教育理论课在教学上，应做到智能与情感、理性与激情相结合，只有理性且感性的教学才能真正吸引到学生。

（二）实体教学与"自媒体"之间的矛盾

一般来说，如果大学思想政治理论课的实体课堂教学中只注重理论知识系统化的学习，那一定是比较枯燥无聊的。在名家讲座上，因为有关于热点问题和自媒体传播的图文，所以明显会生动活泼一些。两相对比之下，后者很明显能唤起大学生的耳朵、吸引他们的眼球。然而，由于自媒体传播的消息常常是碎片化、浅层次的，所以其实对大学生学术精神的培养、知识结构的建构和阅读习惯的养成是不利的，只会激起学生的心绪、添加一些谈资。同时，一些偏激性的观点和猎奇性的网文内容，会使大学生失去明辨是非的能力，尤其对于理论分析能力弱、涉世未深的大学生，因此在新媒体环境下，要求思想政治理论课教师要做好对学生的教导和正确政治方向的把握。

（三）传统教学模式与新媒体新技术应用的矛盾

第一，在新媒体新技术的大环境下，许多思想政治理论课的教师在授课时虽多次进行交流互动，但他们在课堂上往往会采取灌输式的教学方式。第二，思想政治理论课的教师要维护网站课程、发布和反馈信息，还要掌握新媒体新技术的应用技能，这不仅需要大量的时间和精力，也给教师增添了负担。第三，网络信息实际上也威胁着教师的权威。对比教师或者专家解读给到学生的信息，借助网络他们能够获取的信息更全面、更有权威性、更具感染力。无论是对教师的课堂权威，还是教学内容或者教育理念来说，这都是巨大的挑战。

（四）知识学习与价值观培育的矛盾

思想政治教育理论课不仅要注重知识学习，还要注重价值观培育，而价值观培育是与思想政治理论课教师的答疑解惑、言传身教、师生情感息息相关的。注重知识传播的 MOOC 课程和课程网站，在道德教化和价值观培育上，发挥了怎样的作用则需要时间的考察。像微信、QQ 这种新媒体，使教师对学生的思想变化在一定程度上有所掌握，而且也使师生交流得以便捷，然而大学生和教师间的微信沟通频次其实并不多，究其原因，QQ 群和微信朋友圈带有私人性质，师生之间与同辈群体的微信交际圈格局具有差异性。除此之外，微信 QQ 群的规模不小，大多情况下主要用于课程信息发布这类的基础层面，致使师生之间交流互动的深度受到了限制。

三、新媒体与思想政治理论课深度融合的原则

新媒体与思想政治理论课的深度融合思维是基于思想政治理论课的基本属性、满足青年大学生成长发展需求以及新媒体技术本身在人才培养、知识传播、教学互动、教学改革等方面发挥的重要作用。这一融合思维又是促进教学主体与教学对象良好互动、提升思想政治理论课教学效果的有效途径。具体来说，实现新媒体与思想政治理论课深度融合需要坚持以下原则。

（一）坚持媒介工具性与人本性的统一

工具性是新媒体最显著的特征之一。在思想政治教育中，新媒体为师生及时获取信息提供了深度平台，突破了时空限制，为师生搭建了互动和交流的平台；新媒体能够满足个性化需求，其技术性特征使传统的思想政治理论课堂变得更加生动、灵活。因此，教师可以充分发挥新媒体的工具性，搭建网络思想政治教育平台改进传统的教学方式，拓宽教学渠道，获得更好的教学效果。

但是值得注意的是，新媒介技术再先进，环境再优良，也无法完全取代教师的角色意义。尤其是对于这门提升大学生的道德情操、培育大学生坚定的理想信念的关键性课程来说，更是如此。斯马尔蒂诺曾说过："如果教师把学生当作机器，那么不管是否使用教学技术和媒体，他们都会像对待机器一样对待学生；如果教师把学生当作具有权利、身份和动机的人，那么无论是否依赖教学技术和媒体的

帮助，他们都会把学生看作是从事学习活动的人。"①因此，在深入挖掘新媒体在思想政治教育中的载体意义时，应坚持"工具性"和"人本性"的统一。大学生是新媒体用户的主力军，他们具有明显的主体意识，思维方式更加独立，媒介选择性强，他们的媒介期待更高。因此，教师如何将新媒体融入思想政治教育的全过程，既能尊重和满足学生个性化的需求与主体地位，还能把思想政治教育阵地的建设主动权紧紧地握在手中，这是教师需要持续探索和提升的问题。

（二）坚持课程理论性与实践性的统一

在高校思想政治理论课的教师座谈会上，习近平总书记指出："要坚持理论性与实践性相统一，用科学理论培养人，重视思政课的实践性，把思政小课堂同社会大课堂结合起来，教育引导学生立鸿鹄志，做奋斗者。"②思想政治理论课内在属性的基本要求就是要坚持两者相结合，即实践性与理论性的结合。

在习近平总书记的主要论述里，展示了在思想政治教育理论课教学中坚持理论性和实践性相统一的重要意义。具体来说，思想政治教育的理论性主要指的是课程本身的知识体系以及其内在的逻辑性，而思想政治理论课的实践性是指在具体的教学实践中，强调思想理论对社会现实的观照，以及对青年大学生解决问题能力的培养，它也是马克思主义贯穿在大学生思想政治教育工作中的具体化呈现。

"马克思主义视域下，理论抽象与现实需求从来不是彼此隔离的，脱离实际利益空谈思想缺乏现实支撑，脱离思想囿于现实利益缺乏理论指引。个体的需要是心理结构中最根本的东西，构成了人类个体和整个人类发展的原始动力，思想政治教育实践亦须充分考量个体需要。"③思想政治教育理论课的指导方针，一定是学生成长发展的需求。习近平总书记强调："要用好课堂教学这个主渠道，思想政治理论课要坚持在改进中加强，提升思想政治教育亲和力和针对性，满足学生

---

① （美）斯马尔蒂诺等.教学技术与媒体[M].郭文革，译.北京：高等教育出版社，2012：10.
② 习近平主持召开学校思想政治理论课教师座谈会强调 用新时代中国特色社会主义思想铸魂育人 贯彻党的教育方针落实立德树人根本任务[EB/OL].（2019-03-18）[2023-09-17]. http://news.youth.cn/sz/201903/t20190318_11900093.htm.
③ 冯刚，张欣.深刻把握思想政治理论课理论性与实践性相统一的价值意蕴[J].新疆师范大学学报：哲学社会科学版，2019（5）：8.

成长发展需求和期待。"①学生成长发展的需求满意度，直接影响着教学的顺利实施和教学效果，也就直接影响了高校人才培养的质量。

大学生个人价值观发展规律的客观要求，就是要坚持实践性和理论性相结合。"在思想政治教育过程中，个体的思想观念、政治素质、道德素养的形成与发展包含知、情、意、信、行等要素的内在矛盾运动，个体思想政治品德形成发展过程即是知、情、意、信、行的矛盾运动过程。"②对于青年大学生来说，唯有通过丰富的社会实践，方可实现"知、情、意、信、行"的转化，尤其是促进个人信仰和行为的稳定性。转化的过程是个体由观念内化向行为外化转化的过程，也是不断推进大学生"知行合一"的过程，即将"内化为青年大学生的个人政治意识"与"外化成符合思想政治教育规范和要求的行为"相统一，任何一方偏颇都会影响到思想政治教育改革的推进和人才培养的质量。

此外，思想政治理论课作为高校落实立德树人根本任务的关键课程，从课程任务上来说，既要强调要传承真理，传播中国特色社会主义的先进文化，培养具有马克思主义理论素养的理论型人才，又要凸显其个人行为的示范和价值观的引领作用，培养具有全面创新发展和较强社会实践能力的应用型人才。因此，在理论性与实践性的统一中，不断满足青年大学生的成长发展需要，逐步推进对思想政治教育基本规律的深刻把握。

（三）坚持话语时代性和创新性的统一

新媒体的广泛运用对于传统的思想政治教育话语体系来说，是一种突破式的刺激源。新媒体打破了旧有的思想政治教育话语生态，要求话语主体即思想政治理论课教师正视新的话语环境，并探索能适应这个新环境的话语内容和话语表达方式。从思想政治教育的目标来看，它本身具有鲜明的时代特征。因此，思想政治教育话语的时代性是首先要确保的。

2019年1月25日，习近平总书记在主持中共中央政治局就全媒体时代和媒

---

① 习近平在全国高校思想政治工作会议上强调：把思想政治工作贯穿教育教学全过程 开创我国高等教育事业发展新局面[EB/OL].（2016-12-09）[2023-09-20].http://dangjian.people.com.cn/n1/2016/1209/c117092-28936962.html.

② 冯刚，张欣.深刻把握思想政治理论课理论性与实践性相统一的价值意蕴[J].新疆师范大学学报：哲学社会科学版，2019（5）：8.

体融合发展主题集体学习时强调指出:"全媒体不断发展,出现了全程媒体、全息媒体、全员媒体、全效媒体,信息无处不在、无所不及、无人不用,带来舆论生态、媒体格局、传播方式的深刻变化,新闻舆论工作面临新的机遇和挑战。"[①]习近平总书记的这一番论述,指出了全媒体时代新闻舆论工作面临的机遇和挑战,这同样也是高校思想政治理论课程需要去探索的问题。全媒体时代,因受众获取信息的平等性和自由性,使国家的主流意识形态在传播、转变为社会主流价值观和舆论走向的过程中极易被消解,权威性也会受到挑战。这就要求思想政治教育者要提升媒介素养和媒介使用能力,不断完善和创新新时代思想政治教育话语体系,在思维上、技术上、情感上,依据时代特征和要求,尊重学生的成长规律,达到话语时代性和创新性的统一。

在全国高校思想政治工作会议上,习近平总书记发表了重要讲话,强调高校思想政治教育的学术话语体系是:"要加快构建中国特色哲学社会科学学科体系和教材体系,推出更多高水平教材,创新学术话语体系,建立科学权威、公开透明的哲学社会科学成果评价体系,努力构建全方位、全领域、全要素的哲学社会科学体系"[②]。高校要积极引导学生学习经典原著,在原汁原味地阅读中领悟经典理论的实质和指导意义,使思想政治教育话语真正实现理论性和实践性的统一,实现历史与逻辑的统一。

四、新媒体与思想政治理论课深度融合的路径

推动新媒体与思想政治理论课的融合,既是高等教育落实立德树人的要求,也是当前教育环境不可逆转的时代潮流。目前,通过不断地探索与实践,新媒体技术在思想政治理论课中的运用已经取得了一定的成绩,但仍然存在着需要不断深化和解决的问题。那么,应该从哪些方面着手,推动新媒体与思想政治理论课程的深度融合呢?

---

① 加快推动媒体融合发展 构建全媒体传播格局[EB/OL].(2019-03-15)[2023-09-20]. http://www.xinhuanet.com/politics/leaders/2019/03/15/c_1124240350.htm.
② 习近平在全国高校思想政治工作会议上强调:把思想政治工作贯穿教育教学全过程 开创我国高等教育事业发展新局面[EB/OL].(2016-12-09)[2023-09-20].http://dangjian.people.com.cn/n1/2016/1209/c117092-28936962.html.

（一）以问题为导向，提升思想政治理论课程的本体影响力

坚持以问题为导向，这是高校思想政治教育学科在长期实践中积累的基本经验。正视新媒介环境为思想政治理论课程带来的挑战与冲击，反思提升思想政治理论课程本体影响力的现实境况，引导我们从提升教育内容的说服力、教育方式的吸引力、教育主体的感染力等方面，切实推动新媒介技术与思想政治理论课程的深度融合。

全国思想政治理论课教师从内容到形式，积极地进行了教学创新，取得了明显的成效。但是，从目前的思想政治理论课程现状来看，有的思想政治理论课堂过于追求生动性和娱乐性，而忽略了课程的理论性和思想性；有的思想政治理论课教师过于依赖和沉溺于信息化手段，将"辅助"变成了"主导"，忽视了教师个人魅力的展现以及课程的价值观引导与塑造。2019年，习近平总书记对推动思想政治理论课程改革创新作出了重要批示，明确要求在提升思想政治理论课亲和力的基础上，要增强课程的思想性和学理性。青年大学生唯有信服于教学内容、融入于教学课堂、触动于课堂魅力，方可真正实现教学双方的情感共鸣，并在个人的思想认知、情感、意念、信仰、行为等方面产生一种正向的力量。

（二）以新媒体为平台，构建思想政治理论课网络教学新常态

很多教育者或者教育对象，将新媒体仅仅视为是一种工具。实际上，"如果使用得合理，现代教学技术也可以使教学更加个性化，比以往任何时候更具有人性色彩"[1]。

1. 打造更开放的交流互动环境

信息技术的更新换代，客观上促进了一个开放、自由的言论世界的产生。尤其是自媒体的广泛运用，引发了信息传播的革命。网络媒介的快速发展和深刻渗透，使青年大学生的思想观念和生活方式都发生了深刻的变化。自媒体因其门槛低、交互性强、满足个性化需求等特点，备受青年大学生的青睐。

第一，要提升大学生辨别是非的能力。网络媒体是大学生获取信息、参与社

---

[1] （美）斯马尔蒂诺等著；郭文革译.教学技术与媒体[M].北京：高等教育出版社，2012：10.

交活动的主要平台。由于青年大学生的自控力与自律性较弱，缺乏稳定的政治立场和价值观取向，因此，网络媒体中纷繁芜杂的信息噪音对大学生的价值观塑造和身心健康发展形成直接的威胁与挑战。思想政治教育者要通过系统的媒介素养教育，引导青年大学生在复杂的网络环境中辨别被歪曲的事实，解读事实背后被掩盖的意识形态渗透，用理性的思维去分析媒介信息。

第二，要提升大学生运用网络的能力。引导学生充分利用各类教育网站、教育 App、微信公众号等教学辅助平台，通过课堂内外的互动，提升学生的学习主动性与探索意识。在线上、线下不断提出问题、交流探讨、思想辩论等过程中，提升学生的课程参与度以及课堂获得感。

第三，要提升网络场域的驾驭能力。在网络互动过程中，仅仅靠使用一些流行的网络词汇试图拉近与大学生的心理距离，是无法真正实现思想交融与心灵交融的。身处于更开放的互联网环境中，思想政治教育者绝不是一个旁观者，也不是浅层次的参与者。思想政治教育者应该有能力发现网络中的敏感话语与潮流，并能结合青年大学生的话语特点，调整和创新引导方式，要做到在开放自由的交流互动环境中，仍然有针对性和灵活性的价值观话语引导，仍然充满着主流的意识形态引导与正能量的传播，提高网络场域的驾驭能力。

2. 构建更完善的思想政治话语体系

从根本上来说，思想政治教育是扎根在我国国情与改革开放实践基础之上的扎实推进高校思想政治教育成效，对于维护国家意识形态安全、推进文化软实力的发展、增强民族文化自信有着重要的理论意义和实践意义。尤其是在当前复杂的国际政治舆论环境下，高校思想政治教育话语体系如果缺乏吸引力，或者影响力不足，将直接影响着思想政治教育阵地的安全性。思想政治理论课是巩固和发展马克思主义意识形态，实现新时代育人目标的迫切需要。

因此，新时代的思想政治理论课堂话语体系，必须坚持政治性、时代性、学理性、现实性、情感性和实践性的统一。

一是要有清晰的时代定位。党的十九大报告明确提出：中国特色社会主义新时代是国家社会发展具有崭新意义的历史方位，它是我们历经长期努力和奋斗的结果。准确、全新的时代定位是发展思想政治教育话语体系的现实基础和前提。正如马克思所说："人们自己创造自己的历史，但是他们并不是随心所欲地创造……

而是在直接碰到的、既定的、从过去承继下来的条件下创造。"①也就是说，构建中国特色的思想政治教育话语体系，需要在中国传统的话语体系基础上，结合党的宣传思想、文化成果、改革实践积累的经验以及时代语境，从而形成具有民族特征和时代特色的叙事结构与话语表达。

二是要有创新的思维方式。思想政治教育话语离不开历史的传承，但也需要不断地变革与创新性地发展。因此，思想政治教育者必须紧跟时代步伐，有广阔的视野和对未来清晰的预判，对社会进步和社会改革发展进程中存在的矛盾，都要有深刻的认识和分析，能够根据社会形势的变化不断调整话语内容和理论体系，用马克思主义理论方法去解决现实问题，揭示事件的本质与规律，通过中国实践和中国成就，不断增强青年大学生的"四个自信"，从而推动具有主动性和时代性的话语理论的形成，真正实现思想政治教育话语体系的发展与升华。从国家政治形势和高校文化思想活跃程度来看，高校思想政治教育话语体系还要不断回应严峻的挑战，例如回应国际舆论、意识形态渗透，各种社会思潮对思想政治教育话语权提出的挑战，回应国内体制转型期各种社会矛盾对思想政治教育话语权提出的挑战等。

三是要有更贴近的表达方式。高校思想政治教育的过程，本质是用马克思主义理论武装青年大学生的头脑，不断提升大学生认识世界和改造世界的能力。因信息传播技术对教育领域的深刻影响，思想政治话语的表达方式也不可避免地具有了时代印记。新时代习近平总书记在各种讲话场合的话语特点都是极其平易近人的，这些家常话很容易被老百姓理解并流传，增强了话语的传播力和影响力。因此，习近平总书记的话语风格与特点，对高校思想政治教育来说，是一个非常出色的范本。要跨越教育者与教育对象之间的话语鸿沟，引导青年大学生将宏大、抽象的叙事理论与日常学习、生活紧密结合，将国家的前途命运与个人的职业发展紧密相连，在平凡的话语表达中传递出大智慧，唯有如此，方可真正令话语体系扎根更深，影响更广。

3. 探索更科学的思想政治育人机制

结合全国思想政治教育的新形势，高校应不断探索新的育人模式，完善育人

---

① 中共中央马克思恩格斯列宁斯大林著作编译局译.马克思恩格斯选集 第1卷[M].北京：人民出版社，1966：603.

机制，营造健康的育人生态，全面提高人才培养质量。

一是尊重学生的个性特点，满足学生成长发展的个性化需求。"教育不是工业生产线，人才不是工业产品，不能走统一工艺、统一规格的批量生产道路。"[1] 我国著名教育家陶行知先生曾说："培养教育人和种花木一样，首先要认识花木的特点，区别不同情况给以施肥、浇水和培养教育，这叫因材施教。"[2] 高校要成为育人的沃土，为人才成长提供充足的养分，不断探索青年大学生的成长规律，为学生制订个性化的成长方案；不断完善教师队伍专业构成和素质结构，将优质的教学资源最大化地分配给学生，增强学生在接受教育过程中的幸福感和获得感，为思想政治教育赢得良好的口碑和舆论环境。

二是坚持育人育才的生态性思维，实现高校教育资源的优化配置。MBA 智库百科对"生态思维"这样定义："生态思维（ecological thinking）是以唯物辩证思维方法与生态哲学思维方法，来自觉审视和积极思考人与自身生存发展其中的自然界，特别是生态环境之间的复杂关系，并以人和自然生态环境的协同进化与和谐发展为价值取向的现代思维方式。"[3] 坚持育人育才的生态思维，指的是高校应厘清人才培养和思想政治教育思路，能够积极审视思想政治教育环境中各元素相互依存和相互影响的关系，并结合统筹思想政治教育资源，搭建信息传播、互动交流和数据分析共享平台，推进高校思想政治工作信息系统的共同建设、维护和资源共享，推动思想政治教育建设健康发展，以实现"培养一代又一代拥护中国共产党领导和我国社会主义制度、立志为中国特色社会主义事业奋斗终生的有用人才"[4] 的根本目标。

三是优化思想政治教育顶层设计，激活育人的动力与活力。高校在成立"三全育人"工作领导小组的基础上，应对全校的思想政治教育工作进行统筹指导，整合校内外教育资源和媒体平台资源，加快"智慧校园"信息化建设步伐，建立畅通的信息传播反馈机制，提高信息共享度。剖析校内外每一个育人环境因子和

---

[1] 熊晓梅．坚持立德树人实现"三全育人"[J]．成才之路，2019（28）：1．
[2] 刘弘．浅谈校园足球课程中学生发展表现性评估设计 [J]．教学管理与教育研究，2019，4（20）：3．
[3] 包庆德．生态思维的特征与功能 [J]．理论建设，2007（6）：3．
[4] 习近平主持召开学校思想政治理论课教师座谈会强调 用新时代中国特色社会主义思想铸魂育人 贯彻党的教育方针落实立德树人根本任务 [EB/OL]．（2019-03-18）[2023-09-17]．http://news.youth.cn/sz/201903/t20190318_11900093.htm.

育人平台，打通各环境要素，推进"供给侧"与"需求侧"的协同联动，统筹打造一个全面、精细的高质量综合服务平台。统筹全校高质量思想政治理论课教师资源，丰富师资队伍的知识结构，提升思想政治教育的针对性。通过思想政治教育品牌活动，发挥其影响力和强磁场效应，切实提升育人质量。

4. 挖掘更深刻的媒体智能思维

新媒体时代，随着信息技术在教育领域更深刻地渗透，思想政治理论课在技术层面与文化层面都面临着新的课题，需要在思想上和方式上进行不断变革。回顾新媒体在思想政治教育领域中的具体运用，大体上经历了三个阶段。

第一个阶段是新媒体在发展的起初，因其开放性成为人们获取信息、资源共享、信息交流的重要载体，同时也大大改变了思想政治教育的环境，思想政治教育者开始形成了互联网思维，并不断挖掘互联网技术在思想政治教育教学中的作用和融入的路径。

第二个阶段，便是网络的互动性得到了充分展现。网络的即时交互性，使网络成为新兴的人际互动与社会实践公众平台。人们对互联网运用的态度，不再仅仅是获取信息的渠道，而是依托互联网实现了内在需求的深刻社交行为，呈现出明显的社会化取向。在这个阶段，思想政治教育者开始重视新媒体在打破传统社交形式方面凸显的新演变，进而从更深层次推进师生的互动关系和角色意义。

第三个阶段是人工智能化阶段。尤其是大数据技术、人工智能、区域链等技术的广泛运用，使得信息技术的共享性得到空前发挥，人与机的互动方式得到升级。新媒体可以通过人们使用网络的痕迹，智能地为其提供相匹配的信息，满足其需求。

不断挖掘和深化新媒体在思想政治教育中的作用，需要思想政治教育者拥有智能化思维。正如有研究者提出的，"信息技术发展的主线是清晰的，即由辅助性、工具性技术发展到与人类共在共生的智能技术"[①]。而归根结底，无论智能化的水平如何发展，智能化思维的关键思路就是应始终坚持"用户的核心地位"，着眼于"用户的需求"。

---

① 唐登蕓.论推动信息技术与高校思想政治理论课融合向深度发展[J].思想理论教育，2019（4）：7.

（三）以融合为目标，不断探索"思政课程"与"课程思政"的统一

在学校思想政治理论课的教师座谈会上，习近平总书记在提出"八个统一"的同时又提出了，"要坚持显性教育和隐性教育相统一，挖掘其他课程和教学方式中蕴含的思想政治教育资源，实现全员全程全方位育人"①，实际上这再次强调"思政课程"与"课程思政"的统一，并要全力推动二者的有机融合。

所谓"显性教育"，指的是高校在开展思想政治理论课程时，依托线上、线下灵活多样的方式，公开、直接、理直气壮、旗帜鲜明地开展马克思主义理论教育活动，深刻解读并用党的最新理论成果武装学生的头脑，对学生进行思想政治教育、理论武装和价值引领，引导学生认同和接受科学理论与思想，把对所学理论知识的认知逐步转化为个人的信仰与追求，以此实现意识形态教育和铸魂育人的教育目标。也就是说，在思想政治理论课上，课程目标是直接明了的，教师起主导性作用，而学生则是思想政治教育真正的主体。由此来看，坚持"显性教育"，不仅是高校思想政治理论课的基本形态和要求，同时也是依托关键课程实现立德树人根本任务的必然要求。

"隐性教育"则是指青年大学生在学校规定的思想政治理论课之外所受到的无形的教育，它是通过不同于课堂的教育方式和教育活动，从而间接产生的德育教化效果。例如学校的校园环境、校园管理制度、校园文化活动等。随着新媒体技术的快速发展，尤其是青年大学生拥有了更广泛地获取信息的途径，更活跃的思维方式，以及更多样化的线上互动、社区组织等，这在一定程度上使传统的显性教育效果受到一定的限制。这时，隐性教育则是很好的、必要的补充。因此，办好新时代的思想政治理论课，就是要坚持显性教育与隐性教育的统一，不断地改革创新思想政治理论课堂，探索"思政课程"与"课程思政"的统一。

一是拓宽高校思想政治教育者的范畴，实现全员育人。目前很多高校在提到"思政教育者"时，都局限于辅导员和承担思想政治理论课程的老师。实际上，从高校"立德树人"的根本目标来说，具体负责专业课教育、校园文化活动、创新创业教育、就业指导、校园环境等事务的人，都是思想政治教育者的组成部分。

---

① 习近平主持召开学校思想政治理论课教师座谈会强调 用新时代中国特色社会主义思想铸魂育人 贯彻党的教育方针落实立德树人根本任务 [EB/OL].（2019-03-18）[2023-09-17]. http://news.youth.cn/sz/201903/t20190318_11900093.htm.

唯有各个要素的有机融合与协调发展，方可促进"三全育人"目标的实现。"'课程思政'充分体现每一门课程的育人功能、每一位教师的育人责任，提高全体教师育德能力和育德意识，有助于改变专业教师'只教书不育德'、思想政治教育教师单兵作战的现象，从而使思想政治教育从专人转向人人。"[①]引导全员都应树立"课程思政"的理念，不断丰富知识储备，完善个人知识结构，改进教学方法，在知识的传授过程中，既要关注学生对专业知识的掌握情况，也要关注学生的情感变化，提升课程的力度和温度。

二是发挥专业性课堂的育人功能，实现协同效应。习近平总书记指出："要用好课堂教学这个主渠道，思想政治理论课要坚持在改进中加强，提升思想政治教育亲和力和针对性，满足学生成长发展需求和期待，其他各门课都要守好一段渠，种好责任田，使各类课程与思想政治理论课同向同行，形成协同效应。"[②]所谓课程的"同向同行"，便是各类课程在价值观上能达到一致。这就要求高校教师应努力将马克思主义思维和方法论植入专业教育中，在专业知识的传播中强调思想引导和价值引领；在专业案例的选择上，能与社会背景，国情民情紧密结合；注重培养学生的创新精神，明确社会责任；使大学生在做职业生涯规划或者就业择业的时候，能将个人事业发展与祖国的前途命运相结合，相统一，注重主流价值观的培育和家国情怀的培养。

三是统筹构建课程"大思政"的教育生态圈。与思想政治理论课程相对规范系统的课程体系，相对直接的价值观引导和意识形态输入方法相比，"课程思政"在传播主流意识形态的方式上是相对潜隐的。这对过去潜心于学术科研或者专业技能教育的教师来说，是一个挑战。因此，高校应建立"课程思政"的阶段性发展目标和常态化机制，循序渐进，提升专业教师的思想政治教育能力，培养专业教师正确运用马克思主义立场、观点和方法的能力，研究更有效的融入方法。从本质来说，"课程思政"的大力推行，是对高校传统育人体系的一种完善。将思想政治教育融入专业教育中，不仅可以丰富专业教学内容，同时也让学科内容更

---

① 高德毅，宗爱东.从思政课程到课程思政：从战略高度构建高校思想政治教育课程体系[J].中国高等教育，2017，（01）：43-46.
② 习近平在全国高校思想政治工作会议上强调：把思想政治工作贯穿教育教学全过程 开创我国高等教育事业发展新局面[EB/OL].（2016-12-09）[2023-09-20]. http://dangjian.people.com.cn/n1/2016/1209/c117092-28936962.html.

第五章　新媒体视域下高校思想政治教育理论课教学创新

有深度。这也是新时代高校思想政治教育的发展方向。"高校里的大家名师，在讲授知识的同时，还阐述知识背后的逻辑、精神、价值、思想、艺术和哲学，通识教育课程以'润物无声'的形式将正确的价值追求和理想信念有效传导给学生。"①

总的来说，推进高校"思政课程"和"课程思政"的融合是一项系统工程，需要整合教育资源，做好顶层设计，"课程思政"的改革既要发挥教师的主导作用，同时也要尊重学生的主体性，真正实现价值引领和"课程育人"的目标。

---

① 高德毅，宗爱东.从思政课程到课程思政：从战略高度构建高校思想政治教育课程体系[J].中国高等教育，2017，(01)：43-46.

第六章 新媒体视域下高校思想政治教育创新的策略

随着新媒体的迅猛发展，高校思想政治教育迎来了前所未有的历史性机遇与挑战。在这个信息爆炸的时代，传统的思政教育模式已经难以满足当代大学生多元化、个性化的需求。并且，由于受到新媒体的影响，大学生的学习、生活及行为方式和思想价值观念都会发生变化。在此背景下，高校思想政治教育内外环境也发生改变，这对于高校思想政治教育者提出了新的要求和挑战。本章主要介绍新媒体视域下高校思想政治教育创新的策略，包括创新思想政治教育工作模式、开发思想政治教育全新载体、增强思想政治教育的吸引力和优化思想政治教育媒体环境四个部分的内容。

第一节 创新思想政治教育工作模式

高校思想政治教育是引导大学生塑造良好思想品德的说服教育过程。为确保大学生能够认识和理解思想政治教育内涵，高校思想政治教育工作者需要积极关注学生的发展和满足学生的需求。科技创新助推新媒体时代的到来，从而对人们的生活和工作产生相应影响，但更为重要的是使人们的思想观念发生了较为明显的转变。为此，思想政治教育工作者应该深刻意识到时代的发展变迁，积极适应时代的发展步伐，主动更新思想政治教育理念，探索创新思政教育工作模式。

一、确立"以人为本、育人至上"的工作新理念

如今，大学生使用新媒体的现象越来越普遍，新媒体所倡导的自由、平等、

开放的理念已成为大学生思想观念中不可或缺的一部分，越来越多的大学生将平等和发展的需求带入校园生活中。

新媒体时代的思想政治教育工作者，应该坚持"以学生为主体"和"以思想政治育人"的原则，重视学生主体需求，尊重学生的主体地位和主体积极性，以促进学生全面发展的教育目标为立足点，了解学生的心理特征和思想动态，密切关注学生的日常生活，引导和激发学生的积极性和自主性，有针对性地开展教学工作。

（一）强化大学生思想政治理论课教学过程中的问题意识

思想政治理论课是大学生接受思想政治教育的主渠道。因此，思想政治教育工作者应注重培养学生的问题意识，有针对性地引导学生分析问题和解决问题，能够以客观、正确的方式看待问题的现象和本质。开展思想政治教育，要求思想政治教育工作者必须将学生置于教学主体地位，借助新媒体的传播优势对大学生所关注的热点问题进行分析和探讨，同时也要合理把握大学生的心理需求特征，了解大学生的想法或感受。如果思想政治教育工作者不能直面学生关注的热点问题，未能对此及时给予积极、正确的引导，那么就会使学生产生不良的思想价值观念，也会对思想政治教育效果产生不利影响。因此，要及时关切并回应大学生对热点问题的所思所想，并通过全面透彻分析的方式，借助新媒体手段向大学生传播正确的价值导向，引导大学生树立正确的、积极向上的思想价值观念，并将其落实到日常学习、工作和生活中。

（二）在进行大学生思想政治教育过程中突出针对性，切实做到因材施教

传统的思想政治教育常常采用"一刀切"的方法，其主要目的在于完成思想政治教育教学目标，而不是关注学生的个性化需求，因此会形成一种在全校范围内开展统一的思政课程学习的方式，并且这种方式的教学内容往往是固定、相同的。不同的学习环境使不同的学生有其独特的思维特点，对学习思想政治理论课程感兴趣的学生，会及时吸收、学习并掌握最新的思想政治理论知识，对于这类学生思想政治教育工作者就需要强化思想政治理论课程内容的深度和广度。然而，也有一部分学生对学习思想政治理论课程不感兴趣，因此便会缺乏较为扎实的思想政治理论基础。在各种新媒体教学工具或手段不断涌现和大学生自我意识不断提升的背景下，高校思想政治教育工作者需要结合学生的内在学习需求来调整课

程教学内容。具体来说，高校思想政治教育工作者应实施个性化教学和专业化教学，而以新媒体为载体开展的网络思想政治教育，同样需要体现出个性化和专业化的特点，对具有不同思维认知特点的大学生加以个性化引导，提高思想政治教育的适用性。

（三）要重视思想政治教育过程中的生动性的增强

思想政治教育具有鲜明的教育目的性特征，其是通过教育手段对受教育者的思想活动过程完成转化，但前提是要被受教育者所接受和认可。在新媒体时代，思想政治教育的转化过程更为简化，内容也更加轻松活泼、通俗易懂。高校思想政治教育应展现出其具有的生动性和吸引力的一面，既要开展多种形式的思想政治教育活动，又要丰富思想政治教育内容，以此得到大学生的认可接受。考虑到新媒体语言的模糊性、混杂性和简洁性等特点，高校思想政治教育工作者应适时变革思想政治教育的语言表达方式，改变思想政治教育中的话语环境，比如以"讨论"代替"对话"，以"可以"代替"必须"。此外，高校思想政治教育工作者应当适时地调整自己的角色，主动与学生建立平等互动的关系，与学生进行交流和沟通，并从学生的角度出发去理解问题，激发学生的思维和推进学生思想发展。

二、探索"新旧结合、虚实统一"的工作新思路

新媒体时代的思想政治教育方式，是建立在传统思想政治教育方式基础之上的，其是经过实践与时间的检验而延续创新的。从这一点来讲，传统的思想政治教育方式有其存在的必要性与科学性。为此，高校思想政治教育工作者既要在新媒体时代创新思想政治教育方式，又要对传统的思想政治教育方式进行反思与总结，汲取其中有益的部分。此外，高校思想政治教育工作者还要引入学生感兴趣的教学内容，创新思想政治教学内容传播方式，确保思想政治教育质量得到提高。

在马克思看来，对思想政治教育工作不能一概而论地否定或肯定。因此，站在历史与创新的双重立场，高校思想政治教育工作者需要辩证看待传统思想政治教育与新媒体思想政治教育之间的关系，将传统媒体时代的思想政治教育与新媒体时代的思想政治教育相结合，并以虚拟和现实相结合的方式开展思想政治教育，这样才能有效地提升思想政治教育成效。

（一）要充分实现教育内容上的新旧结合

运用传统媒体开展思想政治教育教学，会使思想政治理论内容变得晦涩难懂、过于复杂，导致某些经典理论逐渐被人淡忘。而在新媒体时代，借助新媒体传播工具或手段整合思想政治理论内容，创新思想政治教育方式，可以将思想政治理论精髓以新媒体语言的形式传播给大学生，以吸引更多的大学生参与学习思想政治理论课程，加深大学生对思想政治理论内容及经典理论的理解。

具体来讲，高校思想政治教育工作者可以将新媒体中的先进文化或热点话题与思想政治教育中的理论知识相结合，这样既可以满足大学生的兴趣需求，还能使思想政治理论教育活动更加生动，从而达到意想不到的思想政治教育效果。另外，为了使思想政治教育理论更加形象生动，思想政治教育工作者应该主动掌握新媒体技术，运用声音、图像等元素将晦涩难懂、过于复杂的思想政治理论进行精心调整，使思想政治教育理论变得更加直观、立体。

（二）要充分完成教育形式上的虚实结合

为确保高校思想政治教育的持续有效，在教育形式上需要做到"虚实结合"，即建立线上思想政治教育与线下思想政治教育一体化模式，形成覆盖面广、层次分明的立体交叉式思想政治教育网络体系。在开展思想政治课堂过程中，思政教师应就学生较为关心的热门话题予以引导和回复，使学生学会运用马克思主义理论的先进思想武装头脑，树立正确的思想价值观念。思想政治教育工作者应该积极利用QQ、微信、微博等新媒体与学生展开互动，在此过程中接触和了解学生的思想动态，必要时给予正确的思想价值观念引导。总之，开展思想政治教育应以"虚实结合"的教育形式为主，做到平等地与学生交流，构建线上线下双向互动反馈渠道，推进新旧融合、虚实统一的教育理念的实现。

三、构建"分层教育、分众教育"的工作新方式

随着新媒体日益得到广泛应用，基于高校大学生开展的个性化思想政治教育变得愈加重要，"一本教案走校园""一套课件教几年"等在内的传统思想政治教育方式，已无法满足当前的思想政治教育需求。在新媒体时代，高校思想政治教育工作要想有效开展，就必须充分关注并尊重每个学生的独特个性，并结合学生

的专业、知识背景及兴趣爱好等因素制定个性化的思想政治教育方案，做到精准实施思想政治教育工作。

（一）依据专业领域划分，定制文理不同的教育方案

文科专业的学生与理工科专业的学生，在学习思想政治理论知识方面存在相应的学习基础和学习思维差异，因此对思想政治理论知识难点的理解和重点的关注也就会出现差异，这点需要引起思想政治教育工作者的注意，在开展思政分类教育时应该全面评估这些因素的影响。文科专业的学生拥有较强的发散思维，思政教师可以通过构建网状知识结构，引导该类学生展开更深层次的理论探讨。理工科专业的学生拥有较强的逻辑思维，思政教师可以通过构建线性知识结构，引导该类学生循序渐进地学习、理解和掌握思想政治理论知识点。

（二）依据年级划分，寻找不同年级的教育切入点

针对不同年级的学生形成的兴趣点与关注点，通过多种途径开展思想政治教育工作，以更加精准的方式满足不同年级学生的思想政治教育需求。针对大一年级的学生，思想政治教育工作者应主动为其提供融入新环境的机会，利用新媒体教学工具引导学生积极主动地进行课堂互动，体现思想政治教育的人文关怀性。针对大二和大三年级的学生，思想政治教育工作者应该展开引导式教育和方向性教育，帮助学生进一步巩固强化思想价值观念，提高思想政治教育实效。针对大四年级的学生，思想政治教育工作者应该展开渗透式教育，主动与该年级的学生展开交流，密切关注该年级学生的思想动态，通过个性化的思想政治教育引导学生学会心理减压。由于不同年级的学生在选择和应用新媒体方面存在差异，因此思想政治教育工作者应该寻找思想政治教育切入点，选择与学生学习阶段特征相适应的思想政治教育载体。

（三）依据影响规模划分，建立模范与普通的群体共赢

大学校园中的模范群体，由于具有号召力量而成为学生学习的典范或榜样，如常见的"文明宿舍""优秀党支部"等。模范群体的内部成员通常拥有良好的思想道德和文化素养，并具备较强的自我约束力和自我激励能力。因此，高校思想政治教育工作者应针对模范群体开展引领规划式教育，进一步巩固、强化该群

体成员的思想政治导向。而针对普通群体开展思想政治教育工作时，高校思想政治教育工作者就应该开展榜样式或典范式教育，通过引入榜样素材或典范案例，发挥模范群体榜样力量，激励普通群体践行正确的思想道德价值观念，树立正确的思想政治导向。将思想政治理论知识加以具体化和人格化，是促使普通群体吸收、内化思想政治理论知识的关键，可以更好地发挥思想政治教育的作用，推动高校思想政治教育工作的有效开展。

高校思想政治教育工作者可采用组合式方法实行分众教育，以此有效提高思想政治教育质量。而以分层教育为主开展的思想政治教育，并不能将其简单地理解为分开教育。实际上，分层教育要求思想政治教育工作者应主动与学生进行互动，根据学生的个性化需求设计侧重点不同的思想政治教育内容，引导学生积极参与思政课堂讨论交流。并且，针对特定群体开展思想政治教育，并不意味着将其他群体排除在教育范畴之外。

第二节 开发思想政治教育全新载体

在新媒体时代，互联网凭借信息覆盖面广、传播速度快、表现形式多样和交互性强等显著优势，成为新媒体的典型代表，并快速地融入学生群体学习和生活中。网络催生了众多新兴媒体形态，诸如微博、QQ等新媒体社交平台，以及抖音、快手等新媒体短视频传播平台，都是受大学生群体青睐的软件。也因此，大学生的思维认知发生了重大改变。面对互联网快速发展的趋势，高校思想政治教育工作者应该有效利用网络技术开发思想政治教育全新载体，不断提升高校思想政治教育的实效性。

一、发挥社交网站的作用，唱响大学生思想政治教育主旋律

互联网环境变幻莫测，由此催生出许多新型的媒介形态，而建立在"六度分隔"理论基础上的社交网站（如微博、百度贴吧等），更是受到大学生群体的青睐，他们可按照个人兴趣或专业需求，在众多社交网站中获取相关的信息服务。当前，大学生已成为微博用户粘度最高的受众群体，因此本部分将以微博为例，针对社交网站与高校思想政治教育有效结合的手段展开研究。

（一）正确认识微博，树立起利用微博弘扬思想政治教育主旋律的新理念

新媒体时代加速了碎片化信息的传播，思想政治教育工作者的权威性和主导地位逐渐被重构乃至消解。为此，高校思想政治教育工作者应主动将微博等新媒体教学工具融入课堂思政教学过程。微博中的"关注""评论""转发"和"点赞"，是提升用户活跃度和互动关系的主要功能选项。高校思想政治教育工作者可基于微博的这四种功能展开教学，首先是密切"关注"大学生的思想动态，向大学生提供正确的思想价值导向；其次是针对大学生"转发"的内容作出"评论"分析，引导学生形成正确的思想价值观念，还可以通过"点赞"这种方式，鼓励大学生积极践行正确的思想价值观念，以自觉的思想或行动影响周边学生。总之，高校思想政治教育工作者在和学生互动时，要以潜移默化、润物无声的方式开展思想政治教育。最后，作为高校思想政治教育工作者，自己也要适时在微博等社交平台发布带有正确价值导向和具有激励引领作用的内容，可以通过图片、文字、视频或图文结合、文字视频结合等形式呈现出来，以吸引学生的"关注""评论""转发"和"点赞"，将主流思想价值观念渗透到微博社交平台中。

（二）积极创建微博，在高校中建立起各级微博网络系统

高校思想政治教育管理者也要努力践行思想政治教育，在新媒体社交平台上就学生关注的热点话题或问题答疑解惑，发挥思想政治教育的号召力和影响力。具体来讲，高校思想政治教育管理者可以在微博等新媒体社交平台注册账号，并要求各院系建立思想政治教育官方微博账号，构建各层级的微博网络系统，对各项校园活动进行校务公开，为学生提供意见反馈的网络留言渠道。此外，高校思想政治教育工作者也要积极开通微博"评论"功能，及时就学生评论的内容作出回复，拉近与学生的距离，增强与学生之间的有效沟通频率，促进高校思想政治教育的有效实施。无论是官方微博账号还是个人微博账号，作为高校思想政治教育工作者应该及时就学生的困惑予以引导，通过创建各级微博网络系统，使学生在日常的学习和生活中形成正确的思想价值观念，从而完善高校思想政治教育工作闭合路径，将高校思想政治教育工作的隐性教育做到最大化，实现对大学生思想政治教育的全覆盖。

（三）科学使用微博，发挥意见领袖作用，正确引导微博舆论走向

如今，大学生已成为使用微博的"生力军"，这也给高校思想政治教育工作者做好校园舆情引导工作带来了挑战。基于此，高校思想政治教育工作者要科学看待微博、合理使用微博。首先，要在重要节日设置相关议题，引导学生利用微博积极参与议题讨论，鼓励学生通过微博转发、评论等功能展开交流，形成正确的舆论导向。其次，要就微博的点赞功能设置相关议题，并以点赞数量作为参考，判断该议题的受关注程度，据此作出正确的思想政治教育引导工作。高校思想政治教育工作者应在微博平台适时发布涵盖社会主义核心价值观的内容，提升思想政治教育的趣味性和内涵性，主动引导学生践行社会主义核心价值观。最后，要培养具有影响力的意见领袖。高校思想政治教育工作者可以将品学兼优的学生作为榜样示范，并鼓励这些学生积极在微博等社交平台发布符合社会主义核心价值观的内容，真正在大学生群体中发挥意见领袖的作用，在校园中形成正确的舆论氛围和导向，推动大学生形成正确的舆论共识，使"沉默的大多数"主动在微博等社交平台参与思政话题讨论，扩大校园主流思想政治教育文化的影响力。

二、利用QQ软件搭建大学生思想政治教育的交流平台

QQ属于即时通信软件，主要包含在线聊天、文件传送、资源共享等功能，适合在手机端、电脑端同时运行。如今，QQ已成为高校思想政治教育工作者开展思政教育的主要手段，但如何进一步运用QQ提高思想政治教育的实效性，需要思想政治教育工作者通过实践来探索和落实这一目标。

（一）思想政治教育工作者需要静下心来，在QQ中聆听学生的心声

利用QQ与学生展开交流，首先需要考虑选择合适的网络昵称。网络昵称是影响第一印象的关键因素。因此，高校思想政治教育工作者在选择网络昵称时，应该以促进交流沟通为前提，避免过于正式化，真正实现与学生的平等交流沟通。此外，在与学生展开交流时，高校思想政治教育工作者应该根据学生的语言文字内容展开"数据分析"，通过切换立场来了解学生的学习心理，建立双向互动的反馈渠道，推动思想政治教育工作有效开展。

为开展思想政治教育工作，教师既要建立同事群也要建立师生群，打造良好的 QQ 群交流环境。一方面，教师应在同事群内积极借鉴、学习思想政治教育心得，并主动与其他思想政治教育工作者共享思政资源，集思广益，共同解决难题，多方面寻找问题的解决思路，不断提升高校思想政治教育质量。另一方面，教师也应在师生群内及时回复学生问题，定期布置思政课程作业，引导学生就所设问题展开线上交流和讨论，还可以在 QQ 群分享思政学习资源，以渗透式思想政治教育提高课程思政教育教学质量。教师也要在 QQ 群积极开展形式多样的思想政治教育活动，要求学生在线上实时合作解决相关问题，组织学生就不同意见进行投票参与，及时跟进了解学生的学习情况，使学生在学习思想政治课程过程中能够找到归属感。

（二）思想政治教育工作者需要装扮 QQ 空间，用心点亮思想政治教育明灯

QQ 空间是开展思想政治教育活动的渠道之一，利用 QQ 空间丰富思政教育形式可以减轻学生对接受思政教育的抵触心理，增进师生之间的亲近感，提升思政教育的参与度和共识度。具体来讲，思想政治教育工作者应该利用 QQ 空间中的日志、留言板、相册、自定义页面等功能选项，为学生提供思想政治教育资源，引导学生积极下载或在线学习思想政治理论知识。此外，教师也可根据 QQ 空间各功能模块的特点，设置多元化的思政教育专题，将马克思主义的先进理论、毛泽东思想和中国特色社会主义思想等融入教育专题，拓宽学生的学习渠道，促进思政资源共建共享。

三、借助手机媒体拓展大学生思想政治教育的生活化渠道

当前，智能手机更新迭代频率较高，并且在 5G 技术的加持下，手机媒体呈现出鲜明的应用优势特征，这对大学生的思想、学习和生活带来了显著影响。因此，手机媒体也逐渐成为高校开展思想政治教育的平台，是进一步拓宽思想政治教育渠道、完善思想政治教育路径建设的有力表现。学生利用手机媒体获取信息资源的频率越来越高，高校思想政治教育工作者应合理利用手机媒体加强思想政治教育的生动性和实效性，积极开展有意义的思想政治教育活动。

（一）以学院为单位，搭建校园手机信息发布平台

第一，搭建手机短信群发平台。高校思想政治教育工作者要定期向学生推送与思政学习相关的资源、信息，提醒学生及时跟进教学计划和学习进度，不要遗漏相关的教学考试。第二，搭建手机微信平台。高校思想政治教育工作者可自行创建开设微信公众号，定期向学生推送符合主流思想价值观的思政内容，或者也可以在微信群内向学生推送近期的热门事件话题，引导学生根据已学的思想政治理论知识展开交流讨论，然后结合学生的交流讨论情况作出教学总结，调整思想政治教育内容和方向，不断完善学生的思想价值观念。总之，搭建校园手机信息发布平台可以拉近师生之间的距离，加强师生之间的互动关系，为提高思想政治教育教学质量奠定基础。

（二）与三大手机通信运营商合作，发布覆盖全校学生的手机新闻

在校园内利用手机媒体开展思想政治教育活动，必须构建覆盖全校的手机新闻推送系统，强化学生与师生的互动频率。手机新闻应具有思想政治教育价值，并体现出新鲜性、广泛性和互动性等特征，符合主流的思想政治教育导向，使学生能够以正确的思想价值观念评判新近事件或话题，如此既能拓宽大学生的思维认知视野，培养大学生透过现象看本质问题的能力，又能增强思想政治教育工作效果。

（三）积极研发"校园通"手机客户端，实现思想政治教育的有效落地

手机媒体"概念背后所蕴含的可能性"，成为吸引大学生群体广泛关注的原因。利用手机媒体开展高校思想政治教育工作，应寻求建立适用于 Android 和 iOS 手机系统的校园通客户端，然后再根据不同年级的需求设计不同的模块内容。"校园通客户端"应主要包括学习篇、设计篇、心理篇和实践篇等方面的模块内容，如提供个性化的书单推荐，为大学生的学习生活注入更为丰富的元素；提供优秀的职业生涯规划案例，鼓励学生结合实际开展生涯设计；提供教务链接系统，邀请资深教育专家在线上举办讲座，帮助教师评估和指导学生的职业规划；利用案例分析，为大一到大四的学生提供正确的心理指导，并提供在线咨询服务，以便及时解决大学生在学习期间可能面临的心理困惑；为学生提供实习机会和就业信息，借助技术手段来添加消息提醒功能，以提醒大学生留意未关注的最新信息。

总之，通过开发和应用"校园通客户端"，可以更有效地推进大学生思想政治教育的实践工作，并将其与日常生活紧密结合，实现无声的教育渗透。

四、开发全新 App 客户端实现大学生思想政治教育的全面落地

随着移动互联网时代的开启，智能手机和 iPad 等越来越多的移动设备为大学生所青睐，App 也逐渐走入了大学生的视野。App，全拼 Application，翻译为应用。由美国苹果公司的 App store（应用商店）中引申而出。随着技术的进步，App 的种类不断增多，如墨迹天气 App、百度 App、爱奇艺 App 等等。此外，为进一步占有市场，新闻媒体单位也逐渐走上了 App 研发之路，如网易新闻 App 等等。面对 App 市场的蓬勃发展，大学生对于 App 的下载量和使用量也在不断提高。开发全新的思想政治教育 App，以大学生喜闻乐见的方式融入大学生的各种移动设备中，全面提高大学生思想政治教育覆盖面成为当今大学生思想政治教育的必然之选。大学生思想政治教育 App 的研发涉及以下几个方面。

一是校内 App。校内 App 以校园内事务为主，可涵盖科技发明、校内活动、图片分享、明星风采、热点话题等几个版块。科技发明主要介绍校园内大学生专利申请、科研实验等相关情况，鼓励大学生的创新精神；校内活动以介绍学生社团活动为主，对活动进行预告，鼓励大学生积极参与其中；图片分享则以校园风光、学校历史为主，培养学生以母校为荣的意识；明星风采每期会邀请一位优秀学生代表，讲述自己学术或兴趣的培养方法，为普通大学生树立榜样；热点话题则可结合校内外的热议问题组织学生自由辩论，实时更新评论。

二是理论知识 App。理论知识 App 以大学生思想政治教育的基本内容为主，可包含理论阐述、指导实践、历史今日、知识问答等模块。理论阐述需要系统地对马克思主义理论进行讲述，由表及里，深入理论核心；指导实践则需要根据本期介绍的理论、组织实践活动，可以是历史中已有活动的介绍，也可以组织学生进行新的实践活动；历史今日则以故事的方式，讲述马克思主义发展史或中国共产党党史等思想政治教育内容；知识问答环节可结合我国历史、地理、人文等多方面的内容，以游戏的形式将知识传输至学生头脑中。

三是思想政治教育相关 App 的安装必须简洁化。思想政治教育工作者在校园内需对思想政治教育 App 进行广泛宣传，制作下载安装二维码，方便学生扫码安

装，以具有时代感的形式拉近与学生间的心理距离，以 App 的植入为契机，全面实现大学生思想政治教育的落地，进一步扩大思想政治教育覆盖面。

五、依托电子公告板拓宽高校思想政治教育领域

（一）电子公告板的产生与发展

电子公告板，即 BES，是基于 BBS 软件系统建立的电子数据库。现在的电子公告板就像现实生活中的公告板一样，用户除了可以进入各个讨论区获取各种信息外，还可以将自己要发布的信息或参加讨论的观点"张贴"在公告板上，与其他用户展开讨论。

1. 电子公告板的产生

1978 年，美国芝加哥地区的计算机交流会上，Krison 和 Russ Lan 借助于当时刚上市的 Hayes 调制解调器将两台计算机通过电话线连接在一起，并且把自己编写的程序命名为计算机公告牌系统，这就是第一个 BBS 系统的开始。之后，在软件销售商考尔金斯的推动下，CBBS 加上调制解调器组成的第一个商用 BBS 软件包于 1981 年上市。

早期的电子公告板没有太多的功能，如同街头和校园的一般公告板，区别只在于是通过电脑来传播或获得消息而已。直到互联网和个人计算机的普及，爱好者们尝试将苹果计算机上的电子公告板转移到个人计算机上，至此电子公告板的现代功能才初具雏形。

2. 电子公告板的发展与高校 BBS

1978 年，在美国芝加哥开发出一套基于 8080 芯片的 CBBS/Chicago，继这一套最早的电子公告板系统之后，又相继开发出基于苹果机的 Bulletin Board System 和大众信息系统两种系统。经 Russ Lane 为 IBM 个人计算机原型程序的编写，并通过 Capital PC User Group（CPCUG）的组织中 Communication Special Interest Group 会员的努力，最后经 Thomas Mach 整理，个人计算机的第 1 版 BBS 系统"BBS 鼻祖"——RBBS-PC 诞生了。这套电子公告板系统的最大特色是其源程序全部公开，利于日后的修改和维护，后人开发其他 BBS 系统时都以此为框架，而BBS 的网络化可能还归功于 1984 年美国的 Tom Jonning 开发的具有电子功能的电

子公告板程序 FIDO。该软件具有站际连线和自动互传信息的功能，于是，站际间就可以在一个共同的预定时间互传电子邮件。

　　国内最早的电子公告板站点是 1991 年创建的长城站，由于互联网尚未开始普及，当时开户访问量每天只有十几人。国内第一个真正意义上的网络 BBS 站也得追溯到 1994 年春曙光 BBS 站的开通。随着计算机及其外设的大幅降价、计算机技术的不断发展和互联网的普及，BBS 也从简单的电子公告板发展到网络论坛，现在网络迅猛发展，网民逐渐分化，BBS 分类也随之细化。目前，BBS 按照功能可分为综合类、专业类、商业类、特色类；按照版块内容可以划分为情感、旅游、体育、文学、购物等涵盖生活的方方面面，网民可以在不同的版块就自己感兴趣的问题进行交流。应该特别指出的是，最早出现的一个发端于校园和科研机构、为教育科研而创设的校园 BBS 站点——电子公告板（BBS）站点，是于 1995 年 8 月正式开通的水木清华 BBS，它揭开了国内高校 BBS 建设的序幕。

（二）贴吧论坛——思想汇聚传播

　　进入 21 世纪，电子公告媒体迅速发展，一方面表现为网络论坛数量高速增长；另一方面表现为网络论坛栏目与功能多样化，更表现为网络论坛形态的不断创新，其中，"贴吧"正是由网络论坛与搜索引擎结合产生的。网络"贴吧"是互联网上一种具有沟通功能的粘贴板，是一种基于关键词的主题交流社区，它与搜索紧密结合，准确把握用户需求。

1. 网络论坛新模式——"贴吧"论坛

　　"贴吧"是百度网的一项发明，是一种以搜索引擎为内核的网络论坛。目前，"百度贴吧"是全球影响最大的中文网络贴吧之一，是百度网站为网民量身打造的一个通过网络适时发布、获取、交流信息的平台，一个表达和交流思想的自由网络空间。其他大型商业网站也有类似的服务，如谷歌与雅虎的"群组"，搜狐的"搜狗说吧"等。此外，一些网站借鉴"贴吧"的经验，形成各式各样以网络论坛为内核的"吧"，如天涯论坛的"天涯来吧"、强国社区的"人民聊吧"等。

　　贴吧，本质上与论坛并无区别，但也有其自身的特点：其一，创建极为简单，并且对创建主体无严格限制。其二，主题比论坛更为具体集中。一个贴吧根据一个主题来命名，所有讨论在同一个主题下展开。其三，更为个性化。网络用户不仅可以创建个人贴吧，而且能够创建与感兴趣的人物、事情相关的各类贴吧。在浏览贴吧页面的时候，亦可将贴吧或贴吧中的帖子推荐给吧中和 QQ 上的好友。贴吧还支持手机浏览功能，使用手机亦可查看关心的话题和最新的回复动态，并发布自己的信息。正是这些特点使得贴吧成为网络舆论的重要集散地，打破了网络论坛的惯例，将论坛的设立和管理权力（实质上已成设置的权力）完全交给不特定的网络用户。任何一个网络用户，以某一关键字设立"贴吧"，其创立和消亡都不需要网站主管者的介入。

2. 贴吧论坛与思想汇聚

无论是贴吧抑或论坛，自出现以来，深受广大大学生网民的青睐，成为大学生上网的必做之事，甚至出现"贴吧热""论坛热"的现象。因此，大学生通过贴吧可以畅所欲言，自由自在地表达个人的主观意识。通过观点的表达与热点的碰撞，拓展思想的广度与深度，这也就是贴吧论坛作为电子公告这种新媒体特色模式的最大体现。

（1）贴吧具有思想表达的开放性和自由性

无论是贴吧抑或是论坛都是开放的空间，不限制任何人的进入和发言。用户只要登录就可发帖和回复，对相关问题进行讨论。不同的文化和话题都充斥其中，用户可根据自己的喜好选择相应的讨论区，进行信息互通、讨论兴趣爱好、表达情感等，亦可以寻求帮助、提出意见和建议，甚至可以在此投诉个人和相关组织等。

（2）贴吧具有信息存在的虚拟性和隐蔽性

贴吧论坛诞生于虚拟的网络。网络的虚拟性提供了一个相对自由的空间，用户根据自身喜好自行命名进行注册即可匿名登录，没有暴露真实身份的后顾之忧。如此，就避免了面对面交流带来的尴尬和拘谨，大学生可把工作、学习、生活中的困惑，同学间的矛盾，对国家、社会、学校、老师等的看法以及在现实生活中不便或不敢说的话真实地吐露出来，而不必担心他人的打击和报复。

（3）贴吧具有意见表达的自主性和平等性

在贴吧论坛上，注册用户发表的言论只要符合其规章制度均能发表，且所有参与者一律平等，没有任何经济、政治等方面的地位区别，这为大学生提供了一个广阔而自由的言论空间。虽然贴吧也有"吧主""楼主"等"小管理员"的存在，但这样的存在仅仅起一个建立平台和开创话题的作用，信息的交流共享还是倾向于自主意愿的表达和平等交流模式的推动。这就源于贴吧本身具有的自主性和平等性。

(4) 贴吧具有信息来源的广泛性和多面性

随着新媒体技术的不断发展和互联网的普及化，越来越多的大学生接触论坛贴吧，进行资源获取、娱乐消遣、情感交流。基于贴吧论坛的自由性，其中的话题亦包罗万象。广泛性和多面性不仅仅表现在贴吧类型的多样性，还表现在贴吧本身的话题多样化、受众多样化以及衍生出来的舆情导向的多样化。

在新媒体充斥的市场下，贴吧论坛作为大学生思想汇聚之地的作用不断显示出来，成为教育部门和教育主管部门了解大学生思想和心声的有效载体。

(三) 电子公告板媒体思想政治教育的经验研究

随着互联网技术的不断进步，无论是传统的电子公告板，还是高校BBS或论坛贴吧都有了新的发展。但不管电子公告板媒体如何发展，以"帖子"为核心的发帖、阅帖、回帖、顶帖等仍是电子公告板媒体的根本。这种以"帖子"为中心的电子公告板媒体世界，我们暂且称之为"帖时代"。"帖时代"随之而来的就是一种由电子公告板媒体思想引领的发散范式，在这种发散范式的作用下，所有思想都能够通过贴吧来发散，而且这样的发散不仅仅局限于贴吧内部的信息发散，还包括信息的外部传播，其中，最为凸显的就是电子公告板媒体所特有的教育咨询、价值观传达。

1. "帖时代"思想政治教育的范式初探

日益发展的互联网和日益快捷的电子公告板媒体既给我们的学习生活带来了巨大的便利，也为大学生思想政治教育带来一定的困难，这就给如何利用电子公告板媒体对大学生进行正确的思想引领提出了挑战。我们必须要做到，通过对电子公告板媒体的不断熟悉和了解，在"帖时代"中尽快掌握大学生思想引领的范式途径。

范式的概念和理论是美国著名科学哲学家托马斯·库恩提出并在其发表的著作《科学革命的结构》中系统阐述的，它指的是一个共同体成员所共享的信仰、价值、技术等的集合，是常规科学所赖以运作的理论基础和实践规范，是从事某一科学的研究者群体所共同遵从的世界观和行为方式。要开始"帖时代"思想引领的范式初探,就要求我们从"帖时代"本身的实际需求出发,以此来做好思想引领,推进思想政治教育的时代化与效率化。

(1)"帖时代"思想政治教育需要频繁的互动交流

贴吧论坛具有的开放性、隐蔽性、自主性、平等性等特点,为老师和大学生架起了相互沟通的桥梁,避免了教育者和受教育者之间的紧张、戒备和尴尬,使得二者能够在平等的氛围中进行交流。教育者通过与学生交朋友的方法讨论问题,并及时回答学生在生活、感情、学校制度等方面的问题,做一些"人性化"的引导,帮助学生进行自我教育,调动他们接受教育的主动性,发挥他们的能动性。应特别注意贴吧论坛上某些网友发布的一些言论较为情绪化,有时未能真正客观、公正地反映真实情况,所以,需要对其判断三思,尤其需要对帖子或言论所涉及的事件的性质、真相以及文章本身的情绪进行客观、公正的分析。若确有此事,则应尽可能及时予以官方权威答复;若帖子或言论出于宣泄的目的,措辞较为激烈或表达情绪化,以至于和事实有较大出入,则应根据帖子或言论进行正确的疏导、贴心的安抚,以此净化贴吧论坛。在这种平等、民主、双向交流的平台上,通过对话式、交互式的互动,更有利于创新思想政治教育理念和进行思想引领。

(2)"帖时代"思想政治教育需要生活语言与专属版块

贴吧论坛等电子公告媒体日益成为大学生日常学习生活必不可少的一部分,思想政治教育工作者应该利用该阵地进行思想引领。以百度贴吧为例。目前,百度高校贴吧中,包含有"高校贴吧""图片""精品""视频"四个栏目,其中"高校贴吧"这一栏目是师生发帖、回帖、顶帖、灌水、拍砖的"主战场"。对此,可以相应地建立"红色版块",把对大学生进行思想政治教育的渠道从"两课"延展到网络,将网上教育与网下教育结合起来,更有利于加强和巩固大学生的思想政治教育效果。应该指出的是,在电子公告媒体上的话题越贴近生活实际越能满足大学生各方面的需要,也就越能吸引青年网友参与其中。例如,贴吧论坛版名应引人入胜、朗朗上口,不会引起大学生排斥,减少被恶搞的可能。在"马克思主义基本理论与中国特色社会主义理论体系"这个较长的贴吧名称之外,应设计出贴近学生生活实际的"两课"学习资料、入党知识、时事分析等内容丰富版区,推荐思想觉悟高、知识涉猎面广、观点独到且深刻的人竞选版主,尽量发挥大学生思想政治教育新渠道的作用,成为思想引领的新平台。

2. "帖时代"思想政治教育的发散范式

相对于 Web2.0 时代用户主要通过浏览器获取信息的特点，在强调自服务和内容自生成的 Web3.0 时代中，用户不仅仅是互联网的读者，同时更是互联网的作者。在电子公告媒体中，每位用户既是发帖者，又是回帖者、顶帖者，在贴吧中甚至每个用户都可能是吧主或管理员。在全民皆"帖"的网络世界中，在互联网技术日益发展的背景下，对于大学生思想的引领除了上述的四大范式途径外，还可着眼于高校自身。

高校贴吧论坛品牌形象是指以大学生为主体的使用者，基于对高校贴吧论坛的了解与使用，经过自己的选择与加工，在大脑中形成的关于高校贴吧论坛的印象总和。若高校贴吧论坛品牌形象积极、正面，则能够发挥在高校教书育人目标过程中应有的作用，完善高校的教学科研建设。高校贴吧论坛品牌在建设与管理过程中，尽量避免千篇一律，努力突出自身特色和优势，灵活运用多种方式塑造积极的品牌形象。

版区方面，科学设置、重点建设、突出主旨与特色。目前，高校贴吧论坛的发展已经涵盖学生生活的方方面面，比如，我的大学、文化科学、社会信息、电脑技术、知性感性、休闲娱乐等版区，满足了学生的各种需求，其中，贴吧更是包罗万象。较之网络论坛建设初期以情感类和娱乐类为主的版区设置，贴吧论坛内容更加丰富多彩，设置更加考虑学生诉求，但也存在版区分类过于细致、话题较分散的不足。要改变这种情况，高校论坛在建设中应在版区划分上力求简洁科学，把话题引向集中深入。在版区建设中，重点建设红色教育版、文化科学版、情感心理版和休闲娱乐版等，在突出高校贴吧论坛主旨与特色的同时提高其吸引力。用红色教育版对大学生进行思想政治教育，突出高校坚持社会主义办学方向，为社会主义建设培养人才的主旨；用文化科学版加强高校师生的学术交流，满足他们对文化科学较高层次的需要；用情感心理版提供给大学生表露心理困惑与情感宣泄的空间，促进他们心理健康的发展；用休闲娱乐版丰富大学生的网络生活。

（四）电子公告板媒体思想政治教育的发展预测

1. 电子公告板媒体的新动向

在 Web2.0 时代中，主要强调的是互联网内容的组织与提供，如今的 Web3.0 时代中，互联网具有更好的交互性，用户不再是单纯的阅读者，而是兼具互联的作者。伴随 Web3.0 时代的到来，电子公告媒体也将朝着以下几个方向发展。

（1）向着即时性方向发展

动态网站的新技术 Ajax 的问世，宣告着贴吧等电子公告媒体即时更新信息的新模式离我们不远了。在 Ajax 之前，页面的部分数据需要更新时必须刷新整个页面，而使用 Ajax 技术的网站，不需要刷新页面就可以更新数据，这就使 Web 站点看起来是即时响应的。当我们把 Ajax 技术运用到贴吧论坛中时，论坛成员不用刷新页面就可以看到别人刚刚发的帖子，其方便、快捷、即时等优点就凸显于此。随着 5G 时代的到来，无线通信与国际互联网等多媒体通信结合的新一代移动通信系统必将与社区网站进行结合，也将进一步使得电子公告媒体朝着即时性方向发展。

（2）向着图形化方向发展

随着信息技术的发展和电子公告板等新媒体的完善以及网民对生活与虚拟之间联系的日渐加深，图形虚拟社区的实现也势在必行。图形虚拟社区非常逼真，甚至能够形象化地模拟整个现实社区的生活，并且其延展性、扩充性和可塑性极强，极为生动形象。在论坛中，网友甚至可以通过街景功能浏览现实生活中的街道实景，或者通过 3D 模拟软件试穿看中的衣服。贴吧论坛版块与版块之间不再以单纯的文字描述区分，而是以辨识度较高的拟物化图标作为标志。通过一根网线而汇集的天南地北的网友，不再是通过 ID 来辨认，而渐渐开始采用形态各异的头像或是虚拟装扮来区分，甚至可以通过头像的色彩、虚拟装扮的搭配来猜测对方的性格，这些都是传统虚拟社区所不具备的特点。

（3）向着专属方向分化发展

随着人们的需求日益增加，贴吧等电子公告板的多样化将进一步得到发展，电子公告板分类的细化将一步一步地得到改善。人们的社会工作和生活需求以及对电子公告板的频繁利用，驱使电子公告板对专属性的要求变得更为强烈。针对考研热点就会出现相应的"考研吧"；针对"淘宝热"就会出现相应的"折扣共享论坛"，诸如此类的电子公告板专属性要求将会更多，也会更独立地存在。

除了技术上可能的新发展外，电子公告媒体作为供网友互相展示以及交流的平台，是基于互联网开放、自由、互动、信息共享的特点上的，因此，内容丰富、个性化、互动性强、富有拓展性与趣味性的综合平台，将是发展的方向。

2. 电子公告板媒体思想政治教育的问题预测

新媒体时代，电子公告板媒体成为大学生互相展示及交流的平台，因此，电子公告板媒体也就成了教育部门和高校了解大学生心声的有效载体，高校BBS甚至被称为大学生思想动态的"晴雨表"。电子公告板媒体之所以会成为大学生网络聚居和思想聚集、思想传播之地，是与其自身具有虚拟性、匿名性、开放性、交互性、自主性、平等性、内容广泛性和覆盖面广等特点息息相关的，这一方面使得电子公告媒体有利于大学生情绪的宣泄和心理问题的排解，有利于及时了解大学生思想动态和解决学生困难，但另一方面也给高校思想政治教育工作和对大学生的思想引领工作带来一定的困难和挑战。

我们对多种新媒体可能出现问题的预测是出于思想政治教育前瞻性的考量。预测就是人们根据一定的理论，通过其研究对象事先的调查研究和分析，对未来某种不确定的东西或未知的情况做出的符合事物发展规律的设想或判断，以指导人们的方向和实际行动。常言道："凡事预则立，不预则废。"现代社会急剧发展，科学技术日新月异，人们希望有正确的理论做先导，减少工作和学习中的失误。因此，正确的预测能做到未雨绸缪，防患于未然。

第三节 增强思想政治教育的吸引力

得益于新媒体的技术优势，大学生能够从中获得广泛而深入的信息，由此使个人的知识储备更为充足、认知视野更加开阔。但是，在新媒体时代，仍然有部分大学生缺乏良好的媒介素养，难以正确看待新媒体传播的各种信息。为此，我国的高校思想政治教育工作者需要抓住新媒体的技术优势，在思政课程中融入适应时代教育需要的资源，帮助学生提高对新媒体传播信息的鉴别力，形成正确的思想价值观念，更好地提升思想政治教育的吸引力。

一、提高大学生媒介素养教育，强化大学生的批判精神

"媒介素养"一词最早见于西方国家，随后被引入我国，由我国学者结合国情逐步深化了对这一概念的研究。在新媒体时代，受众的媒介素养主要表现为对不良信息的鉴别能力和免疫能力，以及由此形成的批判意识和批判能力。当前，

新媒体已成为我国高校大学生认识世界的主要手段，但由于新媒体环境复杂多变，如果不具备良好的媒介素养，就不能形成批判意识和批判能力，也就难免被新媒体负面环境所影响。

（一）提高大学生媒介素养教育，必须通过理论进课堂来夯实基础

普及相关的理论知识，开展系统的理论学习，是有效解决高校大学生媒介素养缺失问题、增强大学生媒介素养意识的根本途径。具体而言，高校应通过成立学科小组并聘请高水平教师，编写涉及思想政治教育的教材，同时也要注重开设必要的媒介素养课程，帮助学生深入理解媒介的功能和信息的本质，培养学生的问题分析能力和思维深度。此外，哲学、政治学和社会科学等教师也要提升个人媒介素养水平，将媒介素养知识融入学科知识教学过程，达到渗透式教育的效果。举例来看，当哲学教师在讲解透过现象揭示事物本质的哲学问题时，可以将其与媒介素养知识相联系，既能诠释问题又能提供实例，同时也强调了媒介素养教育的重要性，达到"双管齐下"的效果。

（二）提高大学生媒介素养教育，要开展相关实践活动

媒介素养同属于素质教育范畴，其根本目的是培养学生的实践能力。为此，思想政治教育工作者可以在校内外积极利用各种资源，为学生提供接触媒体的机会，使学生能够更全面地了解与媒体相关的知识，消除对媒体的陌生感和神秘感。为引导大学生做到正确认识信息、传播信息，思想政治教育工作者可以邀请相关指导教师开展专题培训，并鼓励学生体验编辑和撰写校报校刊等工作，切身体验媒体传播工作。除此之外，思想政治教育工作者还可以安排学生参观后期制作单位，并与编导、剪辑等相关从业人员进行密切互动，从而帮助学生真正地了解信息的真实面貌，还原事件的本质，增强大学生对节目或新闻的理性认知，培养他们的批判思维。

（三）提高大学生媒介素养教育，需拓宽教育渠道

培养高校大学生的媒介素养，需要一个渐进式的、长期的教育过程。在该教育过程中，社会的作用是非常重要的。进一步促进高校大学生媒介素养的发展，可以通过整合社会各方资源并增进合作来实现。

二、增强大学生网络道德教育，提高大学生"慎独"能力

新媒体的广泛应用，使人与人之间的交流更加频繁，人类的思维认知视野进一步得到拓宽。虽然新媒体推动了人类文明的进步，但是也给人类社会带来了诸多矛盾和问题，如网络道德问题。网络道德是用于规范个人在网络世界中同他人进行互动的行为，主要通过信仰和舆论来实现约束作用。网络技术水平在不断发展，由此催生出符号化、自由化和隐蔽化的网络生活方式，从而对大学生的网络道德素养产生一定的影响。在缺乏有效监管的情况下，大学生的网络道德素养趋向于弱化。因此，为了更好地丰富高校思想政治教育内容，提高思想政治教育的实效性，思想政治教育工作者应进一步注重网络思想道德素质教育，以帮助大学生更好地树立正确的网络道德观念。

（一）制定完善的网络道德规范

针对高校大学生开展的网络思想道德素质教育，必须以制定相对完善的网络道德规范制度为基础。为此，高校思想政治教育工作者可以结合教学实践，与政府、社会等多方力量展开合作，共同制定大学生网络道德规范（条例），使其成为社会广泛遵循的约束规范。各高校可根据网络道德规范编写学生手册，并将其分发给学生，以有效引导学生遵守网络道德准则和规范。学生手册可以起到指导作用，有助于唤醒大学生的个人责任意识和自我监督意识。

（二）整合课程资源，发挥课堂德育教育功能

科技是辅助学生获取知识的手段，而课堂则是学生获取知识的主要渠道。高校思想政治教育工作者要想开展网络思想道德素质教育，就必须充分利用校园课程资源，力求提升大学生的网络道德素养。具体而言，高校可依据教学实际开设网络道德教育课程，并将其纳入基础必修课程范畴。此外，高校还可以在其他相关课程中融入必要的网络道德教育内容，实现渗透式教育。例如，将计算机基础知识与网络道德教育内容融合，不仅可以使学生掌握计算机操作技能，而且还可以使学生加深对网络道德的理解和认识，从而实现道德素养和内容的相互促进，并在学习过程中达到内外统一的效果。再如，将思想政治理论知识与网络道德教育内容融合，或者将网络道德教育内容与法律、哲学等相关学科知识融合，形成交叉式学科教育。

（三）加强情感沟通与人文关怀

人与人之间借助新媒体开展的线上交流活动，虽然能够跨越时空的限制，但由于缺少情感共鸣所以无法真实表达或流露情感。为此，高校思想政治教育工作者在开展网络道德教育时，应该重视学生的情感需求，坚持以人为本的教育理念，鼓励学生将网络道德理论应用于实践，不断增强学生的网络道德素养，树立正确的网络道德观。此外，高校思想政治教育工作者还可以借助新媒体的力量开展各种文明活动，比如评选出受欢迎程度最高的十大文明网络用语。总之，高校思想政治教育工作者应将网络道德教育融入大学生的日常生活中，在潜移默化中提高大学生的网络道德素养。

三、发挥先进典型的示范作用，提高大学生"荣辱"意识

榜样教育是开展思想政治教育最直接、简单的教育方法，可以有效地传递正确价值观和道德标准。榜样教育以树立先进典型人物为标准，以先进典型人物的光辉事迹和思想品格为内容，以提高人们的思想道德素养为目标。当前，榜样教育仍然在高校思想政治教育活动中发挥着重要的作用。因此，高校思想政治教育工作者应该将榜样教育融入思政教育过程，并借助新媒体教学工具向学生展示先进典型人物的光辉事迹和先进思想行为，在有效扩大榜样影响力的同时，提升高校思想政治教育的实效性。

（一）发挥先进典型的示范作用，要尊重客观性原则

辩证唯物主义认为，事物是客观存在的。同样，先进典型人物及其光辉事迹也是客观存在的。树立先进典型并发挥其榜样作用，应坚持客观原则和实事求是的态度。为此，高校思想政治教育工作者应深入了解学生的生活和学习情况，以此为基础挖掘和树立先进典型。另外，如果是将优秀毕业校友作为先进典型，那么就需要高校思想政治教育工作者对相关问题进行详细验证，确保先进典型的真实性和客观性。只有这样，才能用真实的情感打动学生，使思想政治教育深入学生的内心。

（二）发挥先进典型的示范作用，要从多角度、多层次进行全面挖掘

学科划分是培养专业人才的基础保障，也是推动学生知识结构多样化的主要

因素。由于学生的知识结构存在差异，因此不同学生对树立先进典型的认识也会有所区别。对于高校思想政治教育工作者来说，应该结合学生的实际需求，从多个角度和多个层面推进树立先进典型的工作，如可以通过评选出色的科研工作者来树立科研典型，可以通过评选校园道德模范来树立道德模范典型，可以通过评选模范党员来树立模范党员典型等，推动学生养成良好的思想道德素养，形成正确的思想价值观念。总之，高校思想政治教育工作者应根据不同群体的不同层次需求，全面挖掘并树立先进典型，避免一味追求"高、大、全"，通过生活化的先进典型人物及其光辉事迹，引起学生的情感共鸣，增强思想政治教育的感染力。

（三）通过意见领袖，延续先进典型对大学生带来的积极影响

意见领袖是指在传播活动中积极参与并发表意见和评论的人士，他们的观点和决策往往对其他人产生影响。意见领袖在高校思想政治教育中发挥着重要作用，尤其是以树立先进典型为主的思想政治教育。但是，受学生个体差异的影响，部分学生并不会对榜样的事迹感兴趣，也就无法发挥榜样的带动作用。为此，高校思想政治教育工作者可以通过意见领袖，向学生广泛传播先进典型及其事迹，对学生产生心理暗示，引起学生的间接关注。任何事件都会经历从起点到高潮再到稳定的发展过程，先进典型同样如此。但要注意的是，高校思想政治教育工作者应该适当延长选择先进典型的周期，否则只会消解学生的崇拜感。当先进典型经历衰退期时，高校思想政治教育工作者就要积极发挥意见领袖的作用，以多种渠道或手段扩大先进典型的影响力。因此，高校思想政治教育工作者应积极开展意见领袖的培养工作，并注意培养对象的专业和年级差异。

第四节 优化思想政治教育媒体环境

在新媒体时代，优化高校思想政治教育媒体环境，应形成以政府、社会和高校在内的多方力量协作机制，确保高校思想政治教育工作真正起到作用。

一、以政府为主，加大拟态环境的建设力度

1922年，李普曼在其著作《舆论学》中首次提出了"拟态环境"这一概念。"拟

态环境"通常指的是信息环境，但它并非是对真实环境的简单反映，而是由传播媒介对象征性事件或信息的选择、加工和重构，并最终呈现给受众的拟态环境。拟态环境会对受众的认知和行为产生制约，由此对真实的客观环境产生影响。随着社会信息化的不断发展，拟态环境对高校大学生的认知和行为的影响也越来越显著。面对宏观环境发生的巨大变化，开展高校思想政治教育工作应将建设拟态环境放在首要位置，并切实遵循政府的主导地位。

（一）加强相关立法，净化网络信息环境

互联网既具有开放性的特点也具有隐蔽性的特点，这就导致了网络信息环境的复杂化，网络信息质量参差不齐。网络传播的负面信息，会对拟态环境带来不利影响，最终侵蚀高校大学生的网络道德素养。为此，政府部门有必要尽快采取措施应对这些"破窗"，并完善法律法规，以强化对网站从业者和信息发布者的法律约束，进而改善网络信息环境，清理有害及无用的信息。

（二）大力弘扬社会主义核心价值观，占领拟态环境主场

网络技术推动着新媒体主体多元化的发展，由此造成的信息源种类趋于多样化，以及各种价值观相互交融、渗透与冲突，最终对高校大学生的思想价值观念的道德素养产生深远影响。面对此种网络环境，政府部门应充分发挥主导作用，在社会各个领域积极宣传社会主义核心价值观和主旋律文化。例如，政府部门可以建立新闻门户网站，多角度传播社会主义核心价值观，构建积极健康的网络舆论环境。除此之外，政府部门也可以设置相关议题，引导大学生群体针对社会主义核心价值观展开交流讨论，创设良好的拟态环境，有力打击低俗的、消极的，以及任何可能具有分裂性质的信息。

（三）成立网络信息监管部门，加强信息传播过程中的监管力度

政府应组织成立网络信息监管部门，对互联网中出现的反动、暴力、色情等信息坚决予以抵制和消除，以正面引导的方式开展网络思想政治教育工作。与此同时，政府还应该出台相应的法律法规，并将其作为加强网络信息监管力度的保障。具体来说，网络信息监管部门应该及时调整并设定网络敏感词汇，以此做到对不良信息内容的过滤和删除；此外，网络信息监管部门还要针对恶意传播不良

信息的传播者予以一查到底，根据情节作出依法处理。当然，网络信息监管部门也要为网民及时举报不良信息内容提供畅通的渠道，激发广大网民的参与热情，共同营造和谐有序的网络信息环境。

二、以高校为主，扩大校园新媒体影响范围

大学阶段是学生确立思想价值观念的关键时期，大学生会对周边事物有较为清晰的个人认知。在这一时期，高校往往承担着重要的思想政治教育任务。为此，高校思想政治教育工作者应该及时更新教育教学方式，充分利用校园新媒体开展富有时代特色和符合学生认知特点的思想政治教育，引导学生将所学的思想政治理论知识运用至生活实践中，逐步确立正确的思想政治价值观念，这也是检验高校思想政治教育实效性的标准。

（一）结合课堂教学，开设大学生思想政治教育理论课程网站

高校思想政治教育工作者既要沿用传统的课堂教学方式，也要根据课程思政教学内容开设线上专题教学课程，并积极融入马克思主义、毛泽东思想和中国特色社会主义思想等思政内容。具体来讲，高校思想政治教育工作者应该设计富有特色的线上思政专题教育课程，并以多种形式讲解马克思主义基本理论、党的路线方针政策等知识，使学生能够真正吸收、理解和掌握思想政治理论知识。此外，高校思想政治教育工作者也要在课程思政教学中融入时政热点话题，并及时更新和补充最新的思想政治理论知识，要求学生学习并完成思想政治教育网络课程作业，最后根据网络课堂考核标准检查学生的学习情况，逐步提升高校思想政治教育教学质量。

（二）依据校园已有网站，增设思想政治教育主题版块

高校思想政治教育工作者可在访问量高、关注度高的学校官网或在线学习平台等校园网站，开设以思想政治教育为主题的教育版块，并设计富有专题教育特色的名称，更好地吸引学生点击访问和关注，为后期开展思想政治教育奠定良好基础。思想政治教育主题版块中的内容具体可涵盖时事、政治、经济、文学、心理、法学、伦理等学科领域，确保能够满足不同学生的学习需求。但是，高校思想政治教育工作者需要注意结合思想政治教育的政治性本质，做到跨学科融合教

学，提升思想政治理论知识的丰富性和趣味性，使大学生在不经意间感受和接受思想政治教育。

（三）加强校园 BBS 信息交流平台的舆论引导

如今，高校"BBS"（Bulletin Board System，网络论坛）已成为众多大学生进行互动交流的平台。但是处于大学阶段的学生，其思想价值观念很容易被外界因素所干扰或影响，由此就会产生舆论冲突。因此，高校思想政治教育工作者应该针对"BBS"展开必要的舆论引导。具体而言，高校思想政治教育工作者要从制定相关规章制度开始，为确保校园 BBS 的规范化运营提供制度保障。此外，高校思想政治教育工作者也要及时培养具有影响力的"意见领袖"，由其引导正确的舆论导向。"意见领袖"要发挥正确的舆论导向作用，即通过理性分析和平等对话等方式疏导、安抚部分学生的不良情绪，缓和激烈讨论态势，构建积极健康向上的舆论环境。当然，高校思想政治教育工作者也要合理利用新媒体，通过整合新媒体资源，并据此制定翔实的工作计划，在校园内或课堂上有序开展思想政治教育活动。

三、以社会为主，健全新媒体信息监管机制

新媒体时代，高校与社会之间的联系日益密切。身处校园中的学生，可以通过新媒体随时了解社会发展的最新动态，而这些社会发展动态又会对学生的思想和行为产生一定影响。可以说，社会转型期出现的多元文化碰撞和交融，不仅影响着大学生的思想价值观念，而且还影响着高校的思想政治教育工作。在当前高校思想政治教育环境日趋复杂的情况下，高校应积极与政府、社会展开合作，发挥联动作用，共同筑牢新媒体传播的道德"屏障"，完善新媒体信息监管机制。具体而言，政府应制定适用于各领域的网络信息传播公约，明确规定网络信息传播的规则和标准，并明确规定适用公约的机构和人员范围，同时详细说明违反公约的惩罚措施，确保严格落实管理机制，做到"有法可依"。此外，政府也要加强同社会相关机构的合作，组织建立信息监管联盟，利用敏感词汇库和大数据模型对网络信息进行分类、整理和分析，以便更有效地监管网络信息。一旦发现信息来源存在不良行为后，采用尖端技术屏蔽其 IP 地址。在信息监管联盟内部也要

创建思想政治教育工作组，使联盟内部的机构及其成员树立积极健康向上的思想政治导向，将思想政治理论知识转化为社会实践，以实现逐步净化网络信息环境的目标。在全社会建立高效畅通的信息反馈系统，以便及时收集来自基层网民的意见和建议。联盟内的所有机构必须共同使用统一的信息反馈系统，并将所有反馈信息上传至中央数据库。这样可以方便联盟内的所有机构共享反馈信息，加强漏洞处理工作。

第七章　新媒体视域下高校思想政治教育的实践探究

在新媒体时代的大潮中，高校思想政治教育不仅需要理论的指导，更需要融入实际、富有创造性的实践探究。通过实际的探索和创新，引领教育者更好地适应当代大学生的需求，使思政教育成为思想深度与实践广度相结合的教育典范。

本章主要介绍新媒体视域下高校思想政治教育的实践探究，主要包括五部分的内容：新媒体视域下的大学生生命教育、新媒体视域下的大学生人际交往教育、新媒体视域下的大学生诚信教育、新媒体视域下的大学生廉洁教育和新媒体视域下的大学生就业教育。

第一节　新媒体视域下的大学生生命教育

一、认识生命教育

1968年，美国著名的演讲家、作家与人生导师杰·唐纳·华特士针对青少年吸毒、自杀、他杀、性危害等犯罪高发现象，承袭印度瑜伽大师雪莉·阿南达·摹提吉的精神，出版了《生命教育》一书，探讨必须关注人的生长发育与生命健康的教育真谛。

生命教育在20世纪80年代逐步推行开来。到了20世纪90年代，美国、澳大利亚、英国、新西兰等国家和我国的香港、台湾地区开始竭力倡导生命教育，生命教育开始大规模、系统地展开。进入21世纪，生命教育已成为遍及全球的教育内容。生命教育在一些国家和地区是在小学或中学进行，也有一些国家和地区是在高中或大学实行，各国家或地区因实际情况而异。

生存意识教育、生存能力教育和生命价值升华教育是生命教育的重点内容。只有正确理解生命、生存和生活的本质区别，才能使大学生真正懂得尊重生命、珍惜生命。生存意识教育具体又涉及生命安全、生活态度、认识死亡等方面。生存能力教育旨在提高个体适应环境、克服挫折、安全防范以及自我保护的能力。生命价值升华教育重在关注和引导大学生树立正确的人生观，积极投入生活，享受学习和工作的乐趣，还重视对学生的审美教育，使大学生通过审美来获得对人生价值和意义的感受。

生命教育属于思想政治教育的范畴，然而，在我国基于新媒体环境的高校思想政治教育工作中，它却一直是一个盲区。随着我国市场经济体制的建立和迅猛发展，近些年来，大学生在学习、就业、情感、人际关系等方面出现了众多问题，大学生心理问题日渐凸显，引起人们对生命教育的重视。

针对大学生开展的生命教育，已成为新媒体时代下高校思想政治教育工作的重点内容。生命教育是践行社会主义和谐社会的必然举措，其重点在于引导大学生理解生命的价值，学会尊重和赞美生命，并珍惜每个人的生命，探索与认识生命的意义，热爱与发展每个人独特的生命，提高生命质量，创造生命价值，并将自己的生命融入社会主义现代化建设事业之中。

二、基于新媒体环境的大学生生命教育的实施措施

（一）建立学校、家庭沟通联系制度，为大学生创造良好的生命教育环境

学校需要建立沟通机制，以确保与家长保持联络。在新生入学时，应该及时获取学生的家庭背景和上课表现情况。通过这种联系方式，家长可以定期了解孩子在学校的表现和学习成绩，同时学校也能更好地了解学生在寒暑假期间的学习情况，并听取家长的反馈意见。面对困难时，大学生需要更多情感和理智上的支持，而学校和家庭可以为他们创造一个健康成长的生命教育环境，以帮助他们渡过难关。

（二）将生命教育思想融入各学科教学中

想要充分涵盖生命教育的方方面面，仅仅依靠一门生命教育课程是远远不够

的。因此，学校应该在强调开设生命教育课程的基础上，将生命教育的理念贯穿到各个学科的授课过程中。在教学过程中，高校思政教师应当尊重学生的主体地位，充分考虑学生的情感需求并助其感知自身的生命价值，引导学生形成正确的人生观和价值观。同时，高校思政教师也应当关注学生的学习和生活状态，在学生面对问题时予以悉心指导，帮助学生找到恰当的解决方案，使学生潜移默化地强化生命意识，有效影响学生的成长和发展。总之，高校思政教师需要时刻关注学生，使学生深刻地感受生命的魅力和重要性。

（三）开展丰富多彩的实践活动

高校可以为学生提供多样化的实践活动，具体可涵盖学术、科研、体育、艺术、娱乐等方面。这些活动为学生提供了广阔的发展平台，使学生能够在其中不断尝试、展示自我、学习互动、认识社会，进而丰富和充实大学生活。此外，这些活动有助于学生了解现实生活，培养积极的人生态度和生命情感。高校思想政治教育工作者可以鼓励大学生参观德育教育基地，如烈士陵园、革命纪念馆、名人故居等，从中感受生命的价值意义。为了引导大学生树立法律意识和尊重生命的价值观，高校思想政治教育工作者可以组织大学生前往监狱、康复中心等场所参观。此外，通过设立大学生志愿者项目，鼓励大学生参与以援助贫困为主题的志愿行动，引导大学生养成良好的爱心品质，加深大学生的社会责任意识和承担意识。

（四）完善学校心理咨询机构

高校应聘请专业的心理学教师对大学生进行心理健康筛查，将筛查结果填入大学生心理健康档案中，及时关注特殊心理人群的心理健康状况。此外，高校思想政治教育工作者应积极组织开展心理健康教育活动，引导学生在参与心理健康教育活动中树立正确的生命价值观。对来自特殊家庭的大学生提供必要关注和帮扶，如发现任何不寻常的问题，应当及时解决。为确保大学生的心理健康，心理咨询机构可以设立心理咨询网络平台，以班级、系、学院和学校等不同层次的管理机制来加强管理，开展多渠道、多形式的心理咨询沟通，及时了解大学生的心理问题，采取措施予以解决。

(五)提倡大学生进行自我教育

仅依赖外在因素难以提高生命教育的效果。因此,高校思想政治教育工作者应该要求学生学会自我教育,充分发挥大学生的主观能动性,自发地参与各项学习活动,最终达到预期的生命教育效果。

第二节 新媒体视域下的大学生人际交往教育

一、新媒体给大学生人际交往带来的积极影响

(一)新媒体增强了大学生人际交往的自主意识

在新媒体环境的影响下,大学生人际交往更具有主动性和主导性,形成了大学生人际交往的自主意识。大学生新媒体人际交往具有平等性和自主性的特征,这些特征塑造了大学生人际交往的自主意识。通过新媒体网络,大学生可以利用新媒体平台自主交友,联系旧的朋友,寻找新的朋友,并且是单对单的自主交流。自主娱乐,无论是电影还是音乐,大学生都自主选择,自主获取自己感兴趣的文化内容。自主参与新媒体活动,选择自己感兴趣的话题自主参与讨论,并能够引起大学生的积极思考。在这个新媒体人际交往的过程中,大学生不断萌发自主意识,逐渐形成具有自己特色的新媒体交往,并逐渐因为对某一块领域感兴趣而参与群体的交流活动中,从而促成一个大的人际交往平台,促进了人与人的交流、沟通,使其自主意识更加强烈。在这个新媒体人际交往的过程中其不由自主地作出选择和思考,在不断选择和思考的过程中,塑造了大学生人际交往的自主意识。

(二)新媒体扩大了大学生人际交往范围

新媒体使大学生交往更广泛。各种各样的信息在新媒体上不断地积累和不断地更新,使新媒体网络成为一个拥有巨大信息量,拥有丰富内涵的信息载体,使大学生在新媒体人际交往的领域扩大。大学生被新媒体信息载体上的丰富资源所吸引,新媒体载体日益成为大学生学习知识、认识社会和联系朋友的重要渠道。

绝大部分学生认为新媒体交往开阔了自己的眼界，认为新媒体交往能够使人与人之间的交往更加便捷，新媒体信息的丰富性以及交往方式的多样性能够使每一个大学生都可以从新媒体上找到自己的兴趣点和一些志同道合的朋友，积极地以自己喜欢的、感兴趣的方式参与新媒体活动。

新媒体信息的丰富多彩是指处于不同年龄，有不同职业、不同受教育程度、不同地域、不同文化和家庭背景、不同经历的人所发布的，这些信息有可能对于一个问题会产生不同的认识，不同的人会基于自己的身份和背景对问题作出回答，因而有不同的立场、不同的答案，但没有哪一种答案有绝对的和无可置疑的权威性。在这种不同的意见、思想的交流和碰撞的背景下，具有不同身份的个人利用新媒体平台能够便捷地交流，表达自己的思想观点，满足了人际交往的需求。对大学生而言，新媒体是一个能够提供丰富信息的平台。利用新媒体，大学生可从多个领域、不同角度和方面获取信息。此外，大学生也可以在新媒体平台中自由地分享和探讨想法，与来自不同背景和持有不同观点的人进行互动，这种互动是不受任何权威干预的。因此，新媒体促进了大学生之间的广泛交流和互动。

（三）新媒体提高了大学生人际交往的积极性

新媒体交往平台有其自身独有的特性，新媒体的用户往往因为拥有共同的兴趣爱好而走在一起。新媒体用户为什么会相互得到对方的关注，并加为好友，并积极地促进交流？因为一方对另一方在社交平台发布的内容产生了兴趣，比如对方发布的状态、对方上传的照片、对方写的文章、对方就某一事件发表的自己独到的观点和看法等。总之，正是因为彼此双方拥有共同的兴趣爱好点而成为新媒体交往平台上的交往对象，这就大大地提高了交往的主动性。新媒体交往具有平等性，这个平等性给大学生带来了前所未有的交往体验。在现实的人际交往的过程中，交往双方会因身份、地位等让人不能放开自己的手脚，不敢大胆地发表自己的观点和看法。新媒体就解决了这样的问题。新媒体交往看不到对方的脸，看不到对方的穿着打扮，交往双方可以放开说，放开谈，放开发表自己的观点和看法，完全在一个平等的平台上一起交流，也就没有了意见领袖，更能够畅所欲言，能够出现新颖独特的、好的观点看法，有新的创意，使大学生更有成就感。

二、新媒体视域下大学生人际交往中存在的问题

（一）一些大学生现实交往能力有所下降

现实人际交往沟通出现障碍，现实交往能力下降是新媒体人际交往日益兴盛的必然结果。有一部分大学生能够很好地把新媒体人际交往与现实的人际交往结合起来，仅仅把新媒体人际交往平台当作一个交往工具，更加注重现实中的人际交往，那么这部分大学生在未来走向社会的时候，就不会出现人际交流沟通方面的障碍。这部分学生能够充分运用新媒体交往平台，对他们来说，对人际交往是有益处的，然而还有一部分把大部分的时间浪费在新媒体上，整天坐在电脑旁或者在床上也是看手机，大学生的"卧谈会"的交流形式越来越缺失。宿舍里大家都在看着电脑，到点就又睡觉了，交谈必然减少。一个人如果长久地不用嘴来表达思想，到时候再想说也很难表达清楚。大学生如果整天上网，不参加活动，不参与交流，不上课回答问题，现实的交流沟通就会出现障碍，他的口语表达能力只能不断下降，现实的礼仪和技能没有得到锻炼，现实交往能力直线下降。

（二）一些大学生思想倾向趋于封闭和自我，集体归属感降低

从对其他同学的观察来看，大学生容易产生思想倾向上趋于封闭和自我，社会新媒体上的信息大部分是负面信息，并且新媒体为了吸引大众的注意力，往往夸大新闻事件，对新闻事件报道往往以偏概全，部分大学生在没有经过理性思考、逻辑思考或者事实的调查情况下，完全听信新媒体上的信息；另外，社会大众的群体心理效应也会促使大学生的思想走向偏激化。有些大学生在接触这些社会负面信息后，逐渐将自己的心理感受投射到生活、学习当中，并片面认为周围的环境如现实社会一样充满危险，逐渐封闭自己的心理，减少参与集体活动，进而集体归属感缺乏；再有新媒体交往平台的开放性和虚拟性，导致大学生通过注册虚拟现实中的身份，任意地创造多个账号，扮演多个角色，因此往往会陷入多个角色扮演的乏力，且容易不诚信、说谎，因为从刚开始就虚构身份，随意欺骗他人，忽视了人际交往中的诚实守信、相互包容等原则，网络的道德规范和行为操守与现实社会相比显然是淡薄的甚至是缺失的，人在新媒体上的行为没有现实道德和法律规范的普遍约束，这就为大学生在网上做一些与现实人际交往行为相违背的

事情提供了方便和可能,往往对自己将要做的一些事情,有一个潜意识,就是"反正网络是虚拟的,我注册用的又不是真实信息,我愿怎么做就怎么做,没有人知道我是谁",根本不会考虑所要承担的社会责任,因此他们的责任意识会逐渐淡薄。一些大学生沉溺于虚拟的新媒体上,被新媒体深深地吸引,长久地坐在电脑旁,或者空闲时间拿手机玩。长此以往,他们就不愿意参与校园文化活动中,一旦回到现实就会产生一种孤独感和不适感,造成他们脱离群体,缺乏集体归属感。

三、新媒体视域下大学生人际交往教育的优化策略

(一)将思想政治教育方式、方法与新媒体信息相结合

智能手机的出现,使得大学生普遍应用新媒体交往平台。随时随地的新媒体交往,把大学生琐碎的时间完全利用起来。这就需要我们开始思考,我们的思想政治工作是否也可以充分利用新媒体社会交往平台,比如我们可以开通官方微博、博客、微信、QQ群组等,充分发挥新媒体信息载体、平台的优势,建立真正迎合学生需求、贴近学生生活、激发学生兴趣的新媒体交往和教育平台。再就是新媒体信息是新的、及时的、实际的新闻信息,思想政治工作通过与新媒体信息交流平台相结合,可以克服传统思想道德教育重理论轻实践的弊端,使思想政治教育能够更深入人心。新媒体环境是一个相对宽松的环境,是一个价值多元的环境,并且大学生是新媒体人际交往的主力军以及新媒体信息载体、平台的主要用户群,因此,在这种背景环境下,只有把思想政治教育的方式、方法与新媒体信息的载体、平台结合起来,才能更受到大学生群体的喜爱与欢迎,从而更加积极地参与课下的新媒体平台上的交流与互动。比如,教师利用微博发布自己的观点,让学生参与讨论,或者学生提出问题让教师来回答,形成新媒体交往互动。或者利用新媒体视频网站下载最新的视频内容丰富课堂教学;或者从论坛、BBS、虚拟社区、博客、网络报刊上收集就某一政治问题所表达的不同立场和观点,拿到课堂上做一个深度的全面的综合分析。避免大学生通过新媒体获取知识的碎片化,锻炼大学生的逻辑思维能力,因此,新媒体载体、平台的应用对思想政治教育的有效性具有重要意义。

（二）培养大学生形成正确的新媒体人际交往观

由于网络、手机等新媒体从产生到现在的时间较短，且新媒体技术还在不断地发展和创新，在新媒体社交网络社会中，根本没有形成一个比较系统的伦理道德体系，这就必然要求现实人际交往中的伦理道德规范也同样适用于新媒体社会网络，且一个人的道德修养是一以贯之的，人际交往过程中不可能存在着不同的两套道德修养标准，新媒体人际交往过程中所表现出的道德修养必然会潜移默化地影响到现实人际交往，因此，加强大学生道德修养是加强大学生新媒体人际交往教育的必然要求，通过学院、学校、思想政治工作者自身所具有的新媒体平台宣扬新媒体道德规范，营造良好的新媒体环境。在这种良好的新媒体交往网络环境和现实人际交往的道德规范环境的双重影响下，对大学生来说，遵守道德规范和法律规则就能够深入人心成为日常生活中的一种自觉性，就能够在人际交往的活动中，始终坚守诚实守信的行为规范，诚实做人，诚信做事。

要树立正确的新媒体人际交往观。二人之间的人际交往是交往双方一问一答、信息传递、心灵上互动沟通的过程。正确的人际交往观，无论是在现实交往还是新媒体交往当中，其最基础的都是平等意识和诚信意识。人际交往过程中，交往双方的沟通和交流是平等的，且双方是真诚相待的，做到这些，人际交往才能够顺利地进行下去。对于每一个人来说，要树立正确的人际交往的观念。当然，人际交往观念的形成不是一蹴而就的，它与每一个人自身的道德素质、受教育程度、家庭背景、职业以及生活经历有很大关系。大学生作为拥有大量书本知识的青年人，社会经历相对较少，处于人际交往观念形成的重要时期，因此，首先，大学生要了解自己，认识自己。怎么认识自己，这需要思想政治教育工作者的引导。认识自己、了解自己有相应的方式、方法和技巧，思想教育工作者要教育大学生掌握认识自己价值的技巧，提高大学生进行自我评价的能力。新媒体人际交往中，同样需要对自己有一个自我的认识。其次，大学生要懂得理解和尊重他人。最后，在现实的人际交往过程中，大学生要掌握面对面人际交往的基本技能和礼仪，要学会处理人际交往问题的能力。出现人际交往方面的问题时，要积极地面对问题，不仅要从外部找原因，还要从自身找原因，学会换位思考，站在别人的立场上去思考。有问题就有矛盾，有矛盾就是交往双方之间的信息没有沟通好，双方之间出现了信息阻滞，因此，找出问题症结，积极主动去解决问题。拥有健康的人际交往观念和交往的技能和礼仪，再加上处理人际交往问题的能力，大学生就可以最终改善人际交往，形成健康的新媒体人际交往。

（三）开设新媒体人际交往教育课程

人是社会化的人，每一个人都必然要走向社会，一个人的人际交往和人际沟通能力是他生存和发展的重要基础。对于即将要走向社会、正处于社会化关键阶段的大学生来说，高校对大学生的人际交往能力的培养具有非常重要的意义。一方面在通过组织各式各样的校园文化活动给学生提供更多自我表现机会的同时，还要开设大学生新媒体人际交往课程，让大学生了解新媒体交往，懂得怎样进行良好的新媒体交往。比如，某大学教授开设微博教学课程，全课程都是通过微博来互动和探讨问题，同学们的参与热情高涨。通过开设人际交往技能培训班并进行实打实的现场模拟演练、实验等形式，积极地帮助学生不断克服自身弱点和不足，深入地体验人际交往中的情景。其实，面试也是人际交往中的一种，面试只是面试官与面试者之间的人际沟通与交流。因此，人际交往是多方面的，通过不断地脱敏训练，提高大学生的人际交往技能，使现实人际交往方式成为大学生喜闻乐见的交往方式。教育学生如何利用新媒体进行人际交往，可以使学生更加理性地认识新媒体人际交往，自发地形成自我保护意识和信息安全意识。另外，教育学生如何利用新媒体进行人际交往，可以帮助学生约束自身行为，保持冷静，塑造健康稳定的新媒体社交观念，以更加理智的方式利用社交网络。

新媒体人际交往课程提供给大学生有关人际交往的理论，学校的人际交往技能培训和实战演练、情景模拟是把所学的理论运用到现实的面对面的人际交往过程中，这样才能不断地提高大学生人际交往的能力。但拥有人际交往的理论知识和实践技能并不能就说其有良好的人际关系，良好的人际关系的形成是需要在实践中不断地积累、不断地摸索，是需要自己去亲身体会，自己真正感受，自己真正认真地、仔细地观察和醒悟。相对来说，学校里的人际关系是纯洁的，是非常简单的，同学之间以及同学与老师之间的关系较为单纯，复杂的社会人际关系与之根本没有可比性，因此，一方面，学校鼓励大学生走出去，接触社会，了解社会；另一方面，学校可以与社会企业、社会媒体组织、社会公益团体共同举办大学生的校外社会实践活动，为大学生提供丰富的校外社会实践机会，使大学生在真正的校外社会的人际交往实践中获得成长。但是，部分大学生在利用新媒体进行人际交往时，常因为过于相信他人而被欺诈或受骗。为了预防这种情形的发生，学习可提升大学生参与社会交往实践的机会，让他们更广泛地认识社会。通过实践，大学生可以学习并掌握社会运行的规则和人际交往技能，这也能够避免他们对新媒体网络的过度依赖。

第三节　新媒体视域下的大学生诚信教育

一、基于新媒体环境的大学生诚信教育的必要性

诚实守信是道德观念中的基本准则。大学阶段是学生塑造人生观和价值观的重要阶段，强化诚信教育对于培养具有新时代特质的优秀人才和促进大学生人格的健康发展至关重要。在市场经济中，诚实守信是基本的要求，而大学生又是未来社会主义市场经济建设的重要支柱，基于此，高校思想政治教育工作者需要针对大学开展诚信教育，为推动社会主义市场经济繁荣发展提供教育保障。我国目前正处于经济转型期，但由于种种因素，一部分人丧失了诚实守信的美好品德，其中就包括大学生群体。大学生如果不恪守诚实守信的基本准则，不仅会对自身的成长产生负面影响，还有可能危及国家的繁荣和民族的复兴。因此，在现阶段，高校思想政治教育工作者应将深入开展诚信教育、培养诚信意识，作为思想政治教育工作和人才培养工作的重要任务。

二、基于新媒体环境的大学生诚信缺失的原因

（一）社会大环境的影响

目前，在我国社会中存在的信用缺失现象，大多与缺乏有效的失信惩罚机制和不完善的社会信用评估体系等有关，从而导致失信人员无法得到应有的惩罚，这不可避免地会影响大学生的思想价值观，助长大学生形成不诚实守信的心理。

（二）家庭诚信教育缺失

我国的家庭教育仍注重"学习成绩至上"，认为只要孩子取得好成绩，就能够解决其他问题。有些家长担心孩子在外面遭受挫折，常常教给孩子消极的人生

观念。此外，一些家长的不诚信行为可能会对孩子产生不良影响，如在职称考试中作弊、夸大工作表现或在商业活动中缺乏诚信等。

（三）部分学校的德育教育流于形式

许多大学的德育教育仅重视德育的政治导向功能和理论教化功能，忽视了基本道德要求和行为养成，导致德育实效性不强，使本应受到重视的诚信教育流于形式。更有甚者，有些院校在招生宣传等工作中不诚信；为了让更多学生就业，对审查推荐材料的标准不够严格，导致有些学生采取欺骗手段也能得到推荐；并且，学校对用人单位提出的质疑回应不够明确，这使德育教育的缺失现象进一步加剧。

（四）用人单位的人才标准和招聘方式不科学

长期以来，国内对于人才的界定，"学历论"的色彩尤为浓厚，只注重专业知识和业务能力，对学生品德素质的评价和要求往往比较笼统，考核的内容也不具体。这些错误的导向在一定程度上致使部分学生走上不诚信之路。

三、加强大学生诚信教育的对策

（一）培养道德情感，锤炼诚信的道德意志

个人情感和态度会直接影响道德实践。个人对道德关系及行为的内在感受和主观看法，会直接催生道德情感，道德情感是推动道德实践的直接动因。苏霍姆林斯基认为情感是道德不可或缺的组成部分，情感缺失会导致道德变得毫无生气，并培养出伪君子。因此，高校思想政治教育工作者应要求大学生坚守诚信意识，将对道德的认识提升至高尚的道德情感层面，真正从内心实现道德品质的提升。

道德意志是个体在履行道德义务的过程中，通过运用自我意识来确认目标、支配行动以及克服困难，最终表现出来的积极主动的实践精神。自觉性、自主性和自律性是道德意志的主要特点。只有通过内在意志品质的培养，才能真正强化诚实守信这一美好品格，而单靠外在约束显然不足以达到此目的。因而，唯有保持坚定的道德信念，才能在面对内外诸多挑战时取得胜利，并有意识地以社会道德规范来规范自己的行为。

（二）以文化活动为载体，广泛开展诚信道德实践活动

尽管学生的诚信理念和行为养成离不开社会环境的不断优化，但高校思想政治教育工作者仍要积极发挥引导作用，为学生提供良好的教育环境和丰富的教育素材。高校思想政治教育工作者应该通过多种宣传形式，如广播宣传、宣传板宣传、黑板报宣传、壁报宣传等，体现文明窗口的作用，大力宣传诚信教育具有的社会意义，并表彰具有诚实守信这一美好品格的先进典型。高校思想政治教育工作者可以组织以诚实守信为主题的活动，如诚信演讲、讲故事、征文比赛、辩论赛等，以此培养并大力弘扬诚实守信的正确价值观，推崇"以诚信为荣、以失信为耻"的社会风尚，从而营造一个注重诚信的良好校园氛围。

（三）加强大学生网络诚信教育

高校应当充分运用网络工具，发挥其在德育教育方面的积极作用。通过网络技术拓展传统教育方式，不仅能够丰富德育课程教育内容，更能增加德育教育教学手段。网络具有信息传递快速、便捷的优点，高校可以通过创建诚信教育网站，向在校大学生宣传诚实守信思想，从而推动诚信教育氛围的形成。网络教育重视学生的主体性，并能够有效激发学生的积极性，避免传统教育中学生的主体性和积极性的缺失，取得更好的教学效果。此外，利用网络手段可以预防和减少不良网络行为对于诚信和道德教育的负面影响。

第四节　新媒体视域下的大学生廉洁教育

一、开展大学生廉洁教育的意义

（一）大学生廉洁教育是践行科学发展观的重要体现

宣传廉洁教育，传播先进的社会主义文化，帮助大学生确立正确的世界观、人生观、价值观，从而筑牢他们"拒腐防变"的理念。同时，引导大学生坚定理想信念，为中国特色社会主义建设贡献力量。只有坚持实践和思想这两个方面的要求，才能成为适合参与社会主义建设事业的优秀人才。此举可有利于实现反腐倡廉和廉政文化建设目标，同时也是建设和谐社会的重要保障。

（二）大学生廉洁教育是高校培养优秀人才的必然要求

高校担负着为社会培养具备卓越素养和高水平能力的人才的责任。卓越的素养要求大学生不仅具有扎实的知识和技能，而且也要注重提升个人的道德修养。作为大学生，必须注重提高自身的公民素质，成为国家和社会的模范。而要想成为高水平人才，大学生就需要具备良好的身心素质、德智素质、知识储备和实践能力素质等，必须坚守诚信意识，坚持廉洁自律，提升创造力和弘扬创新精神，注重培养良好的道德品质。因此，高校应该将爱国主义、集体主义、人民至上、诚实守信等价值观融入大学生廉洁教育过程。

（三）大学生廉洁教育是净化社会环境的需要

廉洁社会，既包括公职人员廉洁，也包括社会其他成员廉洁。为了防止公职人员腐败，我们开展了廉政教育和干部教育。但是，仅仅防止公职人员腐败并不能实现社会廉洁。因为公职人员的思想意识仍受到社会环境的影响。公职人员腐败意识滋生有内因和外因两个方面，要有效抑制其腐败意识，仅靠对公职人员进行廉政教育是远远不够的，只有社会清廉，才能在全社会形成以贪为耻、以廉为荣的社会风气，才能增强整个社会的免疫力。大学生是未来廉洁社会的主要建设者，在大学生中进行廉洁教育的意义尤其重大。没有廉洁的社会，清廉政治、廉洁政府也就无从谈起。

（四）大学生廉洁教育是构建和谐社会的需要

人是和谐社会的主体，也是腐败的主体。除去腐败这一社会毒瘤必须要人人参与，因此必须要对大学生进行反腐教育。结合思想品德教育，将廉洁教育融入其中，帮助大学生树立积极健康的理想信念，提高大学生抵御腐败的能力。这种教育方法符合个人成长的自然规律，也能为建立和谐社会提供人才储备。因此，高校必须承担重要的使命，就是将加强大学生廉洁教育作为构建和谐社会的基础性工程。大学生健康成长是实现社会和谐的关键。大学生应该在廉洁教育中意识到自己的社会责任，认识到廉洁的重要性。向大学生灌输廉洁思想，引导大学生树立高尚的道德观念，有助于形成倡导廉洁、反对贪污的社会风气，促进社会稳定、和谐发展。

二、新媒体对大学生廉洁教育活动开展产生的影响

以数字技术为支撑的新媒体，是通过计算机网络、卫星等渠道向手机端、电脑端的用户提供信息和服务的。作为一种媒体形态，新媒体与传统媒体的最大区别在于内容传播的超时空性和即时性。近年来，高校大学生使用微信、微博、论坛、贴吧、短视频等新媒体的频率越来越高，这也使得大学生廉洁教育环境发生了变化。新媒体对大学生廉洁教育带来的影响既有利也有弊。因此，高校思想政治教育工作者需要辩证看待新媒体环境下大学生的廉洁教育状况。

（一）新媒体对大学生廉洁教育活动开展的积极影响

新媒体作为内容传播媒介，在大学生廉洁教育活动开展中扮演着重要的角色。新媒体所带来的正面影响主要体现在以下两方面。

1. 新媒体为大学生了解廉洁教育内容提供了多元化的途径

传统的教育模式和环境不利于大学生对廉洁教育内容的全面认识，大学生只能通过教师的讲解和有限的学习机会去了解廉洁教育的理论知识。随着新媒体的兴起和普及，大学生有了更多的途径去获取廉洁教育内容，如微博、微信、抖音、论坛、贴吧等。此外，这些廉洁教育内容的表现形式更加多元化，包括文字、图像、音频、视频等，能够吸引大学生的注意力，有助于大学生更深入地理解和体会廉洁教育内容。总之，新媒体拓宽了大学生获取廉洁教育内容的渠道，这不仅降低了大学生学习廉洁教育理论知识的难度，还有助于加深学生对廉洁教育的理解和认同。

2. 新媒体为大学生廉洁教育创造了开放交互的环境

高校应将拥有自主思考能力的大学生作为廉洁教育的对象，而不能仅由思政教师负责讲解理论知识，否则就很难使学生理解并认同廉洁教育思想准则。在新媒体时代，学生可以依托开放互动的网络环境学习、交流和分享与廉洁教育相关的案例，教师主要负责提供有益于内容输入与输出的平台。为此，高校思想政治教育工作者应积极利用新媒体平台向学生推送廉洁教育内容，引导大学生从中了解并掌握与廉洁教育相关的法律法规和政策制度。而大学生可以在新媒体平台中就廉洁教育话题发布文字、语音、视频等内容，以多种形式表达自己的见解。总之，在新媒体时代下形成的开放交互环境，为大学生全面深入地了解并掌握廉洁教育内容提供了有力保障。

（二）新媒体对大学生廉洁教育活动开展的消极影响

尽管新媒体为大学生廉洁教育提供了新的渠道和环境，但是由于新媒体内容传播的开放性和自由性，也给廉洁教育带来了很多干扰因素，因此廉洁教育效果仍然存在很大的不确定性。就目前大学生廉洁教育活动的推进情况来看，新媒体带来的消极影响主要表现在以下两个方面。

1. 新媒体弱化了大学生对廉洁教育内容的正确理解

如今，高校大学生可以利用新媒体获得多元化的信息，这不仅丰富了信息的来源渠道，而且还确保了学生可以自主选择想要了解的信息。个人兴趣是决定高校大学生利用新媒体选择话题内容倾向的关键因素，由于廉洁教育内容大多具有抽象性和教育性，所以高校大学生对此类话题内容的选择倾向偏低。网络环境的开放性，意味着各种信息都能充斥其中，包括与廉洁教育有关的内容。因此，经新媒体平台传播的廉洁教育内容，其质量难以保证，而一些质量不高、带有恶意攻击的内容又会给大学生正确理解廉洁教育带来阻碍，甚至会导致大学生产生错误的认知和理解，最终对廉洁教育产生负面影响。

2. 新媒体淡化了大学生廉洁教育的重点内容

廉洁教育的主要内容包括廉洁自律和诚实守信等，旨在引导学生始终保持廉洁的思想和严谨的行为规范。然而，在新媒体时代，网络环境的开放性和自由性，造成大量的泛娱乐化内容充斥其间，这些内容缺乏深刻的思想内涵，如果大学生长时间沉迷于这些内容，那么大学生已有的廉洁自律意识可能会逐渐减弱，进而导致大学生遗忘应遵守的行为准则，最终可能会产生一些不当行为或错误行为。例如，近年来多次出现的大学生"网贷消费"现象，就能折射出大学生廉洁自律意识减弱这一问题。

三、新媒体视域下大学生廉洁教育活动开展的策略

实践证明，如何利用新媒体开展大学生廉洁教育，已成为当前高校思想政治教育工作的重要课题。新媒体对于大学生廉洁教育的影响有利也有弊，这就要求高校思想政治教育工作者坚持趋利避害的原则，从防范利益冲突的角度出发，探索具有科学合理价值的廉洁教育活动策略，具体可以从以下三个方面开展廉洁教育工作。

（一）调整廉洁教育活动开展思路

新媒体深刻影响着大学生廉洁教育活动开展的形式和内容。对此，高校思想政治教育工作者必须调整廉洁教育活动开展思路，包括活动要求、活动内容、活动方式等，有效发挥新媒体对大学生廉洁教育活动的正面作用，确保大学生廉洁教育活动的实效性。

新媒体时代，高校大学生的生活和学习方式都发生了深刻的变化，思想政治教育工作者应切实考虑学生的实际情况，并结合学生的未来职业生涯发展优化调整廉洁教育活动，以有效培养学生的廉洁、诚信和自律等素养。此外，高校也要遵循相应的政策性文件作出的相关规定，明确利用新媒体开展廉洁教育活动的要求，鼓励思想政治教育工作者按照相关要求创新廉洁教育活动形式和内容，真正将廉洁教育融入思想政治教育过程。

针对新媒体环境下高校大学生形成的生活和学习观念，高校思想政治教育工作者应适当细化廉洁教育内容，并构建以廉洁教育为主题的思想政治教育内容体系，使学生在日后的职业生涯中养成良好的政治素养。举例来说，高校思想政治教育工作者可以根据身份和职业角色的差异化标准，开展层次化的廉洁教学，以帮助学生明确在从事相关职业时需要具备的廉洁道德素养。

高校思想政治教育工作者应结合新媒体环境下学生接受学习内容的特点，调整廉洁教育活动开展方式，由学生自主创造深入学习廉洁教育内容的情境，引导学生学会自我约束和自我管理。例如，高校思政教师可以先向学生提供传统文化中包含的廉洁素材，然后要求学生自主运用新媒体创新廉洁教育内容学习方式，如从短视频平台中搜集并学习与此有关的内容。此外，高校思政教师也可以借鉴在新媒体中流行的内容传播形式，如情景剧表演、故事分享会等，然后将其融入课堂廉洁教育活动中，由学生自主学习并掌握廉洁教育思想的价值和意义。鉴于新媒体环境下的开放性、自由性和平等性，并且为了激发廉洁教育活动的内容和形式创意，高校思政教师应敢于打破传统的"以教师为主"的活动模式，将学生作为廉洁教育活动的主体，使其具备更多的自主性和自由度。高校思政教师可以引导学生结合所学的新媒体内容制作技能，创作与廉洁教育相关的作品，并在学校或班级课堂上进行展示与分享。

（二）强化学生廉洁教育内容的输出

在新媒体环境地影响下，高校大学生普遍拥有较为强烈的自我展示和表达欲望，期望得到他人的理解和认可。因此，高校思想政治教育工作者可据此挖掘大学生廉洁教育活动的内容。例如，高校思政教师在开展课程思政教学时，需要注重为学生提供合适的内容输出环境和机会，鼓励学生敢于自发地表达对廉洁的理解和看法，帮助他们更深入地研究和转化正确的廉洁思想和行为。

一方面，高校思想政治教育工作者要拓宽思想表达渠道。当前，高校大学生利用新媒体进行自我表达的方式趋于多样化，如通过微信、微博等新媒体社交平台来表达个人的观点和看法，或是通过抖音、快手等短视频传播平台分享自己制作的音视频内容。因此，在开展廉洁教育活动时，高校思想政治教育工作者应通过有意识地指导和激励，使学生敢于以个人感兴趣的方式表达对廉洁教育内容的理解，在此过程中培养学生深入思考和科学评估的能力。另一方面，针对学生就廉洁教育内容输出的观点或想法，高校思想政治教育工作者应及时作出评价和反馈。大学阶段的学生有着较强的求知欲、表达欲和认可欲，因此，作为思想政治教育工作者，思政教师应当及时对学生表达的廉洁思想内容作出评价和反馈，使学生能够形成正确的廉洁思想价值观念。

（三）深化实践性教育

开展大学生廉洁教育活动，既要包含必要的理论知识讲解，也要结合大量实践案例进行深入分析，以体现大学生廉洁教育的实践性特征，引导大学生正确认识廉洁的价值和意义。为此，高校思想政治教育工作者有必要利用新媒体强化实践性廉洁教育活动。

一方面，高校思想政治教育工作者需要整理与廉洁教育相关的典型案例。在新媒体时代，高校大学生获取廉洁教育素材的渠道更为广泛，思政教师可根据学生近期关注的廉洁案例设计廉洁教育内容，要求学生结合所学的理论知识，就廉洁案例展开评价。基于现实典型案例展开实践性的分析，有助于深化学生对廉洁素养的认知，使学生树立正确的廉洁观。

另一方面，高校思想政治教育工作者可以利用新媒体创建与廉洁教育相关的账号。廉洁教育是思想政治教育的重要组成部分，高校在开展廉洁教育活动过程中，既要在线下成立社团组织，也要在线上创建各类新媒体账号，如微信公众号、微博官方账号等，并在各类新媒体账号中发布与廉洁教育相关的案例素材，深化学生对廉洁素养的认知。当然，思政教师也可以鼓励学生自主创建相关账号，由学生选择相关案例素材进行整理并推送，但要确保相关案例素材正确无误。

第五节　新媒体视域下的大学生就业教育

在新媒体得到广泛应用的背景下，新媒体为当代大学生提供了不可或缺的生存环境。新媒体具备较强的开放性、自由性和便捷性，依托新媒体平台传播的各类信息，对大学生的日常学习和生活产生了深远影响。在新媒体时代，针对大学生开展的就业教育工作，是高校思想政治教育工作的重要组成部分，也是高校思想政治教育工作者需要引起重视的研究课题。为此，高校思想政治教育工作者应充分利用新媒体技术推进就业教育，大力提升当代大学生的社会适应能力。

一、大学生就业教育的重要意义

（一）有利于完善大学生自身

对大学生而言，就业是人生至关重要的转折点。大学毕业生在就业过程中的成功与否，在很大程度上取决于他们所做的职业选择和职业规划，这也是他们在社会中能否实现自我价值和作出贡献的关键。为此，高校大学生需要认真思考自己的能力和职业需求，精准地找到自己的定位，最大限度地发挥自己的专业技能，更好地迎接毕业后的职业生涯。高校开展的就业教育工作，可以帮助学生意识到所学知识的重要性。同样，学生应该根据个人职业发展需求和优势，并结合社会发展需求，作出最符合自身情况的职业生涯决策。此外，学生还应该树立正确的职业价值观，不断提升自身的能力和素质，更好地适应未来的学习和工作。总之，高校只有通过就业指导教育，才能帮助在校大学生在就业方面拥有更多实用的技能，引导他们追求自己的梦想和价值，从而更好地承担就业工作。

（二）有利于深化高等教育改革

在当前社会背景下，引导高校大学生顺利就业具有非常重要的意义。这是高等教育体系中不可或缺的环节,其目的是为社会培养具有高素质和高能力的人才。所以,在高校教育体系中,就业教育的成功实施具有至关重要的意义。我国高校毕业生面临的就业形势较为严峻,这直接影响了高校教育体系的改革和创新,制约着高等教育在新时代下的可持续发展。为此,我国高校的思想政治教育工作者应加强就业教育工作指导意识,利用新媒体分析就业教育所存在的问题,并为毕业生提供个性化的就业教育指导;此外,还需要努力推动专业结构的调整,创新和改进人才培养方式,这样不仅可以促进高校教育的持续发展,还能帮助大学生成功就业。

二、大学生就业教育缺失问题分析

(一)就业教育缺乏市场意识

与国内相比,国外大学生的就业指导工作开始得更早,同时在该领域拥有更为丰富的经验。根据研究结果,我国部分高校在提供就业指导方面没有充分考虑市场需求和变化,而只是要求学生充分掌握理论知识和专业技能。然而,这可能会影响毕业生的就业状况和工作表现。此外,在日常的教学活动中,与就业指导相关的专业课程或专题讲座仍然较少,并且往往安排在大四上半学年,由此造成就业教育质量不容乐观,并引发一系列问题。

(二)就业教育模式有待革新

如今,高校大学生群体更关心能否实现精神与物质的双重满足。由于深受新媒体的影响,大学生能熟练地操作运用各种新媒体软件,成为真正的"网络达人"。但是,我国高校的就业指导工作体系尚未成熟,传统的课堂就业指导教育和集中式的招聘会,导致学生不能进一步深化对就业指导内容的认知。因此,预定式的就业指导只会使大学生的就业质量下降。

(三)就业教育观念陈旧

高校通过开展就业指导教育和专业学科教育,能够为学生提供坚实的理论知识和专业技能,以便他们能够在未来的创新创业之路中得到支持和帮助。目前,高校提供的就业指导教育大多由相关部门提供支持,如组织集体式招聘会等。尽管这样做有助于为毕业生提供就业机会,但由于部分高校过于强调学生的就业率,而未能充分关注学生的工作质量和职业发展的重要性,导致高校的就业率与就业质量存在一定的矛盾关系。另外,教师没有为学生提供个性化的就业指导和支持,也会导致毕业生在寻找工作时面临多种困难。

(四)校园招聘会方式有待创新

如今,利用新媒体即时传播信息已成为大学生的主要选择。然而,新媒体平台充斥着大量参差不齐的传播信息,如果教育工作者不能对其进行可靠性验证和管理,那么就会影响就业教育指导工作质量,甚至造成学生个人重要信息遭到盗取的结果。此外,许多高校仍然采用传统的校园招聘会模式,但却未为学生提供就业信息和岗位信息,致使学生在参加校园招聘会时缺乏针对性的职业选择。可见,高校在就业指导和教育工作方面缺乏系统深入的研究和创新。

三、新媒体视域下大学生就业教育问题的解决对策

(一)加强就业教育指导队伍的建设

在新媒体时代,高校需要针对毕业生就业情况,制订专门的就业指导和教育计划,以提升毕业生的就业能力水平和就业率。此外,高校应该充分发挥就业指导工作的功能和优势,为教育工作者提供现代化的教学手段和方法,以支持他们开展就业指导和教育工作,如可以利用新媒体技术积极开展就业指导和教育工作,为大学生毕业后的成功就业奠定坚实基础。总之,在开展就业指导教育工作时,高校应要求就业指导教师利用新媒体为学生提供就业指导和教育,并根据学生的就业需求和实际学习情况进行积极引导。通过提供专业化的就业指导和支持,帮助学生在职业生涯规划方面和就业选择方面取得理想的效果,从而提高就业教育的有效性和实效性。

另外,高校还应定期对教师开展的就业指导教育工作进行监督和检查,以便分析教师在就业指导教育方面存在的问题,包括态度和能力等方面的问题。为保障高校学生就业质量,高校需要提升教师的就业指导能力和专业水平,这可以通过提供相关的教育和培训来实现,以便教师能根据学校和学生的实际情况和就业需求,有目的地进行就业指导工作,并有效地应对就业形势的变化。互联网平台

应该将线上和线下就业指导服务进行有机结合,以此来引导学生深刻认识就业指导的重要性。此外,学生也有机会与就业专业人员积极合作,从中获取与就业选择有关的宝贵信息。

(二)搭建网络就业指导新平台

我国在信息技术方面取得了较为丰硕的成果,目前已将其广泛应用于高校专业教育和就业指导领域。新媒体平台可以使就业指导教育工作者更高效、更优质地开展就业指导教育工作,扩大就业指导教育的范围和深度,从而提高就业指导教师的就业指导水平,为当今社会培养更多复合型人才。如今,高校大学生越来越依赖于新媒体平台,将其视为生活和学习的重要构成部分,他们热衷于在新媒体平台上分享自己的动态。高校可以结合大学生的就业需要和发展特点"推陈出新",加强就业指导教育工作,同时为就业指导教师搭建新媒体平台。这样,就业指导教师不仅可以在线下课堂为学生提供就业实践指导,而且还可以在任何时间、任何地点通过新媒体平台为学生提供在线就业指导服务。新媒体平台能够以更直观明了的方式展示教师所讲解的专业知识和相关技能,从而增强学生的学习效果。例如,就业指导教师可以通过视频定期举办网络就业宣讲活动,使学生进一步深化对职业生涯就业规划的认识。这样不仅可以充分发挥新媒体的优势,高效地推动大学生就业工作,也能够实现双方的共赢。

(三)转变教师错误的就业指导观念

由于部分高校的就业指导教师教学课件内容较为陈旧,并且缺乏较为新颖的就业指导教育理念,导致学生难以确立系统化、全面化和富有针对性的职业生涯规划,从而对高校的就业指导教育质量和就业质量带来不利影响。为此,高校应该要求就业指导教师及时更新就业指导教育理念,并将其转化为就业指导教育实践活动,不断加强教师的就业指导技能和专业素养。高校可通过定期组织校内学术交流和研讨活动等方式,强化教师对就业指导教育工作的认知。除了辅导员和教师,其他教育工作者也应参与学生的就业指导和教育工作,以实现"协同育人",减轻学生在今后面临的就业压力或自主创业压力。举例来看,高校可以搭建由辅导员、教师和其他教育工作者共同参与的新媒体平台,利用该新媒体平台对学生开展就业指导教育,形成校内三方人员"协同育人"。这样,学生在入职前就可以树立正确的就业观。总之，高校应要求就业指导教师在教育实践中重点培养学生的就业能力和自主创业能力，以便为他们未来的职业发展提供有力的支持。

（四）线上线下招聘会双结合

为有效提高就业指导教育工作质量，高校需要优化校园内的就业活动环境、就业活动形式和就业活动内容。除了定期组织春季校园招聘会和秋季校园招聘会外，高校还应经常举办就业宣讲会和各种形式的校园招聘活动，确保宣讲会与校园招聘活动符合市场就业现状，帮助学生更好地了解就业市场信息，保障就业指导教育活动的质量和效率。例如，高校应根据实际情况，建立一个基于新媒体平台的就业教育工作体系，并充分发挥校园网的作用，结合线上和线下两种渠道，集中就业岗位招聘资源和信息，以便学生随时获得直观的就业岗位招聘信息，找到符合自己职业规划的工作和岗位。这样做有助于教师更好地开展就业指导教育工作，并促进资源和信息的互通和共享。

参考文献

[1] 安思国. 媒介交流研究 [M]. 北京：中国传媒大学出版社，2005.

[2] 熊澄宇. 新媒体百科全书 [M]. 北京：清华大学出版社，2007.

[3] 石磊. 新媒体概论 [M]. 北京：中国传媒大学出版社，2009.

[4] 黄传武. 新媒体概论 [M]. 北京：中国传媒大学出版社，2013.

[5] 中共中央马克思恩格斯列宁斯大林著作编译局. 马克思恩格斯文集 1[M]. 北京：人民出版社，2009.

[6] 卡尔·马克思.1884 年经济学——哲学手稿 [M]. 北京：中国研究出版社，2014.

[7]（春秋）孔子弟子编著；梁大伟编译. 论语 [M]. 北京：线装书局，2019.

[8] 中共中央马克思恩格斯列宁斯大林著作编译局.《列宁全集》第二版增订版资料汇编注释卷 [M]. 北京：人民出版社，2020.

[9] 杨焰婵. 网络教育生态教育 [M]. 北京：中国商务出版社，2021.

[10] 文钊，梁周敏，李欣，等.《邓小平文选》第 3 卷导读 [M]. 北京：时事出版社，1993.

[11] 中共中央党史研究室，中央档案馆. 中国共产党第七次全国代表大会档案文献选编 [M]. 北京：中共党史出版社，2022.

[12] 中共中央马克思恩格斯列宁斯大林著作编译局译. 马克思恩格斯选集第 1 卷 [M]. 北京：人民出版社，1966.

[13] 中共中央马克思恩格斯列宁斯大林著作编译局. 列宁选集第 1 卷 [M]. 北京：人民出版社，2012.

[14]（美）斯马尔蒂诺等著；郭文革译，教学技术与媒体 [M]. 北京：高等教育出版社，2012.

[15] 李灵灵．新媒体与中国网络文学 [M]．南京：东南大学出版社，2020．

[16] 陆海燕．新媒体时代大学生总体国家安全观培育路径研究 [M]．西安：陕西人民出版社，2020．

[17] 彭兰．新媒体用户研究 [M]．北京：中国人民大学出版社，2020．

[18] 张骞文．新媒体时代青年与群团组织社会动员研究 [M]．西安：陕西人民出版社，2019．

[19] 张羽程．融合视阈下网络文化育人研究 [M]．南京：江苏人民出版社，2019．

[20] 王东．新媒体生活环境下的法治教育研究 [M]．西安：陕西人民出版社，2019．

[21] 潘传辉．新媒体时代思政教育创新探索 [M]．哈尔滨：黑龙江人民出版社，2019．

[22] 匡文波．关于新媒体核心概念的厘清 [J]．新闻爱好者，2012（19）：32-34．

[23] 崔保国．技术创新与媒介变革 [J]．当代传播，1999（6）：24．

[24] 范兴．移动互联网与报业转型 [J]．东方论坛，2019（1）：125．

[25] 李振纲．珍惜生命热爱和谐——21世纪的文化价值观 [J]．现代哲学，1999（4）：6．

[26] 徐长恩，彭杰．加强大学生党建工作提高思想政治教育的实效性 [J]．沈阳农业大学学报：社会科学版，2009，11（1）：4．

[27] 周湘莲．思想政治教育的内容与相互关系 [J]．社会主义研究，2004（2）：112．

[28] 赵爱玲．人伦自觉：新媒体时代高校德育提质增效的目标指向 [J]．唐都学刊，2011（11）：33．

[29] 熊建生．论思想政治教育内容建构的依据 [J]．学校党建与思想教育，2009（3）：9．

[30] 高德毅，宗爱东．从思政课程到课程思政：从战略高度构建高校思想政治教育课程体系 [J]．中国高等教育，2017，(01)：43-46．

[31] 孙蚌珠．理论为本 内容为王 因材施教——提升思想政治理论课教学质量的思考 [J]．思想理论教育导刊，2017（9）：5．

[32] 张朝慧，邵广宇．试论母语环境对二语词汇习得的影响 [J]．首都医科大学学

报：社会科学版，2010（1）：3.

[33] 高良坚.新媒体语境下思政课教师课堂教学权威性之建构——基于制度性权威与知识性权威[J].学校党建与思想教育：下，2016（9）：4.

[34] 郝坤安，郝琦.高校思想政治理论课参与式教学模式探析[J].教书育人：高教论坛，2017（12）：3.

[35] 冯刚，张欣.深刻把握思想政治理论课理论性与实践性相统一的价值意蕴[J].新疆师范大学学报：哲学社会科学版，2019（5）：8.

[36] 熊晓梅.坚持立德树人实现"三全育人"[J].成才之路，2019（28）：1.

[37] 刘弘.浅谈校园足球课程中学生发展表现性评估设计[J].教学管理与教育研究，2019，4（20）：3.

[38] 包庆德.生态思维的特征与功能[J].理论建设，2007（6）：3.

[39] 唐登蓥.论推动信息技术与高校思想政治理论课融合向深度发展[J].思想理论教育，2019（4）：7.

[40] 张新欣.新媒体视域下提升高校网络思政的策略[J].中国报业，2024，（02）：122-123.

[41] 解颖.新媒体时代大学生心理健康教育探析[J].中国报业，2024，（02）：232-233.

[42] 冯贺雷.网络新媒体在学生管理工作中的应用[J].中国报业，2024，（02）：236-237.

[43] 周福栋，张悦，尤小堂.我国职业院校劳动教育与社会实践融合育人研究[J].职教发展研究，2024，（01）：100-107.

[44] 刘三宝.新媒体时代高校意识形态安全防控机制构建研究[D].武汉：华中师范大学，2023.

[45] 周光玲.新媒体"轻传播"环境下大学生思想政治教育有效性研究[D].南昌：江西财经大学，2022.

[46] 支钰如.新媒体时代我国高校意识形态建设研究[D].上海：上海财经大学，2022.

[47] 王大伟.新媒体视域下高校意识形态工作研究[D].长春：东北师范大学，2022.

[48] 高祥. 新媒体对思想政治教育接受的影响及对策研究 [D]. 大连：辽宁大学，2022.

[49] 李志. 新媒体视角下高校宣传思想工作研究 [D]. 南昌：南昌大学，2020.

[50] 王喆. 新媒体时代主流意识形态安全研究 [D]. 长春：吉林大学，2020.

[51] 牛凤燕. 全媒体时代马克思主义传播机制优化研究 [D]. 济南：山东大学，2020.

[52] 黄丽娟. 新媒体时代社会思潮对大学生思想意识的影响研究 [D]. 贵阳：贵州师范大学，2020.

[53] 黄莉. 新媒体环境下大学生政治认同问题研究 [D]. 贵阳：贵州师范大学，2019.

[54] 习近平主持召开学校思想政治理论课教师座谈会强调 用新时代中国特色社会主义思想铸魂育人 贯彻党的教育方针落实立德树人根本任务 [EB/OL].（2019-03-18）[2023-09-17]. http://news.youth.cn/sz/201903/t20190318_11900093.htm.

[55] 虚拟与现实：网络社区与城市社区的互动 [EB/OL].（2009-11-06）[2023-09-29]. http://www.docin.com/p-218314863.html.

[56] 网络休闲"异化"[EB/OL].（2014-11-07）[2023-09-29]. http://www.docincom/p-952376458.html.

[57] 网络文化建设的文化伦理选择和定位 [EB/OL].（2013-09-10）[2023-09-29]. http://www.doc88.com/p-3146164761535.html.

[58] 中国现代化与公民社会发展 [EB/OL].（2014-01-19）[2023-09-29]. http://www.docin.com/p-756543424.html.

[59] 浅析当代中国市民社会构建 [EB/OL].（2022-06-10）[2023-09-29]. http://www.wenmi.com/article/psv9q000s05n.html.

[60] 新媒体语境下的公共领域重构 [EB/OL].（2013-10-25）[2023-09-29]. http://www.docin.com/p-715897560.html.

[61] 李艺轩, 办中国特色社会主义教育就是要理直气壮开好思政课 [EB/OL].（2019-03-20）[2023-09-17]. http://www.china21edu.com/HTML/ATATS/17/2019/3-20/541681.shtml.

[62] 中共中央办公厅 国务院办公厅印发《关于深化新时代学校思想政治理论课改革创新的若干意见》[EB/OL].（2019-08-14）[2023-09-17].http://www.gov.cn/zhengce/2019-0814/content 5421252.htm.

[63] 青年要自觉践行社会主义核心价值观 [EB/OL].（2014-05-04）[2023-09-17] http://politics.people.com.cn/n/2014/0505/c1001-24973097.html.

[64] 习近平在全国高校思想政治工作会议上强调：把思想政治工作贯穿教育教学全过程 开创我国高等教育事业发展新局面 [EB/OL].（2016-12-09）[2023-09-17].http://dangjianpeople.com.cn/n1/2016/1209/c117092-28936962.html.

[65] 加快推动媒体融合发展 构建全媒体传播格局 [EB/OL].（2019-03-15）[2023-09-20].http://www.xinhuanet.com/politics/leaders/2019-03/15/c1124240350.htm.

[66] 习近平在山东考察：汇聚全面深化改革的强大正能量 [EB/OL].（2013-11-28）[2023-09-16].https://www.gov.cn/ldhd/2013-11-28/content_2537584.htm.